W0202412

RUDOLF STEINER GESAMTAUSGABE
VORTRÄGE

VORTRÄGE ÜBER ERZIEHUNG

RUDOLF STEINER

# Gegenwärtiges Geistesleben und Erziehung

Ein Vortragszyklus,
gehalten in Ilkley (Yorkshire)
vom 5. bis 17. August 1923

1986

RUDOLF STEINER VERLAG
DORNACH / SCHWEIZ

Nach vom Vortragenden nicht durchgesehenen Nachschriften
herausgegeben von der Rudolf Steiner-Nachlaßverwaltung
Die Herausgabe besorgte Hans Rudolf Niederhäuser

1. Auflage, Dornach 1927
2. Auflage, Dresden 1940
3. Auflage (mit Anhang), Stuttgart 1957
4. Auflage, Gesamtausgabe Dornach 1973
5. Auflage, Gesamtausgabe Dornach 1986

Bibliographie-Nr. 307

Zeichen auf dem Einband nach einem Entwurf Rudolf Steiners,
Schrift von B. Marzahn
Zeichnungen im Text nach Skizzen im Stenogramm,
ausgeführt von B. Marzahn

Alle Rechte bei der Rudolf Steiner-Nachlaßverwaltung, Dornach/Schweiz
© 1957 by Rudolf Steiner-Nachlaßverwaltung, Dornach/Schweiz
Printed in Germany by Greiserdruck, Rastatt

ISBN 3-7274-3070-2 (Ln) 3-7274-3071-0 (Kt)

## *Zu den Veröffentlichungen aus dem Vortragswerk von Rudolf Steiner*

Die Grundlage der anthroposophisch orientierten Geisteswissenschaft bilden die von Rudolf Steiner (1861–1925) geschriebenen und veröffentlichten Werke. Daneben hielt er in den Jahren 1900 bis 1924 zahlreiche Vorträge und Kurse, sowohl öffentlich wie auch für die Mitglieder der Theosophischen, später Anthroposophischen Gesellschaft. Er selbst wollte ursprünglich, daß seine durchwegs frei gehaltenen Vorträge nicht schriftlich festgehalten würden, da sie als «mündliche, nicht zum Druck bestimmte Mitteilungen» gedacht waren. Nachdem aber zunehmend unvollständige und fehlerhafte Hörernachschriften angefertigt und verbreitet wurden, sah er sich veranlaßt, das Nachschreiben zu regeln. Mit dieser Aufgabe betraute er Marie Steiner-von Sivers. Ihr oblag die Bestimmung der Stenographierenden, die Verwaltung der Nachschriften und die für die Herausgabe notwendige Durchsicht der Texte. Da Rudolf Steiner aus Zeitmangel nur in ganz wenigen Fällen die Nachschriften selbst korrigieren konnte, muß gegenüber allen Vortragsveröffentlichungen sein Vorbehalt berücksichtigt werden: «Es wird eben nur hingenommen werden müssen, daß in den von mir nicht nachgesehenen Vorlagen sich Fehlerhaftes findet.»

Nach dem Tode von Marie Steiner (1867–1948) wurde gemäß ihren Richtlinien mit der Herausgabe einer Rudolf Steiner Gesamtausgabe begonnen. Der vorliegende Band bildet einen Bestandteil dieser Gesamtausgabe. Soweit erforderlich, finden sich nähere Angaben zu den Textunterlagen am Beginn der Hinweise.

# INHALT

## EINLEITUNG


Erster Vortrag, Ilkley, 5. August 1923 . . . . . . . . 11

Die Verbindung von Erkenntnis, Kunst, Religion und Sittlichkeit durch Imagination, Inspiration und Intuition.


## ERSTER TEIL

### Warum verlangt die gegenwärtige Zivilisation neue Erziehungsmethoden?


Zweiter Vortrag, 6. August 1923 . . . . . . . . . . 29

Das griechische Erziehungsideal: der Gymnast. In der römischen Kultur und im Mittelalter erlangt die seelische Erziehung das Übergewicht gegenüber der leiblichen. Ideal wird der Rhetor. Mit dem Umschwung zur Neuzeit wird der Wissende, der Doktor zum Ideal des vollkommenen Menschen. – Die Überwindung des Doktorideals zugunsten einer Menschheitserziehung.

Das griechische Erziehungswesen und sein Zusammenhang mit dem Orient.

Einzelheiten aus der griechischen Erziehung: Orchestrik und Palästrik.

Dritter Vortrag, 7. August 1923 . . . . . . . . . . 47

Das griechische Erziehungsideal. Der Zahnwechsel.

Pflege von Gedächtnis und Erinnerung im Mittelalter. Wie müssen wir freie Menschen erziehen? die Fragestellung der neuen Zeit.

Das Erwachen zum vollen Menschenbewußtsein mit der Erdenreife. Der Erziehung aus Instinkt muß die aus Intuition folgen.

Vierter Vortrag, 8. August 1923 . . . . . . . . . . 65

Wie erkennt die Menschheit den Geist, von dem aus sie heute erziehen soll? Charakteristik der modernen Auffassung des Geistes durch zwei Repräsentanten: J. St. Mill und H. Spencer. Das tote Denken muß wieder belebt werden.

Wir müssen den Menschen im Geiste schauen lernen. Der Zahnwechsel als Beispiel, das Geistige im Menschen wirkend zu sehen. Umwandlung der Zahnbildekraft in Denkkraft um das 7. Jahr. Erfassen des Ätherischen durch das erkraftete Denken (Imagination).

Die Erdenreife. Emanzipation des Fühlens. Durch Inspiration nimmt man den Astralleib wahr, der sich mit dem 14. Jahr als selbständig Geistiges loslöst. Das Künstlerische und Religiöse als gestaltende Lebenskraft im Erzieher.

FÜNFTER VORTRAG, 9. August 1923 . . . . . . . . . . 84

Der Wille ist bis zum 21. Jahr vom Organismus abhängig. Das Selbständigwerden des Willens um das 21. Jahr. Die vom Kopf nach unten strömenden Kräfte des ersten Lebensjahrsiebts müssen im Schulalter in Harmonie gebracht werden mit den von unten nach oben drängenden Willenskräften.

Ratlosigkeit der Reformpädagogik. Waldorfschulpädagogik gründet sich auf Menschenerkenntnis; daraus wächst Begeisterung für das Erziehen und Menschenliebe. Der Anfang des Johannes-Evangeliums. Geistesgeschichtliche Darstellung des Verglimmens des Verständnisses für das Wort. Das Wort lebte beim Griechen noch im Bewegungsorganismus. Es erstarb zur Mitteilung.

Bedingung des Freiheitsimpulses. Eurythmie will das Wort wieder mit dem Willen verbinden. Baco von Verulam. Seine Abkehr vom Wort als Idol und Hinwendung zu den sinnlichen Dingen, zur Anschauung. Amos Comenius.

ZWEITER TEIL

Woher sollen die neuen Erziehungsmethoden kommen und wie sollen sie sein?

SECHSTER VORTRAG, 10. August 1923 . . . . . . . . . 103

Erziehung des vorschulpflichtigen Kindes. Es ist ganz Sinnesorgan. Nachahmend lernt es gehen, sprechen, denken. Liebe, Wahrhaftigkeit und Klarheit des Erziehers als helfende Kräfte. Was wir am Kinde seelisch-geistig vornehmen, wird später physisch.

Das Spielen des Kindes. Die «schöne» Puppe. Das Kind als innerlicher Plastiker. Das Spielwesen des Kindes anregen durch Nachahmung. Intellektualistische Erziehung im frühen Kindesalter bildet spätere Materialisten; Bildhaftigkeit ermöglicht das Verstehen des Spirituellen.

SIEBENTER VORTRAG, 11. August 1923 . . . . . . . . . . 121

Das Schulalter. Das Kind will in anschaulichen Bildern beschäftigt sein. Es lebt seelisch im Plastisch-Anschaulichen, organisch im rhythmischen System. Den Unterricht auf das Rhythmisch-Künstlerische hinorientieren. Frühe intellektuelle Bildung und Leibesverhärtung. Schreibenlernen.

Willensbetätigung durch Körperübungen. Verbrennungsvorgänge im Inneren. Das Verfestigende muß durch richtigen geistig-körperlichen Unterricht in Harmonie gebracht werden mit dem Verbrennungsprozeß.

Im Schulalter reift der Mensch durch das Autoritätsprinzip zur Freiheit heran. Der Umschwung um das 9., 10. Lebensjahr.

ACHTER VORTRAG, 12. August 1923; Sondervortrag . . . . 139

Der Geschichtsverlauf als Erziehung des Menschengeschlechts. Die Initiationswissenschaft unterscheidet drei Epochen. Ihre Charakteristik als Lebensempfindung und als Bewußtseinszustände. Die drei Rätsel des Daseins: das Rätsel der Geburt, des Todes und das Rätsel des Erkenntnisschlafes.

NEUNTER VORTRAG, 13. August 1923 . . . . . . . . . . 154

Schreiben- und Lesenlernen. Bis zum 9., 10. Jahr muß alles, auch das Naturkundliche, aus dem Bildhaft-Künstlerischen entwickelt werden.

Nach dem 9. Jahr: Hinführen zum Begreifen der Welt. Pflanzenkunde, Pflanze im Zusammenhang mit Erde und Sonne betrachten. Übergang zur Geographie. Durch lebendige Begriffe bilden wir einen lebendigen Intellekt, die Klugheit aus.

Der Mensch als dreigliedriges Wesen: Kopf, Brust, Rumpf – Gliedmaßen. Beziehungen zu den Tiergattungen: niedere Tiere; Fische und Reptilien; Vögel und Säuger. Der Mensch als harmonische Zusammenfassung; die Tierwelt als einseitige Ausgestaltung, als fächerartig ausgebreiteten Menschen. Durch diese Betrachtung wird der Mensch stark im Willen.

ZEHNTER VORTRAG, 14. August 1923 . . . . . . . . . . 174

Wirkung des Unterrichts auf die Wesensglieder. Durch malendes Zeichnen, Schreiben, Pflanzenkunde, Rechnen, Geometrie wird auf den Ätherleib gewirkt, der schwingt weiter; das Aufgenommene vervollkommnet sich. Tierkunde, Menschenkunde, Geschichte wirken auf Ich und Astralleib und haben die Tendenz, während des

Schlafes vergessen zu werden. Doppelstellung von Rechnen und Geometrie. Symmetrieübungen.

Rechnen. Zählen: Ausgehen von der Einheit; additives Zählen. Addition: Von der Summe auszugehen, regt den Ätherleib an. Substraktion. Multiplizieren und Dividieren. Epochenunterricht und Vergessen. Berücksichtigung des Unbewußten.

Geschichte ohne Kausalität vor dem 12. Jahr. Zeitbegriff räumlich darstellen. Geschichte vom Herzen her beleben. Ökonomie des Unterrichts. Vorbereitung des Lehrers.

## DRITTER TEIL

## Begründung und Einrichtung der Waldorfschule

ELFTER VORTRAG, 15. August 1923 . . . . . . . . . . 193

Der Unterricht um das 12. Lebensjahr. In Geschichte und Physik ist die Kausalität zu berücksichtigen. Hinführen zum Verständnis der Umwelt. Spinnen und Weben. Technologie.

Fremdsprachen vom 7. Jahr an; durch die Nachahmung stärkere Verwurzelung mit dem Menschen. Das Prinzip der Ergänzung der Sprachen. Grammatik und das erwachende Selbstbewußtsein um das 9. Jahr.

Religionsunterricht. Ethisch-moralische Erziehung. Dankbarkeit, Liebe. Pflicht. Der freie christliche Religionsunterricht. Sein Akzent liegt vor dem 9. Jahre im Vater-Göttlichen, nach diesem Zeitpunkt im Christlichen.

ZWÖLFTER VORTRAG, 16. August 1923 . . . . . . . . . 210

Die drei goldenen Regeln der Gedächtnisbildung. Einklang zwischen Seelisch-Geistigem und den Gesundheitsverhältnissen. Temperamente und ihre Behandlung. Beispiel: Zuckerdiät für Sanguiniker und Melancholiker.

Dem Lebensalter angemessener Unterricht. Sitzenbleiben. Hilfsklasse. Behandlung des Seelisch-Geistigen durch das Körperliche. Schnelles Ergreifen des Körpers und begriffliche Beweglichkeit. Therapeutische Eurythmie.

Die Berücksichtigung der Kausalität erfordert als Ausgleich den künstlerischen Unterricht. Kunstverständnis als Gegengewicht zum abstrakten Erfassen der Naturgesetze. Kunstunterricht weckt Menschen- und Weltverständnis.

## VIERTER TEIL

### Kulturkonsequenzen der neuen Erziehungsmethoden

DREIZEHNTER VORTRAG, 17. August 1923 . . . . . . . . 227

Handarbeits- und Handfertigkeitsunterricht bildet soziales Verständnis. Das Wissen soll in das Können übergeführt werden, das Können soll vom Denken durchzogen sein. Moralisch-religiöse Erziehung. Aus dem Gefühlsmäßigen entwickelt sich die freie Urteilskraft. Zu frühes Herantragen des Ideengehaltes erzeugt Skeptiker. Die Waldorfschule als Organismus. Aus dem Leben für das Leben bilden. Eurythmie. Eurythmiefiguren. Turnen und Eurythmie.

Die Lehrerkonferenz als Herzorgan der Schule. Die Imponderabilien einer Klasse. Elternabende. Der Mensch als Glied der sozialen Ordnung. Die Waldorfschule als allgemein-menschliche.

VIERZEHNTER VORTRAG, 17. August 1923. Abschiedsansprache . 248

Anthroposophie als Kraft, den Menschen und die Welt unbefangen zu betrachten. Übergang von der universellen lateinischen Bildungssprache zur Volkssprache als Übergang von der Verstandesseelenkultur zu der der Bewußtseinsseele. Die neue Sprache der Gedanken als zu erstrebendes internationales Verständigungsmittel, wodurch der Mensch den Menschen über die Erde hin finden kann.

## ANHANG

Aus der Diskussion vom 6. August 1923 . . . . . . . . . 256

Aus der Diskussion vom 7. August 1923 . . . . . . . . . 258

Zur Ausstellung von künstlerischen und kunstgewerblichen Arbeiten der Waldorfschüler, 8. August 1923 . . . . . . . 263

Aus der Diskussion vom 16. August 1923 . . . . . . . . 271

Autoreferat der Einleitungen zu den Eurythmievorstellungen in Ilkley 14. August; Penmaenmawr 26. und 27. August; London 4. und 11. September 1923 . . . . . . . . . . 275

Hinweise . . . . . . . . . . . . . . . . . . 279

Personenregister . . . . . . . . . . . . . . . 283

Übersicht über die Rudolf Steiner Gesamtausgabe . . . . . 285

# ERSTER VORTRAG

Ilkley, 5. August 1923

Meine sehr verehrten Anwesenden, mein erstes Wort soll ein Gegengruß auf die freundlichen Anreden sein, die von der verehrten Miß *Beverley* an mich selbst und an Frau Dr. *Steiner* gesprochen worden sind. Sie dürfen glauben, daß sowohl ich wie auch Frau Dr. Steiner voll zu würdigen verstehen die Einladung zu diesen Vorträgen, die ja im wesentlichen dasjenige umfassen sollen, was aus der Anthroposophie heraus über das Erziehungswesen zu sagen ist und die darauf hinweisen sollen, inwiefern bereits in unserer Waldorfschule in Stuttgart der praktische Versuch gemacht worden ist mit den Grundsätzen, die aus Anthroposophie heraus in pädagogisch-didaktischer Weise entwickelt werden können. Wir sind gern der Einladung hier herauf in den Norden Englands gefolgt, und es ist mir eine tiefe Befriedigung, über die mir im Leben so wertgewordenen Gegenstände hier zu sprechen, um so mehr, als ich nun sprechen darf auch vor denjenigen, die diese Vorträge und die Übungen veranstaltet haben, und die nicht zum erstenmal bei einer Besprechung dieses Gegenstandes von diesem Gesichtspunkte aus anwesend sind. Ich darf daher hoffen, daß nicht nur ein kurzgefaßter Entschluß zu diesen Vorträgen bei den Veranstaltern vorliegt, sondern daß die Veranstaltung selbst als ein Zeugnis dafür aufgefaßt werden darf, daß die vorangegangenen Veranstaltungen denn doch in einiger Weise fruchtbar für die gegenwärtigen Bestrebungen der Welt gelten werden.

Die erste Veranstaltung, an der die Freunde der anthroposophischen Sache aus England teilgenommen haben, war ja abgehalten worden zu Weihnachten des vorvorigen Jahres, als wir in Dornach noch den Bau des Goetheanums stehen hatten, der uns mittlerweile durch das Feuer hinweggenommen worden ist.

Diese Veranstaltung war veranlaßt durch Mrs. *Mackenzie*, jene Persönlichkeit, welche ja schon vorher in einer so geistvollen Weise die Hegelsche Pädagogik in einem englisch geschriebenen Buche vermittelt hat. Wenn man das Kongenialische dieses Buches mit der Hegelschen

Pädagogik und Philosophie sieht, dann bekommt man die Hoffnung, daß eine verhältnismäßig leichte Verständigung auch, ich möchte sagen, über das Nationale hinaus möglich ist.

Nun ist ja allerdings dasjenige, was ich selbst zu sagen hatte über Pädagogik, nicht herausgeschöpft aus jener mehr intellektualistisch gefärbten Hegelschen Philosophie, sondern aus der durchaus spirituell gefärbten Anthroposophie. Aber auch da war es wiederum Mrs. Mackenzie, welche gefunden hat, wie dennoch einiges Fruchtbare geholt werden könne auch in pädagogischer Beziehung aus dieser zwar mit Hegel voll rechnenden, aber über seine Intellektualität in das Spirituelle hinausgehenden Anthroposophie.

Dann durfte ich ein zweites Mal das ganze System unserer Pädagogik und seine praktischen Auswirkungen schildern im vorigen Jahre in dem alten Kultur- und Geistessitz, in Oxford. Und vielleicht darf ich annehmen, daß gerade durch die Anregungen, welche gegeben werden konnten durch diese, auch das Verhältnis des Pädagogischen zum Sozialen berücksichtigenden Vorträge, die Veranlassung kommen konnte, daß eine ganze Reihe englischer, der Pädagogik ergebener Persönlichkeiten nun auch unsere Waldorfschule besuchen wollten. Und wir haben dann die große Freude gehabt, diese Freunde innerhalb der Räume unserer Waldorfschule, innerhalb des Arbeitens für Erziehung und Unterricht begrüßen zu dürfen. Es war uns eine große, herzliche Freude, und es war uns eine tiefe Befriedigung, als wir hören durften, daß die Freunde an der Art und Weise, wie die Pädagogik und Didaktik da geübt wird, auch eine gewisse Befriedigung hatten und die Sache mit Interesse verfolgten. Und so scheint denn gerade während dieses uns so sehr erfreuenden Besuches die Idee entstanden zu sein – ich freute mich, als Miß Beverley mir in Stuttgart diese Idee ausdrückte – zu diesem Sommerkurs über Pädagogik hier. Es darf also angenommen werden, daß gewissermaßen schon in dem Früheren die Wurzeln gesucht werden für dasjenige, was jetzt hier geschehen soll. Und damit bekommt man für das, was nun bevorsteht für die pädagogisch-didaktischen Vorträge, die ich von morgen ab hier zu halten habe, auch den entsprechenden Mut und entsprechenden Glauben.

Und Mut und Glauben braucht man ja, wenn man über etwas zu

sprechen hat, das gegenwärtig sich noch als ein so Fremdes hineinstellt in das Geistesleben, das von vielen Seiten in einer so scharfen Weise heute noch angefeindet wird. Mut und Glauben braucht man insbesondere dann, wenn es sich um die Schilderung von Prinzipien handelt, die an den Menschen selbst, dieses größte Kunstwerk des Universums, schöpferisch bildend herantreten wollen.

Nun darf ich vielleicht die Freunde, welche unsere Waldorfschule in diesem Jahre in Stuttgart besucht haben, darauf hinweisen, daß sie vielleicht schon durch den Anblick desjenigen, was sie da sahen, ein wenig daran erinnert wurden, wie grundsätzlich die Waldorfschul-Pädagogik und -Didaktik rechnet mit den tiefsten Wurzeln des modernen Lebens, und wie daher diese Waldorfschul-Pädagogik eigentlich im Grunde genommen von vornherein eine Art Verräter ist an dem, was sie selber in ihrem Namen anzeigen will: Pädagogik – ein wertgeschätzter alter griechischer Name, hervorgegangen aus der ernsten Hingabe an pädagogische Betrachtungen durch Plato, durch die Platoniker.

Pädagogik – wir können sie ja heute gar nicht mehr gebrauchen, wir müssen sie ja eigentlich wegwerfen; denn sie zeigt uns dasjenige, was sie leisten will, schon durch ihren Namen in der größtdenkbaren Einseitigkeit. Das konnten die verehrten Besucher ja sogleich in der Waldorfschule finden.

Man denke sich einmal, daß die Besucher der Waldorfschule – es ist das heute nichts Besonderes, aber ich will nur hervorheben, daß eben die Waldorfschul-Pädagogik mit den modernsten Strömungen rechnet –, man denke sich, daß die Besucher in der gleichen Klasse Knaben und Mädchen beieinanderfinden, in der gleichen Weise erzogen, in der gleichen Weise unterrichtet.

Aber Pädagogik – was besagt der Name? Der Pädagoge ist ein Knabenführer. Er bezeichnet uns von vornherein, wie der Grieche aus einer menschlichen Einseitigkeit heraus erzogen und unterrichtet wurde. Er schloß die Hälfte der Menschen ganz aus von dem, was man in vollem Ernste als Erziehung und Unterricht auffaßte. Für den Griechen war eigentlich nur der Mann ein Mensch, und das weibliche Wesen mußte sich still zurückziehen, wenn es sich um ernsthafte Pädagogik handelte, denn der Pädagoge ist seinem Namen nach ein Knabenführer. Er ist nur für das männliche Geschlecht da.

Nun wirkt ja die Anwesenheit der Mädchen als Schüler in unserer heutigen Zeit – in vieler Beziehung gegenüber einer gar nicht so weit zurückliegenden Zeit eben etwas wesentlich Radikales – auch nicht gerade mehr schockierend; aber das andere wird doch selbst auch heute für viele noch etwas sehr Befremdliches haben: bei uns sind nicht nur männliches und weibliches Geschlecht gleichberechtigt nebeneinander als Schüler und Schülerinnen, sondern auch in der Lehrerschaft. Wir machen keinen Unterschied zwischen der Lehrerschaft, wenigstens keinen prinzipiellen Unterschied bis in die höchsten Klassen hinauf.

So mußte für uns vor allen Dingen maßgebend werden, diese Einseitigkeit gegenüber dem allgemein Menschlichen abzustreifen. Wir mußten dasjenige, was der altgewohnte Name Pädagogik in sich schließt, von vornherein verraten, wollten wir eine der Gegenwart gemäße Pädagogik hinstellen. Es ist das nur eine Einseitigkeit, die in dem Namen Pädagogik vorliegt. Im ganzen und großen muß man sagen, sind die Zeiten nicht so lange her, in denen man, wenn es sich um Erziehung und Unterricht handelte, eigentlich gar nichts wußte von dem Menschen im allgemeinen. Es war ja nicht nur die Einseitigkeit: männliches und weibliches Geschlecht – es waren gerade auf dem Gebiete der Pädagogik unzählige Einseitigkeiten da.

Kam denn nach den alten Prinzipien der allgemeine Mensch zum Vorschein, wenn die Erziehung, der Unterricht abgeschlossen war? Nie! Heute ist aber die Menschheit durchaus auf dem Wege nach der Suche des Menschen, der reinen, ungetrübten, undifferenzierten Menschlichkeit. Daß dieses angestrebt werden mußte, das geht ja schon hervor aus der Art und Weise, wie die Waldorfschule eingerichtet wurde. Es war zunächst der Gedanke, den Proletarierkindern der Waldorf-Astoria-Fabrik einen Unterricht zu geben. Und weil derjenige, der die Waldorf-Astoria-Fabrik leitete, in der Anthroposophischen Gesellschaft war, so wendete er sich an mich, um diesen Unterricht einzurichten. Ich selber konnte diesen Unterricht nicht anders als aus den Wurzeln der Anthroposophie heraus einrichten. So entstand die Waldorfschule zunächst als eine ganz allgemeine, sogar könnte man sagen, aus dem Proletariat herausgebildete Menschheitsschule. Und nur weil derjenige, der zuerst den Gedanken an diese Schule hatte, zu gleicher Zeit Anthroposoph war, wurde diese Schule anthroposophisch. So daß hier die Tatsache vorliegt, daß aus einer sozialen Wurzel heraus allerdings das pädagogische Gebilde herausgekommen ist, das in bezug auf den ganzen Unterrichtsgeist, auf seine ganze Unterrichtsmethode seine Wurzel in der Anthroposophie sucht; aber nicht so, daß wir im entferntesten eine anthroposophische Schule haben, sondern nur weil wir glauben, daß Anthroposophie sich in jedem Momente soweit selbst verleugnen kann, daß sie eben nicht eine Standesschule, eine Weltanschauungsschule oder sonst irgendeine Spezialschule, sondern eine allgemeine Menschheitsschule zu gestalten in der Lage ist.

Das mag wohl denen aufgefallen sein, die die Waldorfschule besuchten. Und es kann auffallen in jeder einzelnen Handlung, die dort gepflogen wird. Und das mag dazu geführt haben, daß diese Einladung erfolgte. Und jetzt, im Beginne dieser Vorträge, wo ich zunächst noch nicht über die Erziehung zu sprechen habe, sondern wo ich eine Art einleitenden Vortrages zu halten habe, lassen Sie mich vor allen Dingen in dem ersten Teil dieses Vortrages all denjenigen, die in einer so hingebungsvollen Weise an dem Zustandekommen dieses Sommerkurses gearbeitet haben, den allerherzlichsten Dank aussprechen, auch Dank dafür, daß sie aufnehmen wollten in das Gebiet dieses Sommerkursus eurythmische Darbietungen, die heute schon einen so integrierenden Teil in alldem bilden, was mit unserer Anthroposophie beabsichtigt ist.

Aber lassen Sie mich im Beginne eine Hoffnung aussprechen. Ein Sommerkurs vereinigt uns. Wir haben uns mit demjenigen, was wir hier ausmachen wollen, in den schönen, aber immerhin nördlichen Winkel Englands zurückgezogen, fern von dem, was wir im Winter als heute noch ganz ernsthaftes Leben zu treiben haben. Sie haben sich weggenommen von jenem Lebensernst die andere Zeit, die Zeit im Sommer, Ihre Erholungspause, um teilzunehmen an den Besprechungen von etwas, das eigentlich meint, sehr viel mit der Zukunft zu tun zu haben, und das eigentlich meint: es müsse einmal die Zeit kommen, wo derselbe Geist, der uns jetzt zwei Wochen während unserer

Erholungspause zusammenbringen darf, uns beseelen könnte für dasjenige, was wir als Menschen den ganzen Winter hindurch treiben.

Denn man muß nicht nur doppelt danken. – Man kann es gar nicht berechnen, wie viele Male man dankbar sein muß dafür, daß Sie sich zusammengefunden haben, um Ihre Erholungspause, die Sie herausnehmen mußten aus dem heutigen Ernst des Lebens, der Betrachtung von Zukunftsideen zu widmen. Ebenso herzlich, wie ich Ihnen dafür jetzt danken möchte, ebenso möchte ich auch hoffen, daß wir durch solche erholende Betrachtung desjenigen, was wir für die Zukunft wertvoll halten, immer mehr und mehr dazukommen, daß der Geist eines solchen Sommerkursus auch in die Wintermonate und Winterwochen ein bißchen eindringe. Denn nur dadurch hat der Inhalt eines solchen Sommerkursus einen Sinn.

Mit diesen Worten wollte ich zunächst einleitend den herzlichsten Dank den verehrten Veranstaltern und den verehrten Zuhörern aussprechen.

Nach der Übersetzung werde ich dann fortfahren.

Ich darf an die eindrucksvollen Worte anknüpfen, die gestern von Miß *Macmillan* gesprochen worden sind, in denen sich ein tiefgehender sozialpädagogischer Impuls aussprach, die in einem gewissen Sinne Zeugnis dafür ablegten, wie in unserer Zeit tiefe moralische Impulse gesucht werden müssen, um die allgemeine Zivilisation der Menschheit gerade auf dem Wege des Erziehungswesens weiterzubringen.

Gerade wenn man die Bedeutung solcher Impulse für die gegenwärtige Zeit tief auf das Menschenherz wirken läßt, dann kommt man zu der grundsätzlichen Frage im Geistesleben der Gegenwart. Und diese grundsätzliche Frage knüpft an die Gestaltung an, die unsere Kultur und Zivilisation im Laufe der Menschheitsgeschichte angenommen hat.

Wir leben heute in einer Zeit, in der bis zu einem gewissen Grade wichtigste Faktoren unvermittelt nebeneinander stehen: dasjenige, was der Mensch durch Erkenntnis – zumeist durch eine auf dem Wege des bloßen Intellekts vermittelte Erkenntnis – sich über die Welt erwerben kann; und dasjenige, was der Mensch als sein tiefes inneres Erlebnis zum Ausdruck bringen will auf künstlerischem Gebiete, nachahmend gewissermaßen die Schöpfertätigkeit Gottes mit seinen menschlichen Kräften. Und wir leben gegenüber demjenigen, wo der Mensch versucht, die Wurzeln seines eigenen Daseins in Verbindung zu bringen mit den Wurzeln der Welt: wir leben gegenüber dem religiösen Streben, der religiösen Sehnsucht des Menschen. Und dann versuchen wir aus unserem Inneren herauszuholen jene Impulse, die uns als Menschen, als sittliches Wesen hineinstellen in das Zivilisationsdasein.

Wir finden uns diesen vier Ästen der Zivilisation gegenüber: der Erkenntnis, der Kunst, der Religion, der Moralität. Aber wir haben erst im Laufe der Menschheitsentwickelung – ich will nicht Kritik üben, die Sache ist eine Notwendigkeit, aber verstanden muß sie werden –, wir haben es im Laufe der Menschheitsentwickelung dazu gebracht, daß diese vier Äste in unserem Leben nebeneinander sich entwickeln, und daß uns die eigentliche einheitliche Wurzel für unser Bewußtsein fehlt.

Und daher darf gegenüber dieser Tatsache heute erinnert werden an den Ausgangspunkt der Menschheit in bezug auf die Zivilisation. Es gab eine uralte Zeit der Menschheitsentwickelung, in der das Wissen, das künstlerische Leben, die Religion und die Sittlichkeit eins waren; eine Zeit, in welcher der Mensch, als der Intellekt noch nicht zu jener Abstraktheit entwickelt war, der wir heute gegenüberstehen, durch eine Art alten bildhaften Anschauens sich klar zu werden versuchte über die Rätsel des Daseins, eine Zeit, in der vor der Seele des Menschen standen die mächtigen Bilder, die dann in dekadenter Art als Mythen, als Sagen zu uns gekommen sind, ursprünglich aber Erkenntnis, Erleben des geistigen Inhaltes der Welt bedeutet haben. Es gab eine solche Zeit, in welcher der Mensch sich in diesem unmittelbaren inneren Bild-Erleben, in dieser unmittelbaren inneren Imagination vergegenwärtigte, was der Welt, der Sinnenwelt als ihr Geistiges zugrunde liegt.

Und was er so aus der Welt herauslesen konnte durch seine instinktive Imagination, vergegenwärtigte er sich, indem er die Stoffe dieser Erde – den Stoff der Architektur, den Stoff der Bildhauerei, den Stoff der Malerei, den Stoff der Musik, den Stoff anderer Künste – so benützte, daß er, was als seine Erkenntnis sich ergab, in äußerer Form ausgestaltete, es zum Entzücken seines Herzens in äußere sinnliche Form brachte, gewissermaßen das göttliche Schaffen mit menschlichen Kräften nachbildend, das vor sich hinstellend, was erst in sein Wissen, in seine Erkenntnis eingeflossen war. Und es hatte der Mensch eine Kunst, die für seine Sinne dasjenige spiegelte, was er erst in seine Erkenntnis aufnehmen konnte.

Diese Tatsache trat ja in einer Abschwächung wiederum bei *Goethe* auf, als er aus seiner eigenen Erkenntnis- und Kunstüberzeugung heraus das bedeutsame Wort sprach: «Das Schöne ist eine Manifestation geheimer Naturgesetze, die uns ohne dessen Erscheinung ewig wären verborgen geblieben», und als er das andere, nicht minder bedeutsame Wort, wiederum aus seiner innersten Kunst- und Erkenntnisüberzeugung heraus sprach: «Wem die Natur ihr offenbares Geheimnis zu enthüllen anfängt, der empfindet eine unwiderstehliche Sehnsucht nach ihrer würdigsten Auslegerin, der Kunst.»

Aus solcher Anschauung geht dann hervor, wie der Mensch eigentlich darauf angelegt ist, Wissenschaft und Kunst nur als die zwei Gestaltungen einer und derselben Wahrheit anzunehmen. Und so war es ursprünglich in der Entwickelung der Menschheit. Was den Menschen als Erkenntnis innerlich befriedigte, indem es ihm in Ideen sich vor die Seele stellte, was ihn entzückte als Schönheit, wenn er es in der Kunst vor seine Sinne hingestellt schaute – Erkenntnis und Kunst aus *einer* Wurzel stammend –, das war einstmals dasjenige, was eine primitivere Menschheit als ihre Zivilisation erlebt hat.

Und wie stehen wir heute dazu? Wir stehen dazu so, daß wir allmählich durch dasjenige, was uns der Intellekt, die Abstraktion gegeben hat, eine Wissenschaft, eine Erkenntnis begründen wollen, die soviel als möglich gerade das ausschaltet, was künstlerisch ist. Man fühlt es förmlich wie sündhaft, wenn man in der Wissenschaft irgendwie etwas Künstlerisches geltend macht. Und derjenige, der etwa diese Sünde begeht, daß er in ein wissenschaftliches Buch etwas Künstlerisches hineinbringt, er ist von vornherein mit dem Makel des Dilettanten heute belegt. Denn die Erkenntnis muß nüchtern, muß objektiv sein, so sagt man; die Kunst, die darf dasjenige geben, was mit der Objektivität nichts zu tun hat, was durch die Willkür des Menschen herauskommt. Dadurch aber bildet sich ein tiefer Abgrund zwischen Erkenntnis und Kunst. Und der Mensch findet sich über diesen Abgrund nicht mehr herüber.

Aber er findet sich zu seinem Schaden über diesen Abgrund nicht mehr herüber. Denn wenn man dasjenige Wissen, diejenige Erkenntnis noch so weitgehend anwendet, die heute allgemein geschätzt ist als die kunstfreie Erkenntnis, man kommt zu jenem ausgezeichneten, hier auch voll anzuerkennenden Erkennen der Natur, namentlich der leblosen Natur; aber man muß stehenbleiben in dem Momente, wo man an den Menschen herankommen will. Daher kann man sich heute überall umsehen in der Wissenschaft, sie gibt Antwort in großartiger Weise auf Fragen der äußeren Natur; sie bleibt stehen da, wo es sich um den Menschen handelt. Man dringt mit den Gesetzen, die man in der Naturwissenschaft gewinnt, nicht bis zum Menschen vor. Warum? Weil – so ketzerisch das für das heutige Bewußtsein klingt, es muß gesagt werden –, weil in dem Momente, wo man mit den Naturgesetzen herankommt zum Menschen, man künstlerisch wirken muß. Ja, es ist ketzerisch, denn da sagen die Leute: Jetzt treibst du nicht mehr Wissenschaft! Du folgst nicht mehr dem Gesetze der Beobachtung, dem Gesetze der strengen Logik, an die du dich zu halten hast, die du erkennen willst, wenn du an den Menschen, um ihn zu erfassen, mit künstlerischem Sinn herantrittst. Man kann lange darüber deklamieren, daß solch ein Herankommen an den Menschen in künstlerischem Sinne unwissenschaftlich ist, weil es künstlerisch ist. Wenn die Natur den Menschen künstlerisch macht, so mag der Mensch noch so lange diskutieren, daß das Verfahren, ihn zu erfassen, nicht wissenschaftlich ist: es würde eben nichts anderes zur Folge haben, als daß man mit all dem wissenschaftlichen Verfahren den Menschen nicht erfassen kann.

So bleibt man mit aller heutigen Wissenschaft stehen vor dem Menschen und merkt nur, wenn man unbefangen genug ist: da mußt du zu etwas anderem greifen, da mußt du hineinlaufen lassen deine intellektualistische Wissenschaftlichkeit in Künstlerisches. Du mußt die Wissenschaft selber zur Kunst werden lassen, wenn du an den Menschen herankommst.

Nun lernt man, wenn man sich diesem Weg hingibt, aber ganz hingibt mit seiner vollen menschlichen Seele, nicht nur den Menschen äußerlich künstlerisch betrachten, sondern, wenn man die entsprechenden Wege geht, lernt man das Intellektualistisch-Wissenschaftliche einlaufen lassen in dasjenige, was ich in meinem Buche: «Wie erlangt man Erkenntnisse der höheren Welten?» beschrieben habe als imaginative Erkenntnis. Diese imaginative Erkenntnis, die heute noch so viel angefochten und angefeindet wird, sie ist möglich, wenn das Denken, das sich sonst passiv der äußeren Welt hingibt, das ja immer mehr und mehr ein Bestandteil unserer Zivilisation in dieser Passivität geworden ist, wiederum aktiv wird, wenn es wiederum innerlich sich zur Aktivität aufrüttelt.

Es ist schwer, über dieses heute zu reden, denn man redet nicht nur von einer wissenschaftlichen Zeitgewohnheit oder gegen eine wissenschaftliche Zeitgewohnheit, sondern man redet im Grunde genommen, wenn man dieses auseinandersetzt, gegen die ganze heutige Zivilisation. Denn es ist ja immer beliebter und beliebter geworden, die Aktivität des Denkens, das innerliche Dabeisein, das innerliche Tätigsein im Denken ganz außer acht zu lassen und sich nur hinzugeben den aufeinanderfolgenden Ereignissen, und dann das Denken einfach fortlaufen zu lassen in den aufeinanderfolgenden Ereignissen, nicht mitzutun im Denken.

Begonnen hat es damit, daß immer mehr und mehr der Ruf entstanden ist, man müsse den geistigen Dingen gegenüber recht anschaulich sein. Man nehme einen Vortrag, der nicht anschaulich sein kann, weil er von geistigen Dingen redet und voraussetzt, daß die Zuhörer – weil man nur Worte sprechen kann zur Anregung und nicht die Dinge herumhuscheln und herumzaubern lassen kann – innerlich ihr Denken in Aktivität setzen, um das mitzumachen, was Worte nur andeuten: man wird heute schon finden, wie ein großer Teil der Zuhörerschaft – die in anderen Sälen selbstverständlich als diesem heutigen sitzt – zu gähnen anfängt, weil das Denken nur passiv ist, der Mensch nicht mehr aktiv mitgeht, bis er zuletzt sogar einschläft. Denn man verlangt, es soll alles anschaulich sein, mit Lichtbildern illustriert sein, damit man nicht zu denken brauche. Man kann nicht denken!

Damit hat es begonnen, ist auch viel weitergegangen. Im «Hamlet», da muß man noch mit der Sache mitgehen, da muß man auch noch das gesprochene Wort verfolgen. Man ist heute vom Schauspiel aufs Kino gekommen: da braucht man nicht mehr aktiv zu sein, da rollen die Bilder nach der Maschine ab, und man kann ganz passiv sein. Und so hat man allmählich jene innere Aktivität des Menschen verloren. Die aber ist es, die erfaßt werden muß. Dann merkt man, daß das Denken nicht bloß etwas ist, was von außen angeregt werden kann, sondern daß es eine innerliche Kraft im Menschen selbst darstellt.

Dasjenige Denken, das unsere heutige Zivilisation kennt, ist nur die eine Seite der Sache. Schaut man das Denken innerlich, von der anderen Seite an, so ist es diejenige Kraft, die von Kindheit an den Menschen zugleich aufbaut.

Um das einzusehen, dazu braucht man die innerlich plastische Kraft, die den abstrakten Gedanken ins Bild umformt. Und gibt man sich auf diesem Wege die richtige innerliche Mühe, dann ist man in dem, was ich in dem genannten Buche den Anfang der Meditation genannt habe; dann ist man auf dem Wege, nun nicht nur überzuleiten das Können in die Kunst, sondern das ganze Denken des Menschen in Imagination; so daß man innerhalb einer imaginativen Welt steht, von der man aber jetzt weiß: sie ist nicht ein Geschöpf unserer eigenen Phantasie, sie muß auf eine objektive Welt deuten. Man ist sich ganz klar darüber bewußt, daß man diese objektive Welt noch nicht hat in der Imagination, aber man weiß, daß man die Bildhaftigkeit dieser objektiven Welt hat.

Und jetzt handelt es sich nur darum, auch einzusehen, daß man über die Bildhaftigkeit hinauskommen müsse. Man hat ja lange zu tun, wenn man zu der Bildhaftigkeit, zu diesem inneren schöpferischen Denken kommen will, zu diesem Denken, das nicht bloß Phantasiebilder erfaßt, sondern Bilder, die ihre Realität in ihrer eigenen Wesenheit tragen. Aber man muß dann dazu kommen, dieses ganze Schaffen der eigenen Wesenheit wiederum auszuschalten. Man muß zu einer innerlichen, sittlichen Tat kommen.

Ja, es ist eine sittliche Tat im Inneren des Menschen! Nachdem man sich alle Mühe gegeben hat – und Sie können lesen in meinem Buche

«Wie erlangt man Erkenntnisse der höheren Welten?», welche Mühen man sich zu geben hat, um zu diesem bildhaft-aktiven Denken zu kommen – nachdem man alle Seelenkräfte, die ganze Totalität der Seelenkräfte aufzuwenden hat, also das Selbst im höchsten Sinne anzuspannen hat, dann muß man, nachdem man zuerst diese höchste Anspannung geleistet hat, wiederum alles das ausschalten können, was man auf diesem Wege gewonnen hat.

Die höchsten Früchte des aktiven, zur Meditation gesteigerten Denkens muß man im eigenen Selbst entwickelt haben und dann selbstlos werden können, dasjenige, was man sich erobert hat, wieder ausschalten können. Dann ist es anders, als wenn man es nicht hat, es gar nicht erobert hat. Hat man zuerst alle Anstrengung gemacht, um das Selbst in dieser Weise zu verstärken, vernichtet man dann dasjenige wiederum durch die eigene Kraft, so daß das Bewußtsein leer wird: dann wogt und wallt eine geistige Welt in das menschliche Bewußtsein herein, dann kommt dasjenige, was spirituelle Welt ist, in das Menschenwesen herein. Dann sieht man: zur Erkenntnis der geistigen Welt sind geistige Erkenntniskräfte notwendig.

Und wenn das Erringen des ersten aktiven bildhaften Denkens Imagination genannt werden kann, dann muß das, was jetzt, nachdem der Mensch sich vollständig leer gemacht hat in seinem Bewußtsein, was da als geistige Welt hereinflutet, nun als auf dem Wege der Inspiration gewonnen bezeichnet werden.

Nachdem wir durch die Imagination durchgegangen sind, können wir uns würdig machen durch den geschilderten sittlichen Akt der inneren Selbstlosigkeit zum Erfassen desjenigen, was als geistige Welt der äußeren Natur und dem Menschen zugrunde liegt.

Wie das dann hinüberführt zur Religion, das möchte ich, nachdem dies übersetzt worden ist, im dritten Teil meines Vortrags sagen.

Jetzt möchte ich nur auf eines aufmerksam machen: Indem Anthroposophie die imaginative Erkenntnis anstrebt, führt sie nicht nur zur Erkenntnis, zur Kunst, die eben als Kunst Bild bleibt, sondern zu demjenigen, was nun zu Bildern sich hinbegibt, die geistige Realität enthalten. Indem Anthroposophie dieses anstrebt, überbrückt sie den Abgrund zwischen Erkenntnis und Kunst wiederum so, daß auf einer höheren Stufe, für die Gegenwart, für das moderne Leben geeignet, dasjenige wieder in die Zivilisation kommen kann, wovon die Menschheit ausgegangen ist: die Einheit von Wissenschaft und Kunst. Wir müssen wiederum zu dieser Einheit kommen, denn die Spaltung zwischen Wissenschaft und Kunst hat den Menschen selbst zerrissen.

Das aber ist es, was der moderne Mensch in erster Linie anstreben muß: aus seiner Zerrissenheit zur Einheit und zur inneren Harmonie zu kommen. Das, was ich bisher gesagt habe, soll gelten für die Harmonie zwischen Wissenschaft und Kunst. Nachher möchte ich auch noch den Gedanken ausdehnen für Religion und Sittlichkeit.

Eine Erkenntnis, die in dieser geschilderten Weise das Schöpferische der Welt in sich aufnimmt, kann unmittelbar in die Kunst hineinfließen. Aber der Weg, der auf diese Weise von der Erkenntnis in die Kunst hinein genommen wird, er kann auch weiter fortgesetzt werden. Er ist fortgesetzt worden in jener alten, instinktiven, imaginativen Erkenntnis, von der ich gesprochen habe, die sich in die Kunst hinein fortsetzte, und die auch den Weg ohne Abgrund in das religiöse Leben hinüber fand. Derjenige, der solcher Erkenntnis, wenn sie auch einstmals bei der primitiven Menschheit selbst noch primitiv und instinktiv war, sich hingab, der fühlte die Erkenntnis nicht nur als etwas Äußerliches, sondern er fühlte, wie in der Erkenntnis, im Wissen, im Denken das Göttliche der Welt in ihm lebte, wie das Schöpferisch-Göttliche in ihm überging in das Künstlerisch-Menschlich-Schöpferische.

Da aber konnte dann der Weg dazu genommen werden, dasjenige, was der Mensch dem Stoffe einprägte, in der Kunst zu einer höheren Weihe zu bringen. Die Tätigkeit, die der Mensch sich aneignete, indem er in dem äußeren Sinnenstoff das Göttlich-Geistige künstlerisch verkörperte, diese Tätigkeit konnte er fortsetzen und Handlungen hervorbringen, in denen er sich unmittelbar bewußt wurde, wie er, indem er als Mensch handelte, zum Ausdruck bringt den Willen des göttlichen Waltens in der Welt. Und die Kunst ging, indem so der Weg gefunden wurde von der Bearbeitung des sinnlichen Stoffes zu dem Handeln, in welchem der Mensch sich selber von der göttlich-schöpferischen Kraft durchsetzt fühlte, über in den Kultus, in den Dienst des Göttlichen. Gottesdienst wurde das künstlerische Schaffen.

Die Handlungen des Kultus sind die von Weihe durchsetzten künstlerischen Taten der Urmenschheit. Es steigerte sich hinauf die künstlerische Tat zur Kultustat, die Verherrlichung des göttlichen Wesens durch den sinnlichen Stoff zur Hingabe an das göttliche Wesen durch die Kultushandlung. Indem man den Abgrund überbrückte zwischen Kunst und Religion, entstand die Religion, die einstmals in vollem Einklang, in voller Harmonie war mit Erkenntnis und Kunst. Denn wenn auch jene Erkenntnis primitiv, instinktiv war, sie war doch ein Bild, und sie konnte deshalb auch das menschliche Handeln bis zu demjenigen Handeln bringen, das in sich bildhaften Kultus hat, das Göttliche unmittelbar darstellt.

Damit war der Übergang gefunden von Kunst zur Religion. Können wir das noch mit unserer Erkenntnis? Jenes instinktive alte Erkennen sah in jedem Naturwesen, in jedem Naturvorgang bildhaft ein Geistiges. Es ging durch Hingabe an den Geist des Naturvorganges das geistige Walten und Weben des Kosmos über in den Kultus.

Wie erkennen wir die Welt? Wiederum soll nicht Kritik geübt werden, sondern geschildert werden. Im historischen Werden der Menschheit war das alles notwendig, das werden insbesondere die nächsten Vorträge noch zeigen. Ich will heute nur einige andeutende Gedanken hinstellen. Wir haben allmählich den unmittelbaren instinktiven Einblick in die Naturwesen und Naturvorgänge verloren. Wir sind stolz darauf, die Natur ohne den Geist zu schauen, und wir dringen endlich vor zu solchen hypothetischen Anschauungen über die Natur, wo wir zurückführen zum Beispiel das Werden unseres Planeten zu dem Weben und Wesen eines einstigen Urnebels. Durch rein mechanische Kraft habe sich aus diesem Urnebel durch Rotation herausgeballt unsere Erde. Aus demjenigen, was schon in diesem Urnebel in mechanischer Weise sich betätigte, sei auch herausgestiegen alles, was in den Reichen der Natur bis zum Menschen lebt. Und wiederum müsse nach denselben Gesetzmäßigkeiten, die unser ganzes Denken, das objektiv sein will, erfüllen, diese Erde einstmals ihr Ende nehmen im sogenannten Wärmetod. Alles dasjenige, was an Idealen die Menschheit sich errungen hat, wird, da nur als eine Fata Morgana des Naturdaseins hervorgegangen, verschwinden, und am Ende kann nur dastehen der große Kirchhof des Erdendaseins.

Wenn die Menschheit heute ganz ehrlich wäre, wenn sie den Mut hätte, sich innerlich zu gestehen, was, wenn solch ein Gedankengang von der Wissenschaft als richtig anerkannt wird, die notwendige Konsequenz ist, sie müßte sich sagen: Eine Fata Morgana bleibt also alles religiöse und alles sittliche Leben! – Nur weil die Menschheit diesen Gedanken nicht ertragen kann, hält sie fest an demjenigen, was als Religion, ja was als Sittlichkeit aus alten Zeiten, in denen man noch im Einklang mit Erkenntnis und Kunst Religion und Sittlichkeit gewonnen hat, übrig ist. Das heutige religiöse und sittliche Leben ist nicht ein unmittelbar vom Menschen heraus sich schaffendes, ist ein Traditionelles, ist übriggeblieben als Erbschaft aus jenen Zeiten, wo durch den Menschen, allerdings im instinktiven Leben, sich noch Gott und mit Gott sich die sittliche Welt geoffenbart hat. Heute streben wir nach der Erkenntnis so, daß sich weder der Gott, noch die sittliche Welt offenbaren kann, sondern es ist ein rein wissenschaftliches Leben, das den Menschen nur erkennt als das höchste der Tiere. Wissenschaft gelangt heute nur bis zum Ende der Tierheit, der Mensch ist ausgeschaltet. Ehrliches inneres Streben kann nicht finden die Brücke über den Abgrund zwischen der Erkenntnis und dem religiösen Leben.

Alle Religion ist hervorgegangen aus einer Inspiration. Wenn diese Inspiration auch nicht so bewußt war wie diejenige, die wir wieder erringen müssen, von der eben gesprochen worden ist, sie war instinktiv da. Mit Recht führen die Religionen ihren Ursprung auf eine Inspiration zurück. Und diejenigen Religionen, die nicht mehr die lebendigen Inspirationen, die Offenbarung aus dem Geistigen in der unmittelbaren Gegenwart anerkennen wollen, die müssen eben beim bloßen Traditionellen bleiben. Dabei aber fehlt einem dann die innerliche Lebendigkeit, das unmittelbar Impulsive des religiösen Lebens. Dieses Impulsive, dieses unmittelbar Lebendige muß sich die menschliche Zivilisation wieder erringen, denn dadurch allein kann die Gesundung unseres sozialen Aufbaues beginnen.

Ich habe von Inspiration gesprochen. Ich habe davon gesprochen, wie der Mensch eine Erkenntnis wiederum gewinnen müsse, die durch die Kunst bis zur Imagination und hinauf bis zur Inspiration geht. Wird sich die Menschheit dasjenige, was durch die Inspiration einer spirituellen Welt hereinflutet in das menschliche Bewußtsein, wieder erringen, dann wird wiederum ursprüngliche Religion da sein. Dann wird man auch nicht aus dem Intellekt heraus diskutieren, wie eigentlich der Christus gewesen sei, dann wird man wiederum – was man nur durch Inspiration wirklich erkennen kann – wissen, daß der Christus der menschliche Träger eines wirklichen göttlichen Wesens war, das heruntergestiegen ist aus göttlichen Höhen in das irdische Dasein. Denn zum Begreifen des Christus ist übersinnliches Wissen notwendig.

Und soll das Christentum wiederum tief verankert werden in der Menschheit, dann muß diese Menschheit wiederum den Weg finden zur übersinnlichen Erkenntnis. Das müssen wir wieder gewinnen. Inspiration muß der Menschheit wiederum geben unmittelbares religiöses Leben. Dann werden wir nicht eine Erkenntnis haben, welche den bloßen Naturalismus nachahmt und nicht nur zur Kunst hinüber, sondern auch zur Religion hinüber vor dem Abgrund steht, sondern dann werden wir eine Harmonie haben zwischen Erkenntnis, Kunst und Religion.

Und ebenso baute der Urmensch darauf, wenn er nun die Kunst herabgebracht hatte zum Gottesdienst, wenn er hat teilhaftig werden können jener Befeuerung des menschlichen Herzens, die sich einprägen kann, wenn im Gottesdienst der göttliche Wille selber die Menschenhandlungen durchdringt –, daß dann der Gott in den Menschenhandlungen anwesend wird. Und wenn man wiederum dazu gelangen wird, diesen Weg hinüber zu finden von der äußerlichen gegenständlichen Erkenntnis zur Inspiration, dann wird man eben durch Inspiration die unmittelbare Religion haben, dann wird man auf diese Weise wiederum die Möglichkeit finden, auch ebenso mit diesem ursprünglichen Menschen drinnen zu stehen in einer gottgegebenen Sittlichkeit.

Und das fühlte dieser ursprüngliche Mensch: Habe ich den Kultus, habe ich den Gottesdienst, ist der Gottesdienst da in der Welt und ich in ihn verwoben, dann erfüllt sich mein Inneres so, daß ich auch im ganzen Leben, nicht nur an der Kultusstätte, den Gott in der Welt gegenwärtig machen kann.

Das aber ist die wahre Sittlichkeit: den Gott in der Welt gegenwärtig machen zu können. Keine Natur führt zur Sittlichkeit; allein das führt den Menschen zur Sittlichkeit, was seine Natur hinweghebt über die Natur, was seine Natur erfüllt mit göttlich-geistigem Dasein. Nur jene Intuition, welche über den Menschen kommt, wenn er durch das religiöse Leben sich in den Geist hineinstellt, kann ihn mit wirklicher, innerster menschlich-göttlicher Moralität erfüllen.

Und so wird auch, wenn wir wieder zur Inspiration kommen, jene Brücke gebaut, die einstmals in der instinktiven Menschheitszivilisation gebaut war, jene Brücke von der Religion zur Sittlichkeit. Wie hinaufführt die Erkenntnis durch die Kunst zu den übersinnlichen Höhen, so wird herunterführen das religiöse Dienen die übersinnlichen Höhen in das Erdendasein so, daß wir dieses Erdendasein wiederum mit einer elementaren, ursprünglichen, unmittelbaren, vom Menschen erlebten Sittlichkeit impulsieren können.

Dann wird der Mensch selber wiederum in Wahrheit individueller Träger eines sittlich durchpulsten Lebens sein können, eines gegenwärtig ihn impulsierenden sittlichen Lebens. Dann wird Moralität ein Geschöpf des einzelnen Menschen werden. Dann wird die Brücke aufgeschlagen über den letzten Abgrund hinüber, der da besteht zwischen Religion und Sittlichkeit. Dann wird in einer modernen Form jene Intuition geschaffen, in welcher der primitive Mensch drinnenstand, wenn er in einer Kultushandlung sich befand. Dann wird durch ein modernes religiöses Leben der Mensch moderne sittliche Verhältnisse schaffen.

Das brauchen wir zur Erneuerung unserer Zivilisation. Das brauchen wir, damit wiederum ursprüngliches Leben dasjenige wird, was heute nur Erbschaft, nur Tradition ist und deshalb schwach und unkräftig wirkt. Wir brauchen zu unserem komplizierten sozialen Leben, das über die Erde hin ein Chaos zu verbreiten droht, diese ursprünglichen Impulse. Wir brauchen die Harmonie zwischen Erkenntnis, Kunst, Religion und Sittlichkeit. Wir brauchen in einer neuen Form diesen Weg von der Erde aus, auf der wir uns unsere Erkenntnis erwerben, durch die Inspiration, durch die Kunst hinüber zum unmittelbaren Drinnenstehen, zum Ergreifen des Übersinnlichen in dem religiösen Leben, damit wir wiederum herunterführen können auf die Erde dieses Übersinnliche, im religiösen Leben Gefühlte und in den Willen Umgesetzte im irdisch-sozialen Dasein.

Die soziale Frage wird erst in ihrer vollen Tiefe ergriffen werden, wenn sie als eine sittliche, als eine religiöse Frage erfaßt wird. Aber sie wird keine sittliche, religiöse Frage werden, ehe nicht die sittliche und religiöse Frage eine Angelegenheit der spirituellen Erkenntnis wird.

Erringt sich der Mensch wiederum spirituelle Erkenntnis, dann wird er dasjenige, was er braucht, herbeiführen können, wird gewissermaßen die weitere Entwickelung anknüpfen können an einen instinktiven Ursprung. Dann wird er finden, was gefunden werden muß zum Heile der Menschheit: Harmonie zwischen Wissen, Kunst, Religion und Sittlichkeit.

## ZWEITER VORTRAG

Ilkley, 6. August 1923

Daß Erziehung und Unterricht in der gegenwärtigen Zeit alle Seelen und alle Geister auf das intensivste beschäftigen, kann ja nicht bezweifelt werden. Wir sehen es überall. Wenn nun von mir hier eine aus dem unmittelbaren geistigen Leben und Anschauen herausgeholte Erziehungs- und Unterrichtskunst geltend gemacht wird, so unterscheidet sich diese von der allgemeinen Forderung nicht so sehr äußerlich durch das Intensive des Geltendmachens, sondern mehr innerlich.

Man fühlt heute allgemein, wie die Zivilisationsverhältnisse in einem raschen Übergange begriffen sind, wie wir nötig haben, für die Einrichtungen des sozialen Lebens an manches Neue, an manches Aufsteigende zu denken. Man fühlt ja sogar heute schon, was man vor kurzem noch wenig gefühlt hat, daß das Kind eigentlich ein anderes Wesen geworden ist, als es vor kurzem war. Man fühlt, daß das Alter mit der Jugend heute viel schwerer zu Rande kommt, als das in früheren Zeiten der Fall war.

Diejenige Erziehungs- und Unterrichtskunst, von der ich hier vor Ihnen zu sprechen haben werde, rechnet aber mehr mit dem inneren Gang der menschlichen Zivilisation, mit demjenigen, was im Laufe der Zeiten die Seelen der Menschen verändert hat, mit dem, was die Seelen der Menschen im Laufe von Jahrhunderten, ja ich kann sagen von Jahrtausenden, für eine Entwickelung durchgemacht haben. Und es wird gesucht zu ergründen, wie man gerade in der gegenwärtigen Zeit an den Menschen im Kinde herankommen kann. Man gibt ja im Allgemeinen zu, daß in der Natur die aufeinanderfolgenden Zeiten Differenzierungen aufweisen. Man braucht sich nur zu erinnern, wie der Mensch im alltäglichen Leben mit diesen Differenzierungen rechnet. Nehmen Sie das allernächstliegende Beispiel, den Tag. Wir rechnen in anderer Weise mit den Vorgängen der Natur am Morgen, am Mittag, am Abend. Und wir würden uns absurd vorkommen, wenn wir dieser Entwickelung des Tages nicht Rechnung trügen. Wir würden uns auch absurd vorkommen, wenn wir einer anderen Entwickelung im Menschenleben nicht Gerechtigkeit widerfahren ließen, wenn wir zum Beispiel nicht berücksichtigen würden, daß wir ein anderes an den alten Menschen heranbringen müssen als an das Kind. Wir respektieren in dieser Naturentwickelung die Tatsachen. Aber noch nicht hat sich die Menschheit gewöhnt, die Tatsachen auch in der allgemeinen Menschheitsentwickelung zu respektieren.

Wir rechnen nicht damit, daß vor Jahrtausenden eine andere Menschheit da war als im Mittelalter und als es in der Gegenwart der Fall ist. Man muß lernen, sich die inneren Kräfte der Menschen zur Erkenntnis zu bringen, wenn man praktisch und nicht theoretisch heute die Kinder behandeln will. Man muß aus dem Inneren ergründen, welche Kräfte gerade heute im Menschen walten.

Und so sind die Prinzipien der Waldorfschul-Pädagogik nichts irgendwie Revolutionäres. Man erkennt bei der Waldorfschul-Pädagogik durchaus an das Große, das Anerkennenswerte und Sympathische, das von den Pädagogen aller Länder im 19. Jahrhundert ja in so glänzender Weise geleistet worden ist. Man will nicht alles umstoßen und sich dem Glauben hingeben, daß man nur ein radikal Neues begründen könne. Man will nur die innerlichen Kräfte, die gegenwärtig in der Menschennatur walten, ergründen, um sie in der Erziehung zu berücksichtigen, und um durch diese Berücksichtigung den Menschen heute in das soziale Leben nach Körper, Seele und Geist richtig hineinzustellen. Denn die Erziehung – wir werden das noch im Laufe der Vorträge sehen – war eigentlich immer eine soziale Angelegenheit. Sie ist es auch in der Gegenwart; sie muß es auch in der Zukunft sein. Und daher muß sie ein Verständnis haben für die sozialen Anforderungen irgendeines Zeitalters.

Nun möchte ich zunächst in drei Etappen die Entwickelung des Erziehungswesens der Menschheit in der abendländischen Zivilisation vor Sie hinstellen. Wir können das am besten, wenn wir in Betracht ziehen, wozu es in den einzelnen Zeitaltern derjenige Mensch hat bringen wollen, der zur höchsten Stufe des Menschentums hat hinaufsteigen wollen, zu jener höchsten Stufe, wo er am nützlichsten seinen Mitmenschen hat werden können. Wir werden gut tun, bei einer solchen Betrachtung so weit in der Zeit zurückzugehen, als wir glauben, daß diese Zeit mit ihren Menschheitskräften in der Gegenwart noch fortlebt.

Kein Mensch kann heute leugnen, daß ganz lebendig noch ist in allem, was Menschenseelen wollen, was Menschenseelen anstreben, das Griechentum. Und für den Erzieher muß es eigentlich doch eine Grundfrage sein: Wie wollte der Grieche den Menschen zu einer gewissen Vollkommenheit bringen? Dann sollte man sehen, wie die Zeiten, in bezug auf die Vervollkommnung, die Erziehung und den Unterricht des Menschen fortschreiten.

Stellen wir uns zunächst einmal – wir werden ja diese Frage ganz genau zu betrachten haben – das Griechenideal vor Augen, das man für den Erzieher gehabt hat; für denjenigen also, der nicht nur in sich selbst die höchste Stufe der Menschheit zur Ausbildung hat bringen wollen, sondern der auch diese höchste Stufe der Menschheit deswegen in sich zur Ausbildung bringen wollte, damit er andere leiten konnte auf ihrem Menschheitsweg. Welches war das Griechenideal der Erziehung?

Nun, das Griechenideal der Erziehung war der Gymnast, derjenige also, der bei sich alle körperlichen, und soweit man in der damaligen Zeit notwendig glaubte, die seelischen und geistigen Eigenschaften zur Harmonie aller ihrer Teile gebracht hat. Derjenige, der imstande war, die göttliche Schönheit der Welt in der Schönheit des eigenen Körpers zur Offenbarung zu bringen, und der verstand, diese göttliche Schönheit der Welt auch bei dem jungen Menschen, bei dem Knaben, zur äußerlichen körperlichen Darstellung zu bringen, der war der Gymnast, der war der Träger der Griechenzivilisation.

Leicht ist es, von einem gewissen modernen Standpunkte aus, man möchte sagen, von oben herunter auf diese nach dem Körperlichen hin gerichtete Erziehungsweise des Gymnasten zu sehen. Allein man mißversteht ganz und gar, was mit dem Worte Gymnast eigentlich innerhalb des Griechentums gemeint war.

Bewundern wir doch heute noch die griechische Kultur und Zivilisation, sehen wir es doch heute noch als unser Ideal an, uns zu durchdringen für eine höhere Bildung mit der griechischen Kultur und Zivilisation.

Wenn wir das tun, müssen wir uns gar wohl auch daran erinnern, daß der Grieche nicht daran gedacht hat, zunächst das sogenannte, das von uns so genannte Geistige im Menschen zu entwickeln, sondern daß er nur daran gedacht hat, den menschlichen Körper in einer solchen Weise zu entwickeln, daß dieser durch die Harmonie seiner Teile und durch die Harmonie seiner Betätigungsweise hinaufstieg zu einer körperlichen Offenbarung der Schönheit Gottes. Und dann erwartete der Grieche ruhig die weitere Entwickelung, wie man von der Pflanze erwartet, wenn man die Wurzel in der richtigen Weise behandelt hat, daß sie durch Sonnenlicht und Wärme sich von selber zur Blüte entwickelt. Und wenn wir heute so hingebungsvoll hinschauen auf die griechische Kultur und Zivilisation, so dürfen wir nicht vergessen, daß der Träger dieser griechischen Kultur und Zivilisation der Gymnast war, derjenige, der nicht den dritten Schritt, möchte ich sagen, zuerst gemacht hat, sondern den ersten Schritt zuerst machte – die körperliche Harmonisierung des Menschen –, und daß alle Schönheit, alle Größe, alle Vollkommenheit der griechischen Kultur nicht unmittelbar beabsichtigt war, sondern als ein selbstverständlich Gewachsenes aus dem schönen, gewandten, starken Körper durch die innerliche Wesenheit und Beschaffenheit des Erdenmenschen hervorgehen sollte.

So haben wir nur ein einseitiges Verständnis des Griechentums, namentlich in bezug auf seine Erziehung, wenn wir nicht neben die Bewunderung der geistigen Größe Griechenlands die Tatsache hinstellen, daß der Grieche sein Erziehungsideal in dem Gymnasten gesehen hat.

Und dann sehen wir, wie die Menschheit sich fortentwickelt, und wir sehen, wie ein wichtiger Einschnitt in der Fortentwickelung der Menschheit vor sich geht, indem die Griechenkultur und -zivilisation übergeht auf das Römertum. Und im Römertum sehen wir zunächst heraufkommen jene Kultur der Abstraktion, die dann dazu übergeht, Geist, Seele und Leib zu trennen, auf diese Dreiheit besonders zu schauen.

Wir sehen im Römertum, wie zwar nachgeahmt wird das Schönheitsprinzip der gymnastischen Erziehung der Griechen; aber wir sehen zugleich, wie die körperliche und die seelische Erziehung auseinanderfallen. Wir sehen, wie im Römertum nunmehr, ganz leise – denn der Römer gibt viel auf körperliche Erziehung –, aber doch schon ganz leise die körperliche Erziehung anfängt eine Nebensache zu werden, und wie der Blick hingewendet wird mehr auf dasjenige, was eigentlich in der Menschennatur als vornehmer angesehen wird: das Seelische. Und wir sehen, wie nun jene Trainierung, die in Griechenland nach dem Ideal des Gymnasten hinging, im Römertum allmählich heraufrückt in eine Trainierung des Seelischen.

Und das pflanzt sich dann fort durch das Mittelalter, jenes Mittelalter, welches im Seelischen etwas Höheres als im Körperlichen sieht. Und wir sehen wiederum ein Erziehungsideal aus diesem romanisierten Menschheitswesen heraus entspringen.

Wir sehen namentlich in der ersten Zeit des Mittelalters dasjenige als Erziehungsideal des höheren Menschen sich aufrichten, was aus dem Römertum hervorgeblüht ist, was nunmehr eine Kultur des Seelenwesens eigentlich ist, insoferne dieses Seelenwesen allerdings sich äußerlich am Menschen offenbart.

Wir sehen an die Stelle des Gymnasten einen anderen Menschen treten. Wir haben heute kein starkes historisches Bewußtsein mehr von diesem Umschwung. Aber derjenige, der innerlich das Mittelalter anschaut, wird gewahr werden, daß dieser Umschwung da war. Es ist der Umschwung in bezug auf das Menschenerziehungsideal vom Gymnasten zum Rhetor, zu demjenigen, bei dem nun ein seelisch sich Offenbarendes, die Rede, hauptsächlich trainiert wird.

Wie der Mensch wirken kann durch die Rede als Rhetor, das ist hervorgegangen aus dem Römertum, das ist übergegangen auf die ersten Zeiten des Mittelalters, das manifestiert den Umschwung von der rein körpergemäßen Erziehung zu der nunmehr seelischen Erziehung, neben welcher die körperliche Erziehung gewissermaßen wie eine Beigabe einherläuft.

Und dadurch, daß das Mittelalter insbesondere den Rhetor brauchte für die Verbreitung des Geistlebens, wie es in den Klosterschulen, wie es überhaupt innerhalb des mittelalterlichen Erziehungswesens galt, dadurch kam, wenn man auch das Wort nicht immer aussprach, der Rhetor im Grunde genommen zu der Stellung in dem Erziehungswesen der Menschheitszivilisation, die der griechische Gymnast eingenommen hat.

So sehen wir die Menschheit gewissermaßen in ihrem Erziehungsideal vorrücken von dem Gymnasten zu dem Rhetor, wenn wir hinblicken, in welchen Idealen man die höchste Verkörperung des Menschen gesehen hat.

Das aber hat gewirkt auf die Ansichten in der Erziehung. Die Kindererziehung wurde so eingerichtet, daß sie gemäß war dem, was man als ein Menschheitsideal der Vervollkommnung ansah. Und noch unsere moderne Erziehungsgewohnheit, wie man das Sprachwesen, das Sprachenlernen bei den Kindern heute behandelt, ist für denjenigen, der die Sache historisch betrachten kann, ein Erbstück dessen, was mit Bezug auf den Rhetor als ein Ideal vor der mittelalterlichen Erziehung stand.

Nun kam die Mitte des Mittelalters mit ihrem großen Umschwung zum intellektuellen Wesen, mit ihrer Verehrung und Respektierung des intellektualistischen Wesens. Es entstand ein neues Ideal für die erzieherische Menschheitsentwickelung, ein Ideal, das geradezu das Gegenteil vorstellt von dem, was das Griechenideal war: es entstand dasjenige Ideal, das vor allem als vornehm ansah am Menschen die intellektualistisch-geistige Bildung. Und der, welcher etwas weiß, wurde nun das Ideal. Während das ganze Mittelalter hindurch noch derjenige, der etwas konnte, seelisch konnte, der die anderen Menschen überzeugen konnte, das Erziehungsideal war, wurde jetzt der Wissende das Erziehungsideal.

Man sehe nur hin auf die ersten Universitätseinrichtungen, man sehe auf die Pariser Universität im Mittelalter hin, und man wird sehen, daß da noch nicht das Ideal gesehen wird in dem Wissenden, sondern in dem Könnenden, in demjenigen, der durch die Rede am meisten überzeugen kann, der die größte Geschicklichkeit besitzt in dem Aufbringen von Gründen, in der Handhabung der Dialektik, des schon gedankengefärbten Wortes. Da haben wir noch den Rhetor als Erziehungsideal, wenn auch der Rhetor schon nach dem Gedanklichen hin gefärbt ist.

Und jetzt kommt mit der ganzen neuen Zivilisation ein neues Ideal herauf für den sich entwickelnden Menschen, das wiederum abfärbt auf die Kindererziehung, und unter dessen Einfluß im Grunde genommen unsere Kindererziehung zum großen Teil geblieben ist bis zum heutigen Tage, selbst in der materialistischen Zeit. Jetzt kommt erst herauf das Ideal des Doktors. Der Doktor wird dasjenige, was man als Ideal des vollkommenen Menschen ansieht.

Und so sehen wir in der Menschheitsentwickelung die drei Stufen: den Gymnasten, den Rhetor, den Doktor. Der Gymnast, der den ganzen menschlichen Organismus handhaben kann von demjenigen aus, was man als das göttliche Wirken und Walten in der Welt, im Kosmos ansieht; der Rhetor, der nur noch das Seelische, insoferne es sich körperlich äußert, zu handhaben weiß. Der Gymnast, der den Körper trainiert, und damit das Seelische und Geistige miterreicht bis zu der Höhe der griechischen Kultur und Zivilisation; der Rhetor, der bedacht ist auf das Seelische, der seine Höhe, seinen Glanz erreicht in dem Redner über das Seelische, in dem Kirchenredner. Und wir sehen dann, wie das Können vollständig in die Unterschätzung hinuntertritt, und wie derjenige, der nur noch weiß – der also nicht mehr die Seele in ihrer körperlichen Wirksamkeit handhabt, sondern der nur noch das, was ganz unsichtbar im Inneren waltet, handhabt, der nur noch weiß –, als Erziehungsideal der höchsten Stufe erglänzt.

Das aber färbt ja ab auf die untersten Prinzipien der Erziehung. Denn diejenigen, die Gymnasten waren, haben in Griechenland auch die Erziehung der Kinder gemacht. Diejenigen, die Rhetoren waren, haben in der späteren Zeit die Erziehung der Kinder gemacht. Und die Doktoren waren es schließlich, welche die Erziehung der Kinder in der neuesten Zeit machten, gerade in der Zeit, als in der allgemeinen Kultur und Zivilisation der Materialismus heraufkam.

Und so sehen wir gewissermaßen die Erziehung vorrücken von einer körperlich-gymnastischen Erziehung durch eine seelisch-rhetorische Erziehung zu einer Doktorerziehung.

Und dasjenige, was unsere Erziehung geworden ist, ist sie eigentlich durch den Doktor geworden. Derjenige, der aufsuchen will gerade in den tiefsten Prinzipien der modernen Pädagogik das, was verstanden werden sollte, muß sorgfältig darauf schauen, was der Doktor in das Erziehungswesen hineingebracht hat.

Neben diesem aber ist immer mehr und mehr aufgetaucht ein anderes Ideal in der modernen Zeit, das allgemeine Menschheitsideal. Man hatte ja nur noch Augen und Ohren für dasjenige, was dem Doktor gebührte. Und so kam herauf die Sehnsucht, nun wiederum den ganzen Menschen zu erziehen, hinzuzunehmen zu der Doktorerziehung, die man schon in das kleine Kind hineinpfropfte – weil ja die Doktoren auch die Lehrbücher schrieben und die Lehrmethoden ausdachten –, die allgemeine Menschheitserziehung. Und heute möchten eben die Menschen, die ursprünglich, elementar aus der Menschennatur heraus urteilen, ihr Wort mitreden im Erziehungswesen.

Daher ist die Erziehungsfrage aus innerlichen Gründen heute eine Zeitfrage geworden. Und diesen innerlichen Gang der Menschheitsentwickelung, den müssen wir uns vor die Seele stellen, wenn wir den gegenwärtigen Zeitpunkt begreifen wollen. Denn nach nichts Geringerem muß eine wirkliche Fortbildung des Erziehungswesens gehen als nach Überwindung des Doktorprinzipes. Und wenn ich dasjenige, was eigentlich nach einer bestimmten Seite hin Waldorfschul-Erziehung will, in ein paar Worten zusammenfassen will, so möchte ich zunächst präliminarisch selbstverständlich, nur heute sagen: es handelt sich darum, die Doktorenerziehung zu einer Menschheitserziehung zu machen.

Insbesondere ein Verständnis des Erziehungswesens, wie es im Griechentum aufgekommen ist, das eigentlich noch in seiner Weiterentwickelung bis heute wirkt, eignet man sich nicht an, wenn man nicht den Gang der Menschheitsentwickelung vom Griechentum bis in unsere Zeit im rechten Lichte sieht. Das Griechentum war in der Tat noch eine Fortsetzung, gewissermaßen ein Anhang des orientalischen Zivilisationswesens. Was sich in der Menschheitsentwickelung durch Jahrtausende herausgebildet hat drüben in Asien, im Orient, das fand dann, und wie ich glaube, ganz besonders im Erziehungs- und Unterrichtswesen, bei den Griechen den letzten Ausdruck. Erst dann tritt ein bedeutsamer Entwickelungseinschnitt ein zum Römertum hinüber. Und vom Römertum stammt dann dasjenige, was in Zivilisation und Kultur des ganzen Abendlandes bis in die amerikanische Kultur hinein später eingeflossen ist.

Daher versteht im Grunde genommen insbesondere das griechische Erziehungswesen niemand, der nicht auf das ganze Eigentümliche der orientalischen Entwickelung des Menschen einen richtigen Blick werfen kann. Daß man die höchste Menschheitsbildung dadurch erringt, daß man sich, um Examina abzulegen, vor Bücher setzt, und da irgend etwas Unbestimmtes, was man den menschlichen Geist nennt, man kann nicht sagen trainiert, sondern malträtiert, und nachdem man diesen sogenannten Geist, vielleicht jahrelang, wenn man fleißig ist, monatelang, wenn man faul ist, malträtiert hat, dann sich fragen läßt von jemandem, wieviel man nun weiß, nachdem man den Geist jahrelang malträtiert hat, daß man auf diese Weise ein vollkommener Mensch werden könne, das würde dem, der an der Wiege jener Zivilisation gestanden hat, aus welcher die Veden und die wunderbare Vedanta hervorgegangen sind, als der reinste Wahnsinn erschienen sein. Man versteht die menschliche Zivilisationsentwickelung nicht, wenn man nicht zuweilen einen Blick darauf wirft, wie sich dasjenige, was ein Zeitalter als das Ideal ansieht, vor den Blicken eines anderen Zeitalters ausnimmt. Denn was hat der getan, der im alten Oriente die Zivilisation und Kultur, die sein Volk als höchste dargeboten hat, erringen wollte, erringen wollte in jener Zeit, welcher dann erst folgte jene große Inspiration, die zu den Veden geführt hat? Im Grunde genommen war das, was er geübt hat, eine Art Körperkultur. Und er hat die Hoffnung gehabt, daß er durch einen besonderen, wenn uns auch heute einseitig erscheinenden Körperkultus die Blüte des menschlichen Lebens, die höchste Geistigkeit erreicht, wenn das in seinem Schicksal ihm vorgezeichnet ist.

Daher war nicht Bücherlesen und den abstrakten Geist malträtieren die Methode der höchsten Ausbildung im alten Orient, sondern eine, wenn auch außerordentlich verfeinerte, Körperkultur. Ich will nur ein Beispiel aus der verfeinerten Körperkultur herausheben: das war ein ganz bestimmtes, streng systematisch geregeltes System des menschlichen Atmens.

Wenn der Mensch atmet in der Weise, wie er es eben notwendig hat, um sich von Minute zu Minute mit der richtigen Sauerstoffmenge zu versorgen, dann atmet er unbewußt. Er treibt das ganze Atmungsgeschäft unbewußt. Der alte Orientale gestaltete dieses Atmungsgeschäft – also im Grunde genommen jene körperliche Verrichtung – zu etwas aus, was mit Bewußtheit vollzogen wurde. Er atmete ein nach einem bestimmten Gesetze; er hielt den Atem zurück und atmete wieder aus nach einem bestimmten Gesetze. Dabei war er in einer ganz bestimmten körperlichen Verfassung. Die Beine mußten eine bestimmte Lage haben, die Arme mußten eine bestimmte Lage haben. Das heißt, der Atemweg durch den physischen Organismus mußte zum Beispiel, wenn es auftraf auf das Knie, sich umbiegen in die horizontale Lage. Daher saß der alte orientalische Mensch, der die menschliche Vervollkommnung suchte, mit untergelegten Unterbeinen. Und es war eine eben auf das Luftförmige im Menschen hinorientierte, aber immerhin körperlich orientierte Entwickelung, die derjenige durchzumachen hatte, welcher dann als den Erfolg, als die Konsequenz dieser körperlichen Trainierung die Offenbarung des Geistes in sich erleben wollte.

Und was liegt denn einer solchen Trainierung, einer solchen Erziehung des Menschen zugrunde? Ja, dem liegt eigentlich folgendes zugrunde. Ebenso wie in der Wurzel der Pflanze die Blüte und die Frucht schon drinnenstecken und, wenn die Wurzel in der richtigen Weise gepflegt wird, sich dann auch Blüte und Frucht unter dem Sonnenlichte und der Sonnenwärme in der richtigen Weise entfalten müssen, so liegen, wenn man auf das Körperliche des Menschen hinschaut, in dem Körper, der gottgeschaffen ist, auch schon Seele und Geist drinnen. Wenn man die Wurzel im Körper ergreift, aber so, daß man das Göttliche in dieser Körperwurzel erfaßt, dann entwickeln sich aus ihr, wenn man in einer richtigen Weise diese körperliche Wurzel zur Entfaltung gebracht hat und sich einfach dem freien Leben überläßt, die in ihr liegende Seele und der Geist, so wie sich die inneren Kräfte der Pflanze, die aus der Wurzel schießen, unter dem Sonnenlicht und der Sonnenwärme frei entwickeln.

Dem Orientalen würde die besondere abstrakte Ausbildung des Geistes so vorgekommen sein, wie wenn wir unsere Pflanzen im großen Maße abschließen wollten von dem Sonnenlichte, um sie in einen Keller zu tun und sie dann vielleicht unter elektrischem Lichte zur Entfaltung bringen wollten, weil wir die freie Sonnenentfaltung nicht mehr vornehm genug für das Pflanzenwachstum finden.

So war es tief begründet in der ganzen orientalischen Menschheitsanschauung, nur auf das Körperliche hinzuschauen. Wenn auch diese körperliche Entfaltung dann einseitig geworden ist, ja sogar in dieser Form, in der ich sie geschildert habe, schon einseitig war beim Judentum, so weist uns gerade diese Einseitigkeit darauf hin, daß man überall die Ansicht hatte, Körper, Seele und Geist sind Eines; daß man genau wußte: Hier auf Erden zwischen Geburt und Tod muß man die Seele und den Geist im Körper suchen.

Das führt vielleicht zu einigem Erstaunen, wenn man gerade die alte spirituelle Kultur des Orients in diesem Lichte zeigt. Allein wenn Sie den wirklichen Gang der Menschheitsentwickelung studieren, dann werden Sie eben finden, daß die spirituellsten Konsequenzen der Menschheitszivilisation in denjenigen Zeiten errungen worden sind, in denen man Seele und Geist noch voll in dem Körperlichen zu schauen verstand. Hier hat sich eine für das Innerste der Menschheitszivilisation außerordentlich bedeutsame Entwickelung vollzogen.

Warum durfte der Orientale, dem es ganz und gar darauf ankam, den Geist zu suchen, warum durfte er dieses Suchen nach dem Geist durch Methoden anstreben, die eigentlich körperliche waren? Es durfte der Orientale dies anstreben, weil ihm seine Philosophie die Ansicht gab nicht nur dessen, was irdisch ist, sondern auch dessen, was übersinnlich ist. Und er wußte: Betrachtet man Seele und Geist hier auf Erden als etwas Selbständiges, ja, dann – verzeihen Sie den etwas trivialen Vergleich, er ist durchaus aber im Sinne der orientalischen Weisheit gehalten –, dann betrachtet man Seele und Geist wie ein gerupftes Huhn, nicht wie ein Huhn, das Federn hat, also nicht wie ein vollständiges Huhn. Wie ein Huhn, dem man die Federn ausgerissen hat, so wäre dasjenige, was wir uns von Seele und Geist vorstellen, dem Orientalen vorgekommen; denn von dem, was Seele und Geist ist, von dem, was wir in anderen Welten suchen, von dem hatte er eine konkrete übersinnliche Anschauung. Er durfte es sich erlauben, hier den Erdenmenschen in seiner irdisch-sinnlichen körperlichen Offenbarung zu suchen, weil er für andere Welten gründlich überzeugt war, daß das gerupfte Hühnchen, die bloße Seele, dort wiederum ihre spirituellen Federn bekommt, wenn sie an dem richtigen Orte anlangt.

So war es gerade der Spiritualismus der Weltanschauung, welche dem Orient eingab, für die Erdenentwickelung des Menschen in erster Linie darauf zu sehen, daß dasjenige, was verborgen im Körper ist, wenn der Mensch geboren wird, wo er als ein bloß physisches Wesen erscheint, was aber in wunderbarer Weise in dieser Physis im Kinde drinnen ruht, Seele und Geist ist. Denn es war dem Orientalen klar, daß aus dieser Physis, wenn diese Physis richtig geistig behandelt wird, Seele und Geist sich ergibt.

Das ist die besondere Färbung, welche – selbst für die höchste Erziehung zum Weisen – im Oriente drüben galt. Und das als innere Überzeugung, die weiter gewirkt hat, ist dann übergegangen auf das Griechentum, das ein Ausläufer des Orientalismus ist. Und wir verstehen, warum der Grieche nun – ich möchte sagen, bis zum Äußersten hintreibend dasjenige, was der Orient als seine Überzeugung behalten hat –, wie der Grieche durch den orientalischen Einfluß gerade zu seiner besonderen Art der Menschheitsausbildung schon in der Jugend gekommen ist.

Nichts anderes war dieses besondere Hinblicken auf die Körperlichkeit beim Griechentum, als was der Grieche geworden ist als derjenige Mensch, der durch Kolonisation aus dem Oriente und von Ägypten herüber eigentlich sein gesamtes Geistesleben erhalten hat.

Und so muß man, wenn man in die griechische Palästren hineinschaut, in denen der Gymnast wirkte, in diesem Wirken des Gymnasten eine Fortsetzung dessen sehen, was aus tiefer spiritueller Weltanschauung heraus der Orient gerade für denjenigen Menschen als Menschheitsentwickelung anzustreben hatte, der bis zum höchsten Ideal menschlicher Vollkommenheit auf Erden kommen sollte.

Der Orientale hätte niemals eine einseitig entwickelte Seele, einen einseitig entwickelten Geist als eine menschliche Vollkommenheit angesehen. Er hätte angesehen ein solches Lernen, ein solches Unterrichten, wie es in der späteren Zeit Ideal geworden ist, als ein Ertöten desjenigen, was von den Göttern den Menschen für das Erdenleben geworden ist. Und so sah es im Grunde genommen auch noch der Grieche an.

Und so erlebt man es in einer eigentümlichen Weise, wie die griechische Geisteskultur, die wir heute als etwas ganz ungeheuer Hohes ansehen, von dem damaligen nichtgriechischen Menschen angesehen wurde. Es ist uns ja überliefert die anekdotische Geschichte, daß ein Barbarenfürst Griechenland besucht hat, sich die Erziehungsstätten angesehen hat, mit einem der allervollkommensten Gymnasten Zwiesprache gepflogen hat. Der Barbar sagt: Ich kann nicht verstehen, was ihr eigentlich da für wahnsinniges Zeug treibt. Ich sehe, daß eure Jungen zuerst mit Öl, dem Friedenszeichen, eingesalbt werden, dann mit Sand bestreut werden, so als ob sie nun zu besonders friedlichen Verrichtungen kommen sollten. Dann aber beginnen sie wie toll sich herumzutreiben, fassen einander an; der eine wirft sich auf den anderen, wirft ihn, stößt ihm das Kinn in die Höhe, so daß ein anderer hinzukommen und ihm die Schulter in Bewegung setzen muß, damit er nicht erstickt – es ist eine Beschäftigung, die ich nicht verstehe, die zum mindesten dem Menschen keinen Nutzen bringen kann. – So sagte der Barbar zu dem Griechen.

Und dennoch, aus dem, was der Barbar so barbarisch an dem Griechen gefunden hat, ist die hohe geistige Kulturblüte Griechenlands hervorgegangen. Und geradeso wie der griechische Gymnast nur ein Lächeln hatte für den Barbaren, der nicht verstand, wie man den Körper pflegen muß, um den Geist zur Erscheinung zu bringen, so würde der Grieche, wenn er heute aufstehen könnte und unseren aus älteren Zeiten gebräuchlichen Unterricht und unsere Erziehung sehen würde, still in sich versenkt innerlich lächeln über das Barbarentum, das sich entwickelt hat seit dem Griechentum, und das von einer abstrakten Seele und von einem abstrakten Geist spricht. Auch der Grieche würde noch sagen: Das ist ja wie ein gerupftes Hühnchen; da habt ihr dem Menschen die Federn genommen. – Der Grieche würde dasjenige, was nicht, so wie angedeutet, im Knabenalter sich gewürgt und umeinander geworfen hat, eben barbarisch gefunden haben. Aber der Barbar konnte keinen Zweck sehen, keinen Nutzen finden in der griechischen Erziehung.

Wenn man in dieser Weise den Menschheitslauf betrachtet und sieht, was in anderen Zeiten geschätzt worden ist, dann kann das doch schon eine Art Unterlage geben, um auch wiederum in unserer Zeit zu einer richtigen Schätzung der Dinge zu kommen.

Schauen wir jetzt ein wenig hinein in diejenige Stätte, wo der griechische Gymnast die Jugend, die ihm als männliche Jugend im siebenten Jahre anvertraut worden ist, erzogen und unterrichtet hat.

Dasjenige, was wir da gewahr werden, unterscheidet sich allerdings sehr wesentlich von dem, was man als eine Art Erziehungsideal im 19. Jahrhundert zum Beispiel für das Nationale hatte. In dieser Beziehung gilt wahrhaftig dasjenige, was zu sagen ist, nicht für diese oder jene Nation, sondern für alle zivilisierten Nationen. Und was wir erblicken, wenn wir in eine solche Lehr- und Erziehungsstätte hineinschauen – eine Lehr- und Erziehungsstätte für die Jugend vom siebenten Lebensjahre an –, kann heute noch, wenn es in der richtigen Weise mit modernen Impulsen durchdrungen wird, eine richtige Grundlage abgeben für das Verständnis dessen, was heute für Erziehung und Unterricht notwendig ist.

Da wurden die Knaben namentlich nach zwei Seiten hin – wenn ich mich so ausdrücken darf, das Wort ist immer in seinem höchsten Sinne gemeint – trainiert. Die eine Seite war die Orchestrik, die andere Seite war die Palästrik.

Die Orchestrik war, von außen angesehen, vollkommen eine körperliche Übung, eine Art Gruppentanz, der aber in einer ganz bestimmten Weise eingerichtet war – ein solcher Reigen in der mannigfaltigsten, kompliziertesten Gestaltung, wo die Jungen lernten, sich in bestimmter Form nach Maß, Takt, Rhythmus und überhaupt nach einem gewissen plastisch-musikalischen Prinzipe zu bewegen, so daß dasjenige, was der im Chorreigen sich bewegende Junge wie eine innerliche Seelenwärme empfand, die sich organisierend durch alle Glieder ergoß, zu gleicher Zeit als schön geformter Reigentanz für denjenigen sich offenbarte, der das von außen anschaute.

Das ganze war durchaus eine Offenbarung der Schönheit der göttlichen Natur und zugleich ein Erleben dieser Schönheit für das Innerste des Menschen. Dasjenige, was da erlebt wurde durch diese Orchestrik, das wurde innerlich gefühlt und empfunden. Und indem es innerlich gefühlt und empfunden wurde, verwandelte es sich als körperlicher, physischer Vorgang in dasjenige, was sich seelisch äußerte, was die Hand begeisterte zum Kitharaspiel, was die Rede, das Wort begeisterte zum Gesang.

Und will man verstehen, was Kitharaspiel und Gesang in Griechenland waren, so muß man sie ansehen als Blüte des Chorreigens. Aus dem Tanze heraus erlebte der Mensch dasjenige, was ihn inspirierte zum Bewegen der Saiten, so daß er den Ton hören konnte aus dem Chorreigen heraus. Aus der menschlichen Bewegung erlebte der Mensch dasjenige, was sich ergoß in sein Wort, so daß das Wort zum Gesang wurde.

Gymnastische und musische, musikalische Bildung war dasjenige, was wie die Erziehungs- und Unterrichtssphäre alles durchwallte und durchwebte in einer solchen griechischen Palästra. Aber was als Musisch-Seelisches gewonnen wurde, es war geboren aus dem, was in wunderbarer Gesetzmäßigkeit als äußere körperliche Bewegung sich abspielte in den Tanzbewegungen in den griechischen Palästren.

Und wenn man heute durch eine unmittelbare Anschauung näher eingeht auf dasjenige, was nun eigentlich der den Barbaren unbekannte Sinn dieser geformten Bewegungen in einer griechischen Palästra war, dann findet man: Wunderbar sind da alle Bewegungsformen eingerichtet, wunderbar sind die Bewegungen des einzelnen Menschen eingerichtet! – So daß das Nächste, was nun daraus als Konsequenz sich ergibt, nicht etwa gleich das Musikalische ist, das ich charakterisiert habe, sondern noch ein anderes.

Wer eingeht auf jene Maße, auf jene Rhythmen, die hineingeheimnißt wurden in die Orchestrik, in den Chorreigentanz, der findet, daß man nicht besser heilend, gesundend wirken kann auf das menschliche Atmungssystem und auf das menschliche Blutzirkulationssystem, als wenn man gerade solche körperlichen Übungen ausführt, wie sie in diesem griechischen Chorreigen ausgeführt wurden.

Wenn man die Frage aufgestellt hätte: Wann atmet der Mensch am besten ganz von selber? Wie bringt der Mensch am besten sein Blut durch die Atmung in Bewegung? – so hätte man antworten müssen: Er muß sich äußerlich bewegen, er muß als Knabe vom siebenten Jahre an tanzartige Bewegungen ausführen, dann unterliegt sein Atmungs- und Blutzirkulationssystem nicht der Dekadenz, sondern der Heilung, wie man dazumal sagte.

Und alle diese Orchestrik war darauf abgesehen, Atmungssystem und Blutzirkulationssystem in der vollkommensten Weise beim Menschen auszudrücken. Denn man war überzeugt: Derjenige, der richtig die Blutzirkulation hat, in dem wirkt diese Blutzirkulation bis in die Fingerspitzen, so daß er aus dem Instinkt heraus die Saiten der Kithara, die Saiten der Leier in der richtigen Weise bewegt.

Das ergibt sich als Blüte der Blutzirkulation. Das ganze rhythmische System des Menschen wurde durch den Chorreigen in der richtigen Weise angefacht. Daraus erwartete man dann in der Konsequenz das Musisch-Geistige in bezug auf das Spielen, und man wußte: wenn der Mensch als einzelner Mensch im Chorreigen mit seinen Gliedern in entsprechender Weise Bewegungen ausführt, so inspiriert dies das Atmungssystem, so daß es auf natürlich-elementare Weise in einer geistigen Weise in Bewegung kommt.

Aber zugleich ergibt sich als eine letzte Konsequenz, daß der Atem überfließt in dasjenige, was der Mensch durch seinen Kehlkopf und die anderen in Verbindung stehenden Organe nach außen offenbart.

Man wußte: wenn man heilsam durch den Chorreigen auf das Atmungssystem wirkt, so entflammt die richtige Heilung des Atmungssystems den Gesang. Und so wurde aus dem richtigen Organismus, den man zuerst in einer richtigen Weise erzog durch den Chorreigen, als höchste Blüte, als höchste Konsequenz Kitharaspiel und Gesang hervorgeholt.

So sah man eine innerliche Einheit, eine innerliche Totalität für den irdischen Menschen in dem Physischen und in dem Psychischen, in dem Spirituellen. Das war durchaus der Geist der griechischen Erziehung.

Und wiederum, sieht man hin auf dasjenige, was insbesondere als Palästrik gepflegt wurde, von der ja – weil sie sozusagen Allgemeingut war für diejenigen, die überhaupt in Griechenland zur Erziehung kamen – die Erziehungsstätten den Namen haben, und fragt man sich dann, was da besonders gepflegt wurde, bis in die besonderen Formen, wie der Ringkampf entwickelt wurde, so zeigt sich, daß das geeignet war, zweierlei im Menschen zu entwickeln: zwei Arten, wie der Wille angeregt wird von den körperlichen Bewegungen aus, so daß er stark und kräftig wird nach zwei Seiten. Auf der einen Seite sollte alle Bewegung, alle Palästrik im Ringkampf so sein, daß derjenige, der den Ringkampf ausführte, eine besondere Gelenkigkeit, Gewandtheit, Beweglichkeit, zweckvolle Beweglichkeit in seine Glieder bekam. Das ganze Bewegungssystem des Menschen sollte so harmonisiert werden, daß die einzelnen Teile in der richtigen Weise zusammenwirkten, daß der Mensch überall, wenn er in einer bestimmten Lage des Seelenlebens war, die zweckvollen Bewegungen gewandt ausführte, so daß er von innen aus seine Glieder beherrschte. Die Rundung der Bewegungen zum zweckvollsten Leben, das war die eine Seite, die ausgebildet wurde in der Palästrik; die andere Seite war, ich möchte sagen, das Radiale der Bewegung, wo die Kraft in die Bewegung hineingestellt werden mußte. Gewandtheit auf der einen Seite – Kraft auf der anderen Seite; Aushaltenkönnen und Überwinden der gegenwirkenden Kräfte einerseits – selber kraftvoll sein können, um etwas in der Welt zu erleben, das war die andere Seite. Gewandtheit, Geschicklichkeit, äußere Harmonisierung der Teile in der Kraftentfaltung – auf der einen Seite; frei in alle Richtungen sein Menschenwesen in die Welt hinausstrahlen können – auf der anderen Seite.

Und man war überzeugt, daß, wenn der Mensch durch die Palästrik so sein Bewegungssystem harmonisiert, er dann in die richtige Lage zum ganzen Kosmos kommt. Und man überließ dann die Arme, die Beine, mit der Atmung, wie sie durch die Palästrik ausgebildet war, dem Wirken des Menschen in der Welt. Man war überzeugt: der Arm, der richtig durch die Palästrik ausgebildet ist, der fügt sich in jene Kräfteströmung des Kosmos hinein, die dann wiederum zum menschlichen Gehirn geht, und aus dem Kosmos heraus dem Menschen die großen Ideen offenbart.

Wie man das Musische nicht von einer besonderen musikalischen Ausbildung erwartete – die schloß sich nur an, hauptsächlich erst bei den Zwanzigjährigen an dasjenige, was man aus der Blutzirkulation und aus der Atmung herausholte –, so schloß sich das, was man zum Beispiel als Mathematik und Philosophie zu lernen hatte, an die Körperkultur in der Palästrik an. Man wußte, daß das richtige Drehen der Arme die Geometrie innerlich inspirierte.

Das ist dasjenige, was heute die Menschen auch nicht mehr aus der Geschichte lesen, was ganz vergessen ist, was aber eine Wahrheit ist und dasjenige rechtfertigt, was die Griechen taten: den Gymnasten an die Spitze des Erziehungswesens zu stellen. Denn der Gymnast erreichte die spirituelle Entwickelung der Griechen am besten dadurch, daß er ihnen ihre Freiheit ließ, die Köpfe der Menschen nicht vollpfropfte und zum Buch machte, sondern die befähigsten Organe des Menschen in der richtigen Weise in den Kosmos hineinstellte. Dann wird der Mensch empfänglich für die geistige Welt, dessen war er überzeugt – in ähnlicher Weise noch wie der Orientale, nur in einer späteren Gestalt.

Ich habe zunächst durch eine einleitende Schilderung des alten Erziehungswesens heute nur etwas vor Sie hingestellt wie ein Fragezeichen. Und es ist – da man sehr tief schürfen muß, will man heute die richtigen Erziehungsprinzipien finden – schon notwendig, sich zunächst auch in diese Tiefen der Menschheitsentwickelung zu begeben, um von da aus dann die richtige Fragestellung zu finden für dasjenige, was als Rätsel unseres Erziehungs- und Unterrichtswesens zu lösen ist.

Und so wollte ich heute zunächst einmal einen Teil des ganzen Fragezeichens, das uns beschäftigen soll, vor Sie hinstellen. Die Vorträge sollen im weiteren die eben für die heutige Zeit angemessene, ausführliche Antwort bringen auf dieses Fragezeichen, das wir heute hinstellen, das wir morgen noch in einem gewissen Sinne ergänzen wollen.

So wird die Betrachtungsweise, die wir hier anstellen, das richtige Verständnis für die große Frage sein müssen, die uns die Menschheitsentwickelung für Erziehung und Unterricht aufgibt – und dann das Schreiten zu denjenigen Antworten, die wir aus der Erkenntnis des Menschenwesens der Gegenwart heraus für diese große Frage gerade in dieser heutigen Zeit gewinnen können.

# DRITTER VORTRAG

Ilkley, 7. August 1923

Wenn ich Ihnen gestern das griechische Erziehungsideal vor die Seele zu stellen versuchte, so konnte das nur in der Absicht geschehen, eben ein Ideal hinzustellen, um an diesem diejenigen Anschauungen anregen zu lassen, welche unser gegenwärtiges Erziehungs- und Unterrichtssystem beherrschen müssen. Denn es ist eine Unmöglichkeit, in dem gegenwärtigen Zeitpunkte des Menschheitslebens dieselbe Erziehungsmethode zu haben, welche der Grieche hatte. Dessen ungeachtet kann aber vor allen Dingen eine umfassende Wahrheit in bezug auf Erziehung und Unterricht gerade an dem griechischen Erziehungsideal gelernt werden; und diese umfassende Wahrheit wollen wir zunächst einmal als schon durch die alte griechische Zivilisation bekräftigt vor unsere Seele hinstellen.

Das griechische Kind wurde bis zu seinem siebenten Lebensjahre im Hause aufgezogen. Die öffentliche Erziehung kümmerte sich erst vom siebenten Lebensjahre ab um das Kind. Im Hause wurde das Kind aufgezogen, in dem ja auch die Frauen lebten, zurückgezogen von dem allgemeinen sozialen Treiben der Männer.

Damit aber ist von vornherein eine Erziehungswahrheit bekräftigt, ohne deren Erkenntnis man überhaupt nicht erziehen und unterrichten kann: daß eben das siebente Lebensjahr als ein besonders wichtiger Einschnitt in dem kindlichen Alter betrachtet wird.

Sehen wir zunächst auf das allgemeine Charakteristikon in diesem siebenten menschlichen Lebensjahre, so bietet sich uns dieses dar in dem Zahnwechsel. Wir weisen damit auf eine Tatsache hin, die im menschlichen Leben gegenwärtig gar nicht genug gewürdigt wird. Man sehe nur einmal darauf hin, daß der menschliche Organismus so geartet ist, daß er gewissermaßen durch ein Erbteil seine ersten Zähne mitbringt, oder eigentlich die Kraft sich mitbringt, aus dem Organismus heraus diese ersten Zähne, die im siebenten Lebensjahre abgenutzt sind, hervorzubringen.

Man gibt sich natürlich vollständig einem Irrtum hin, wenn man glaubt, daß die Kraft, die zweiten Zähne um das siebente Jahr herum hervorzubringen, etwa erst in diesem Lebensalter erwächst. Sie entwickelt sich langsam seit der Geburt und erreicht nur ihre Kulmination um das siebente Jahr herum, treibt aus der Gesamtheit der menschlichen Organisationskraft dann die zweiten Zähne heraus.

Nun ist das deshalb ein so außerordentlich wichtiges Ereignis im gesamten menschlichen Lebenslauf, weil es sich ja nun nicht mehr wiederholt, weil diejenigen Kräfte, die zwischen der Geburt und dem siebenten Jahre da sind, und deren Kulmination eben das Hervorgehen der zweiten Zähne bedeutet, dann im ganzen menschlichen Erdenleben bis zum Tode hin nicht mehr wirksam sind.

Diese Tatsache muß man verstehen. Und man versteht sie nur, wenn man sich einen unbefangenen Blick wahrt auf dasjenige, was sonst mit dem Menschen um dieses siebente Lebensjahr herum vorgeht. Bis zu diesem siebenten Lebensjahre wächst und gedeiht der Mensch, man möchte sagen, naturhaft. In seiner ganzen Organisation sind noch nicht voneinander getrennt die natürlichen Wachstumskräfte, das seelische Wesen und das geistige Gebiet. Alles ist bis zum siebenten Jahre eine Einheit. Indem der Mensch seine organischen Gefäße, sein Nervensystem, seine Blutzirkulation ausbildet, bedeutet diese Ausbildung der Gefäße, diese Ausbildung des Nervensystems, der Blutzirkulation zugleich seine seelische und geistige Entwickelung.

Weil alles in diesem Lebensabschnitt noch beisammen ist, ist der Mensch gewissermaßen mit jener starken inneren Stoßkraft versehen, welche die zweiten Zähne hervorbringt. Dann wird diese Stoßkraft schwächer. Sie bleibt etwas zurück. Sie wirkt nicht mehr so stark aus dem Inneren des Organismus heraus. Warum? Nehmen wir einmal an, wir bekämen alle sieben Jahre Zähne. Ich will die Sache von der Gegenseite aus beleuchten, damit sie uns klar vor der Seele stehen kann. Nehmen wir an, wir würden dieselben organischen Kräfte, die wir bis zum siebenten Lebensjahre haben, jene Einheit von Leib, Seele und Geist durch das ganze Lebensalter hindurch haben, dann würden wir ungefähr alle sieben Jahre neue Zähne bekommen; die alten würden ausfallen, wir würden neue Zähne bekommen, aber wir würden auch unser ganzes Leben hindurch solche Kinder bleiben, wie wir sind bis zum siebenten Lebensjahre. Wir würden nicht ein von dem natürlichen Leben abgesondertes Seelen- und Geistesleben entwickeln. Daß die physische Stoßkraft geringer wird im siebenten Jahre, daß der Körper gewissermaßen nicht mehr so stark treibt, wuchtet, daß er feinere, schwächere Kräfte aus sich hervortreibt, das macht, daß die feinere Kraft des Seelenlebens sich nun entwickeln kann. Man möchte sagen: Der Körper wird schwächer, die Seele wird stärker.

Ein ähnlicher Vorgang geschieht ja auch dann, wenn der Mensch im vierzehnten, fünfzehnten Jahre geschlechtsreif wird. Da wird das Seelische wiederum um einen Grad schwächer, und das Geistige tritt hervor. So daß im Laufe der drei ersten Lebensabschnitte, bis zum siebenten Jahre der Mensch vorzugsweise ein körperlich-geistig-seelisches Wesen ist; vom siebenten bis zum vierzehnten Jahre ein körperlich-seelisches, und abgesondert davon ein seelisch-geistiges Wesen, und von der Geschlechtsreife an ein Wesen in drei Teilen, ein physisches Wesen, ein seelisches Wesen, ein geistiges Wesen ist.

Das ist eine Wahrheit, die ganz tief hineinschauen läßt in die ganze menschliche Entwickelung. Ohne daß man diese Wahrheit würdigt, sollte man überhaupt nicht herangehen an die Kindererziehung. Denn ohne daß man von allen Konsequenzen dieser Wahrheit durchdrungen ist, muß eigentlich mehr oder weniger jede Kindererziehung dilettantisch werden.

Der Grieche – und das ist das Erstaunliche – wußte um diese Wahrheit. Denn das galt bei ihm als ein ganz festes Gesetz: der Knabe muß dem Elternhaus entnommen werden, dem rein natürlichen, elementar Selbstverständlichen der Erziehung, wenn er das siebente Lebensjahr überschreitet. Und es war diese Erkenntnis so eingewurzelt, daß man sich gerade heute sehr gut daran erinnern sollte. Später, im Mittelalter, waren durchaus noch gute Spuren von dieser wichtigen Erziehungswahrheit vorhanden.

Die heutige rationalistische, intellektualistische Zeit hat ja alle solche Dinge vergessen, und sie möchte sogar äußerlich zeigen, daß sie keinen Wert legt auf solche Menschenwahrheiten, und fordert daher die Kinder möglichst zu einer anderen Zeit, ein Jahr früher als das siebente Lebensjahr vollendet ist, oder gar noch früher, in die Schule herein.

Man möchte sagen: Dieses Nichtnachfolgen den ewigen Wahrheiten der Menschenentwickelung, das bezeichnet gerade das Chaotische unseres gegenwärtigen Erziehungssystems, aus dem wir uns herausarbeiten müssen. Der Grieche würdigte diese Wahrheit so tief, daß er eigentlich alle Erziehung daraufhin veranlagte; denn dasjenige, was ich Ihnen gestern geschildert habe, geschah eigentlich alles, um die Erziehung in das Licht der eben ausgesprochenen Wahrheit zu rücken.

Und was sah der Grieche in dem kleinen Kinde von der Geburt bis zum Zahnwechsel? Er sah in ihm ein Wesen, das heruntergeschickt worden ist aus spirituellen Höhen auf die Erde. Er sah in dem Menschen ein Wesen, das ein Leben gehabt hat vor dem irdischen Leben in einer geistigen Welt. Und indem er das Kind ansah, suchte er in dem Körper zu erkennen, ob dieser Körper in einer richtigen Weise das göttliche Leben des vorirdischen Daseins zum Ausdruck bringt.

Es war dem Griechen wichtig, in dem Kinde bis zum siebenten Lebensjahr anzuerkennen: da umschließt ein physischer Körper ein heruntergestiegenes spirituelles Wesen. Es gab eine furchtbar barbarische Sitte in Griechenland in gewissen Gegenden: diejenigen Kinder, von denen man instinktiv glaubte, daß sie nur Hüllen seien, daß sie nicht eine richtige spirituelle Wesenheit in ihrem Physischen zum Ausdruck bringen, sogar auszusetzen und dadurch zu töten. Aber das hängt zusammen mit einem starren Hinschauen auf den Gedanken: Dieses physische Menschenwesen ist in seinen ersten sieben Lebensjahren eine Umhüllung eines göttlich-geistigen Wesens.

Und wenn das Kind dann sein siebentes Lebensjahr überschreitet, dann steigt es eigentlich über eine zweite Stufe nieder. Das Kind ist gewissermaßen in den ersten sieben Lebensjahren vom Himmel entlassen, trägt noch an sich seine eigene ererbte Hülle, die es mit dem siebenten Jahre ablegt; und es werden ja nicht nur die ersten Zähne, sondern der ganze Körper alle sieben Jahre abgelegt, also zum ersten Male mit dem siebenten Lebensjahre. Das Kind zeigt in diesen ersten sieben Lebensjahren für den Griechen in dieser körperlichen Hülle dasjenige, was noch die Kräfte des vorirdischen Lebens aus ihm gemacht haben. Und seine eigentliche, seine erste irdische Hülle, die trägt es erst vom siebenten Jahre ungefähr bis zum vierzehnten Lebensjahre an sich.

Verehren wir – ich möchte dies jetzt mit den Gedanken ungefähr zum Ausdruck bringen, mit denen die besten Griechen dieses angesehen haben – das Göttliche in dem kleinen Kinde. Wir brauchen uns um das kleine Kind in den ersten sieben Lebensjahren nicht zu kümmern, so dachte der Grieche, da kann es aufwachsen in der Familie, in die es die Götter hineingestellt haben. Da wirken noch aus dem vorirdischen Leben die überirdischen Kräfte in ihm. Mit dem siebenten Jahre muß die Menschheit selber die Entwickelung der Kräfte in die Hand nehmen.

Was muß dann diese Menschheit als Erzieher tun, wenn sie selber in der richtigen Weise das Göttliche im Menschen zu verehren weiß? Sie muß möglichst das fortsetzen, was an Mencheninitiative bis zum siebenten Jahre in dem Kinde sich vollzogen hat. Setzen wir also das göttliche Walten, wie sich das Geistige im Körperlichen zum Ausdruck bringt, möglichst fort. So mußte es dem Gymnasten eingeschärft werden, Gotteswalten im Menschenkörper zu verstehen und im Menschenkörper fortzusetzen. Dieselben gesundenden, dieselben lebenserhaltenden Kräfte, die es mitbekommen hat aus dem vorirdischen Leben und rein elementar gepflegt hat bis zu seinem Zahnwechsel, die sollten dem Kinde vom siebenten bis zum vierzehnten oder fünfzehnten Jahre erhalten werden durch menschliche Einsicht, durch menschliche Kunst. Ganz im Sinne des natürlichen Daseins sollte dann weiter erzogen werden. Daher war alle Erziehung eine gymnastische, weil man die göttliche Erziehung des Menschen als eine Gymnastik ansah. Der Mensch muß fortsetzen durch seine Erziehung die göttliche Gymnastik.

Der Grieche stand dem Kinde ungefähr in der Art gegenüber, daß er sich sagte: Wenn ich möglichst frisch, möglichst gesund erhalte, was das Kind an Wachstumskräften bis zum siebenten Jahre entwickelt hat, wenn ich das frisch und gesund erhalte durch meine Einsicht, wenn ich das Kind so erziehe, daß die Kräfte, die bis zu dem siebenten Jahre von selbst da sind, das ganze Erdenleben hindurch bis zum Tode bleiben, dann erziehe ich das Kind am allerbesten.

Das war das große, mächtige Prinzip der griechischen Erziehung, diese ungeheuer einschneidende Maxime: zu sehen, daß das Kind im Menschen bis zum Tode nicht verlorengehe. Sehen wir zu – so dachte etwa der griechische Erzieher –, daß der Mensch durch sein ganzes Erdenleben bis zum Tode die Kräfte des Kindes sich bewahren kann. Sorgen wir zwischen dem siebenten und vierzehnten Jahre, daß diese Kräfte lebendig bleiben! Eine ungeheuer einschneidende, bedeutungsvolle Erziehungsregel. Denn nun waren alle gymnastischen Übungen darauf angelegt, gewissermaßen zu sehen: diese Kräfte, die bis zum siebenten Jahre da waren, sie sind ja gar nicht fort, sie schlafen nur im Menschen. Man muß sie von Tag zu Tag aufwecken. Das Auferwecken von schlafenden Kräften zwischen dem siebenten und vierzehnten Lebensjahre, das war die gymnastische Erziehung der Griechen: alles das im zweiten Lebensabschnitt aus dem Menschen nur herauszuholen, was im ersten Abschnitt von selber da ist.

Daß der Grieche bemüht war, durch Einpflanzung der richtigen Erziehung das Kind im Menschen bis zum Tode zu erhalten, das machte gerade die Größe der griechischen Kultur und griechischen Zivilisation aus. Und wenn wir bewundernd vor dieser Größe stehen, dann müssen wir uns fragen: Können wir ein solches Ideal nachahmen? Wir können es nicht. Denn auf drei Voraussetzungen beruht es, ohne die es gar nicht denkbar ist.

Diese drei Voraussetzungen, die muß wiederum der heutige Erzieher haben, wenn er nach Griechenland hinüberschaut. Das erste ist: Diese Erziehungsmaximen waren nur für einen kleinen Teil der Menschheit da, für eine obere Schicht, und sie setzten voraus, daß die Sklaverei da war. Ohne daß die Sklaverei dagewesen wäre, wäre mit der griechischen Art und Weise nicht eine kleine Menschheitsschicht in dieser Art zu erziehen gewesen. Denn um in dieser Weise zu erziehen, mußte ein Teil dessen, was der Mensch auf Erden zu verrichten hat, von denjenigen verrichtet werden, die man ihrem elementaren Menschenschicksal überließ, ohne sie eigentlich in der Weise zu erziehen, wie man es in Griechenland für richtig hielt. Wie die ganze griechische Zivilisation nicht ohne diese Sklaverei zu denken ist, ebensowenig ist die griechische Erziehung ohne die Sklaverei zu denken.

Und so hat eigentlich gerade für denjenigen, der mit inniger Befriedigung und mit Entzücken hinschaut nach dem, was Griechenland geleistet hat in der Entwickelungsgeschichte der Menschheit, dieses

Entzücken den furchtbar tragischen Beigeschmack, daß es auf Kosten der Sklaverei erkauft werden mußte. Das war die eine Voraussetzung.

Die zweite Voraussetzung war die ganze Stellung der Frau im griechischen sozialen Leben. Die Frauen lebten zurückgezogen von dem, was eigentlich griechische Kultur in den Impulsen aus erster Hand machte. Und dieses zurückgezogene Leben machte auch einzig und allein möglich, daß das Kind bis zum siebenten Jahre dem reinen Instinkt im Hause überlassen worden ist. Denn dieser Instinkt wurde dadurch ohne alles Wissen gepflegt. Aus einem menschlichen Instinkt heraus wurde das Kind durch die elementaren Kräfte seines Wachstums bis zum Zahnwechsel hingeführt.

Man möchte sagen: Es war notwendig, daß ebenso unbewußt, wie durch die Naturkräfte das Embryonalleben des Kindes abläuft, ebenso unbewußt, wenn auch um einen Grad verschieden, das Leben bis zum Zahnwechsel in dem weiteren Schoße der Familie, der den Mutterschoß ablöste, sich entwickelte. Das war die zweite Notwendigkeit.

Und die dritte Bedingung ist für den modernen Menschen sogar etwas paradox; aber der moderne Mensch wird sich schon dazu bequemen müssen, auch diese dritte Bedingung einzusehen. Die zweite Bedingung, wie die Stellung der Frau eben in Griechenland war, die ist ja leichter einzusehen, denn man weiß aus einer sehr oberflächlichen Beobachtung des modernen Lebens, daß eben zwischen dem Griechentum und heute gerade durch dasjenige, was sich dann im Verlaufe des Mittelalters abgespielt hat, in der Neuzeit eben die Frauen ihren entsprechenden Anteil am sozialen Leben gesucht haben. Und würden wir noch so sein wollen, wie es die Griechen waren, mit dem ausschließlichen Interesse der Männer an diesem bewußten Erziehungswesen, dann möchte ich einmal sehen, wie klein dieses Auditorium wäre, wenn es nur besucht sein sollte von den Männern, die sich für die Erziehung interessieren dürften!

Aber die dritte Bedingung, die liegt eben schon tiefer, und sie ist eine solche, welche aus der modernen Zivilisation heraus am wenigsten zugegeben werden will. Das ist: Wir erringen dasjenige, was wir als geistiges Leben haben, durch menschliche Anstrengung. Wir müssen es uns durch aktive Arbeit erringen. Und derjenige, der durchschaut die aktive Geistesarbeit des Zivilisationslebens, der wird sich sagen müssen: Eigentlich müssen wir für die wichtigsten Gebiete des Zivilisationslebens erst überhaupt auf dasjenige rechnen, was wir uns in der Zukunft erringen werden durch menschliche Arbeit.

Wenn wir auf all das sehen, was wir an menschlicher Arbeit anwenden müssen, um uns ein Geistesleben in der gegenwärtigen Zivilisation zu erringen, dann blicken wir mit einigem Erstaunen hin auf das Geistesleben der alten Griechen, namentlich der alten Orientalen. Denn dieses Geistesleben war da. Eine solche Wahrheit, die der heutige Mensch überhaupt noch nicht begreift: welche Rolle das siebente Lebensjahr im menschlichen Leben spielt – man kann es aus äußeren Symptomen andeuten, was das bedeutet, aber vom Begreifen ist die heutige Zivilisation noch ganz entfernt –, eine solche Wahrheit war tief durchgedrungen in Griechenland, war eine von den großen Wahrheiten, die durch das alte Geistesleben hindurchströmen und denen wir bewundernd gegenüberstehen, wenn wir kennenlernen, was in alten Zeiten einmal die Menschheit als Urweisheit, als ein spirituelles Wissen gehabt hat.

Gerade wenn wir, unbeirrt durch die modernen materialistischen und naturalistischen Vorurteile, zurückgehen in ursprüngliche Menschheitszivilisationen, so finden wir überall im Beginne des geschichtlichen Lebens eine eindringliche Weisheit, aus der heraus der Mensch sein Leben eingerichtet hat.

Diese Weisheit war nicht eine durch die Menschheit erworbene, sondern sie war eine der Menschheit durch Offenbarung, durch eine Art Inspiration zugekommene. Das ist dasjenige, was die moderne Zivilisation nicht zugeben will. Nicht zugeben will sie, daß auf eine geistige Art dem Menschen eine Urweisheit gegeben ward, wobei er sich eigentlich so entwickelte, daß noch in Griechenland darauf gesehen wurde, das Kind im Menschen bis zum Erdentode zu erhalten.

Diese Offenbarung der Urweisheit, sie ist – und das hängt mit der ganzen Entwickelung der Menschheit zusammen – nicht mehr da. Der Fortschritt des Menschen besteht zum Teil darinnen, daß er nicht mehr eine ohne sein Zutun ihm geoffenbarte Urweisheit bekommt, daß er sich durch seine eigene Arbeit seine Urweisheit erringen muß. Das hängt innig zusammen mit der Entwickelung des Impulses der menschlichen Freiheit, der in der Gegenwart in seiner größten Entwickelung steht. Der Fortschritt der Menschheit ist nicht ein solcher, wie man sich leicht vorstellt, der fortwährend gerade aufsteigt von einer Stufe zur anderen; sondern was der Mensch in der neueren Zeit aus sich selbst erringen muß, das muß er sich dadurch erringen, daß er verloren hat das sich von außen Offenbarende, das die tiefsten Weistümer in sich geschlossen hat.

Der Verlust der Urweisheit, die Notwendigkeit, durch eigene menschliche Arbeit zur Weisheit zu kommen, das ist dasjenige, was mit der dritten Vorbedingung für die griechische Erziehung zusammenhängt.

So daß wir sagen können: Die griechische Erziehung, wir können sie bewundern, sie ist aber an drei Vorbedingungen geknüpft: an das antike Sklaventum, an die antike Stellung der Frau, an die antike Stellung der spirituellen Weisheit und des spirituellen Lebens. Alle drei sind heute nicht mehr da, würden heute nicht mehr als menschenwürdig angesehen werden. Wir leben in einer Zeit, in der die Frage entsteht: Wie müssen wir erziehen, wenn wir uns bewußt sind, daß diese drei Vorbedingungen gerade durch den Fortschritt der Menschheit hinweggeräumt sind? So müssen wir auf die Zeichen der Zeit hinsehen, wenn wir aus inneren Gründen heraus den richtigen Impuls für eine moderne Erziehung gewinnen wollen.

Im Grunde war nun die ganze sogenannte mittelalterliche Entwickelung der Menschheit, die auf das Griechentum folgte, und sogar bis zum heutigen Tag, ein durch die Tatsache dieser Menschheitsentwickelung selbst gelieferter Beweis, daß die Menschheit in bezug auf Erziehung und Unterricht andere Wege einschlagen müsse, als die für eine ältere Zeit so gesicherten griechischen Wege waren. Die Menschennatur wurde eben eine andere. Es beruht die Wirksamkeit, die Sicherheit der griechischen Erziehung darauf, daß sie gebaut war auf die menschliche Gewohnheit, auf dasjenige, was sich einbauen läßt in den menschlichen Körper.

Bis zum siebenten Lebensjahre, bis zum Zahnwechsel, entwickelt sich die menschliche Wesenheit in innigem Zusammenhange mit dem Körper. Der Körper aber entwickelt sich so, daß seine Verrichtungen wie unbewußt ausgeübt werden. Ja, sie sind erst dann die richtigen sicheren Fähigkeiten, wenn sie unbewußt wirken; wenn ich mir dasjenige, was ich tun soll, angeeignet habe im Handgriff, zu dem ich gar nicht mehr irgendwelche intellektuelle Überlegung brauche, sondern der sich von selber ausführt. Wenn ich die Übung zur Gewohnheit gebracht habe, dann habe ich dasjenige sicher errungen, was ich durch den Körper erringen soll.

So aber in Gewohnheiten ausbilden wollte das griechische Leben im Grunde genommen das ganze menschliche Erdendasein. Was der Mensch tun sollte bis zu seinem Tode hin von seiner Erziehung an, das sollte eigentlich gewohnheitsmäßig getan werden, so gewohnheitsmäßig, daß man es eigentlich gar nicht unterlassen kann. Dann, wenn man die Erziehung so anlegt, auf so etwas hinorientiert, dann kann man das, was dem Menschen bis zum Zahnwechsel, bis zum siebenten Jahre natürlich ist, forterhalten; dann kann man die kindlichen Kräfte forterhalten, bis der Mensch das Erdendasein durch den Tod vollendet.

Was aber trat nun durch jene geschichtlichen Ereignisse ein, wo ganz andere Völkerschaften von Osten nach dem Westen während des Mittelalters herüberfluteten, die namentlich in Mitteleuropa und im Westen sich festsetzten, bis nach Amerika hin sich festsetzten und eine neue Zivilisation begründeten, wo aufgenommen wurde vom Süden her dasjenige, was diesem Süden natürlich war, wodurch aber eben ganz andere Lebensgewohnheiten in die Menschheit hineinkamen? Das bedingte auch eine ganz andere individuelle Menschenentwickelung. Ein Mensch kam zum Beispiel herauf mit dem Bewußtsein: Sklaverei darf es nicht geben, die Frau muß respektiert werden, gleichzeitig damit kam in der individuellen Menschenentwickelung das Bewußtsein herauf: daß der junge Mensch zwischen dem siebenten und vierzehnten Lebensjahre – wo also die Entwickelung nicht mehr eine leibliche allein ist, sondern die Seele gewissermaßen von dem Körper emanzipiert ist – sich nicht mehr gefallen läßt, die Konservierung der Kindheit so fortzusetzen, wie sie bisher üblich war.

In dem Lebensalter zwischen dem siebenten und vierzehnten Jahre ist dies das wichtigste geschichtliche Ereignis des Mittelalters und bis herauf in die neuere Zeit. Und heute erst sehen wir die großen Kräfte, wo die Menschennatur am stärksten revoltiert, wenn sie über das vierzehnte, fünfzehnte Jahr hinausgewachsen ist und eben noch das in sich trägt, was da revoltiert.

Wie drückte sich dieses Revoltieren in der Menschennatur aus? Aus der spirituellen Urweisheit, die bei den Griechen sozusagen noch wie eine Selbstverständlichkeit herunterfloß, wurde unter der römisch-mittelalterlichen Tradition dasjenige, was nur noch durch das Buch, nur durch die Schrift aufbewahrt war, und in der Tat nur auf die Autorität der Tradition hin geglaubt wurde. Der Glaubensbegriff, wie er sich während des Mittelalters entwickelte, war im Altertum und noch bei den Griechen gar nicht da. Das wäre für das Altertum und für die Griechen ein Nonsens gewesen. Der Glaubensbegriff entwikkelte sich erst, als die Urweisheit nicht mehr unmittelbar floß, sondern nur noch aufbewahrt, konserviert war.

Und so ist ja im Grunde genommen für den größten Teil der Menschheit alles, was sich auf das Spirituelle, Übersinnliche bezieht, noch heute Tradition, Überlieferung; es wird geglaubt, es ist nicht mehr unmittelbar da. Die Natur und ihre Anschauung ist unmittelbar da; dasjenige, was sich auf das Übersinnliche und dessen Leben bezieht, ist überliefert, ist Tradition. Dieser Tradition gibt sich ja die Menschheit hin bis herauf in das Mittelalter und weiterhin, indem sie ja zuweilen meint, sie erlebe dies. Aber die Wahrheit ist diese, daß eben ein unmittelbar spirituelles Wissen, ein Geoffenbartes, das zum schriftlich Aufbewahrten wurde, von Generation zu Generation als Erbschaft da war, und nur auf die Autorität der Tradition hin lebte. Das war das Äußere. Und was war das Innere? Nun, sehen wir noch einmal zurück nach Griechenland.

Durch die gewohnheitsmäßige Aneignung des ganzen Menschenwesens, wodurch das Kind bis zum Tode im Erdenmenschen bewahrt wurde, entwickelten sich die Seelenfähigkeiten wie von selbst; für das Musische, wie ich es gestern dargestellt habe aus der Atmung, aus der Blutzirkulation heraus, und für den Intellekt, wie ich es dargestellt habe, aus der Gymnastik heraus. Es entwickelte sich bei dem Griechen, ohne daß es gepflegt wurde – weil man die körperlichen Gewohnheiten entwickelte –, aus dieser Summe der körperlichen Gewohnheiten ein wunderbares Gedächtnis. Wir haben in unserer Zeit gar keinen Begriff mehr von dem, was sich beim Griechen noch als Gedächtnis entwickelte, ohne daß es gepflegt worden ist – und im alten Orient war das noch bedeutsamer. Der Körper wurde gepflegt, die Gewohnheiten wurden gepflegt, und da brachte der Körper selber das Gedächtnis hervor. Durch seine richtige Pflege brachte der Körper ein wunderbares Gedächtnis hervor.

Daß wir von einem solchen Gedächtnis, wie es die Griechen hatten, wodurch in wunderbarer Weise ihre Geistesschätze so leicht überliefert und Gemeingut werden konnten, keinen rechten Begriff haben, dafür ist ein lebendiger Beweis der, daß wir bei Vorträgen, die dann die Leute haben wollen, an die sie sich erinnern wollen, Stenographen mitnehmen müssen, eine für die griechische Zivilisation ganz absurde Tatsache. Denn wozu brauchte man denn dasjenige, was man ja höchstens weggeworfen hätte! Das Gedächtnis bewahrte das alles treu, weil es getragen wurde von körperlicher Tüchtigkeit. Die Seele entwickelte sich selber aus der körperlichen Tüchtigkeit heraus. Indem sie sich entwickelt hatte, stand sie gegenüber dem, was wie durch Offenbarung von selbst da war: der spirituellen Urweisheit.

Diese spirituelle Urweisheit war nun nicht mehr da; sie war Tradition. Sie mußte von Generationen zu Generationen durch eine die Tradition bewahrende Priesterschaft äußerlich getragen werden. Und innerlich mußte man anfangen, dasjenige zu pflegen, woran der Grieche als an eine Notwendigkeit, es zu pflegen, gar nicht gedacht hätte. Man fing immer mehr und mehr an in dem mittelalterlichen Erziehungswesen, das Gedächtnis pflegen zu müssen. Man einverleibte dem Gedächtnis dasjenige, was traditionell bewahrt wurde.

So hatte man außen die historische Tradition, innerlich Erinnerung und Gedächtnis erziehungsmäßig zu pflegen; das erste Seelische, das man pflegte, als die Seele sich emanzipiert hatte: das Gedächtnis. Und wer da weiß, welcher Wert noch vor kurzem in dem Schulwesen auf das Gedächtnis gelegt worden ist, der kann auch beurteilen, wie zäh sich diese Pflege des Gedächtnisses, die durch eine historische Notwendigkeit heraufgekommen ist, forterhalten hat.

Und so schwankt das ganze Mittelalter hindurch das Erziehungswesen wie ein Schiff im Sturme dahin, das sich nicht recht halten kann; denn der Seele des Menschen kommt man am schwersten bei. Dem Körper kommt man bei; über den Geist kann man sich verständigen; die Seele aber sitzt so im Individuellen des Menschen, daß man ihr am schwersten beikommt.

Das alles war aber eine Seelenangelegenheit. Ob der Mensch den innerlichen Seelenweg fand zu jenen Autoritäten hin, die ihm die Tradition bewahrten; ob die Pietät so heranwachsen konnte, daß das Wort, das der mittelalterliche Priesterlehrer verkündigte, um die Tradition bei der Menschheit zu befestigen, stark genug war; ob diese Pietät groß genug werden konnte: das alles war seelische Angelegenheit. Und die Erinnerung pflegen, das Gedächtnis pflegen, und bei dieser Pflege des Gedächtnisses nicht den Menschen vergewaltigen, so daß man ihm wie suggestiv gewisse Dinge einprägt, die man bei ihm haben will: dazu gehört seelischer Takt.

Was da notwendig war, um der Seelenzivilisation des Mittelalters in der richtigen Weise beizukommen, das wurde ebenso oft beobachtet von taktvollen Menschen, wie es außer acht gelassen wurde von taktlosen Menschen. Und in diesem Schwanken zwischen demjenigen, was der menschlichen Seele gut bekam, und demjenigen, was die menschliche Seele im Tiefsten beleidigte, befand sich die Erziehung des Mittelalters. Vieles, vieles hat sich von dieser Erziehung des Mittelalters, ohne daß die Menschen es bemerken, bis in die Gegenwart hinein erhalten.

Diese Erziehung des Mittelalters ist aber so geworden, weil zunächst die Seele nicht mehr das «Kind» bewahren wollte, weil sie selbst erzogen werden sollte. Und sie konnte nur erzogen werden nach den Zeitumständen durch Tradition und Gedächtnis. – Wenn der Mensch zwischen dem siebenten und vierzehnten Jahre ist, dann ist eine Art labiler Zustand in seinem Menschenwesen. Das Seelische wirkt im Menschen nicht in jener Festigkeit wie das Körperliche bis zum siebenten Jahre hin, und die Orientierung durch den Geist ist noch nicht da.

Alles gewinnt einen intimen Charakter, der Pietät und Zartheit notwendig macht.

Das alles ließ das Erziehungswesen durch lange Zeit innerhalb der Menschheitsentwickelung eben auch in ein unbestimmtes, unklares Fahrwasser kommen, ließ die Zeit, in der Tradition und Gedächtnis gepflegt werden mußten, als eine für das Erziehungswesen außerordentlich schwierige erscheinen. Heute leben wir in einer Zeit, in der der Mensch durch seine naturgemäße Entwickelung nun eine andere Sicherheit haben will als diejenige, die auf solchen labilen Grundlagen beruhte, wie sie das Mittelalter hatte. Und dieses Suchen nach anderen Grundlagen, das drückt sich aus in den zahlreichen Bestrebungen nach erzieherischen Reformen in unserer Zeit.

Aus der Erkenntnis dieser Tatsache ist die Waldorfschul-Pädagogik hervorgegangen. Sie ruht auf der Frage: Wie kann erzogen werden, wenn die Seele zwischen dem siebenten und vierzehnten Lebensjahre weiterbehält die Revolte gegen das Konservieren der Kindheit? Wie kann aber erzogen werden, wenn der Mensch außerdem noch jenes alte, mittelalterliche Verhältnis zu Tradition und Gedächtnis verloren hat, wie er es eben verloren hat in der neueren Zeit? Außen hat der Mensch das Vertrauen zur Tradition verloren; innen will der Mensch ein freies Wesen werden, das in jedem Augenblicke unbefangen dem Leben gegenüberstehen will. Er will nicht sein ganzes Leben hindurch auf einer Erinnerungsgrundlage stehen.

Das ist der moderne Mensch, der nun innerlich wieder von Tradition und Gedächtnis frei werden will. Und wie sehr auch gewisse Glieder unserer Menschheit heute noch die alte Zeit konservieren möchten – es geht nicht. Einfach die Tatsache der vielen Erziehungs-Reformbestrebungen zeigt an, daß die große Frage vor uns steht: Wie müssen wir weiter erziehen, wenn nun – geradeso wie für das Mittelalter die Unmöglichkeit eingetreten ist, im griechischen Sinne zu erziehen – heute die Notwendigkeit vorliegt, nicht mehr bloß auf Tradition und Gedächtnis hin erziehen zu können, sondern erziehen zu müssen auf den unmittelbaren Lebensaugenblick, durch den der Mensch in das Dasein auf Erden hineingestellt ist, wo er aus den augenblicklich gegebenen Tatsachen heraus als freier Mensch zur Entscheidung kommen muß? Wie müssen wir freie Menschen erziehen? – Das ist die Frage, die heute eigentlich zum ersten Male in dieser Intensität vor die Menschheit hingestellt wird.

Mit Rücksicht auf die schon vorgerückte Zeit will ich, um den Gedanken ganz abzuschließen, dies nur noch in wenigen Sätzen tun, und dasjenige, was als notwendige Erziehungsmethode für die Gegenwart zu charakterisieren ist, dann für den morgigen Vortrag versparen.

Sieht man hin auf die griechische Erziehung, so muß man den Gymnasten anerkennen als den Bewahrer der Kindheit in den zweiten menschlichen Lebensabschnitt des Kindes hinein, in das Lebensalter zwischen dem siebenten und vierzehnten und fünfzehnten Jahre hinein. Das «Kind» soll bewahrt werden. Die Kräfte der Kindheit sollen dem Menschen bleiben bis zu seinem Erdentode hin; er darf diese Kräfte konservieren. Der griechische Erzieher, der Gymnast, hat im ganzen dasjenige zu pflegen, worauf er hinweisen muß, wenn er das Kind zwischen dem siebenten und vierzehnten Lebensjahre vor sich hat, als auf die Naturgrundlage. Die vererbte Naturgrundlage des Kindes, die muß er aus seiner spirituellen Weisheit heraus zu beurteilen verstehen, deren Konservator muß er werden.

Indem die mittelalterliche Menschheitsentwickelung über diese Dinge hinübergegangen ist, entwickelte sich unsere Gegenwart heraus. Dasjenige, was der moderne Mensch eigentlich in der sozialen Ordnung ist, das wird erst jetzt eine gewisse Bewußtseinstatsache. Diese Bewußtseinstatsache kann im individuellen Menschenleben sich nicht früher vollziehen als nach der Geschlechtsreife, nach dem vierzehnten, fünfzehnten Lebensjahre. Da tritt im Menschenwesen dasjenige hervor, was ich wiederholentlich in den nächsten Vorträgen zu charakterisieren haben werde als das Bewußtsein der eigentlichen Wesenheit der inneren menschlichen Freiheit. Da kommt der Mensch eigentlich zu sich selbst. Und wenn, wie das ja heute zuweilen geschieht, Menschen unter dem vierzehnten, fünfzehnten Jahre, vor der Geschlechtsreife zu diesem Bewußtsein gekommen zu sein glauben, so ist das nur eine Nachäffung des späteren Lebensalters. Es ist keine ursprüngliche Tatsache. Diese ursprüngliche Tatsache, die nach der Geschlechtsreife eintritt, suchte der Grieche geradezu für den Menschen zu vermeiden; denn die Stärke, mit der er die Natur, das Kind hereinrief in das Menschendasein, umdunkelte, verfinsterte das volle Erleben dieses Bewußtseinsaugenblicks nach der Geschlechtsreife. Der Mensch ging wie im dumpfen Bewußtsein, durch die Natur zurückgehalten, durch diese Tatsache hindurch.

Die menschliche Entwickelung im Laufe der Geschichte ist so, daß der Mensch das jetzt nicht mehr kann. Diese Bewußtseinstatsache würde mit elementarer, vulkanischer Gewalt nach der Geschlechtsreife hervorbrechen, wenn man versuchen wollte sie zurückzuhalten.

Daher rechnete der Grieche in dem Lebensalter, das wir das volksschulmäßige Lebensalter nennen, zwischen dem siebenten und vierzehnten Jahre, mit dem ersten natürlichen Leben des Kindes.

Wir haben zu rechnen mit dem, was auf die Geschlechtsreife folgt, was der von uns durch sieben Jahre geführte Knabe, oder das durch sieben Jahre geführte Mädchen, nach der Geschlechtsreife als das volle Menschenbewußtsein erleben werden. Wir dürfen das nicht mehr in ein traumhaftes Dunkel hinuntertauchen, wie es bei den Griechen, bei den hervorragendsten Griechen der Fall ist, selbst noch bei Plato und Aristoteles, die, weil es bei ihnen der Fall war, die Sklaverei als etwas Selbstverständliches hingenommen haben. Weil die Erziehung so war, daß sie diese wichtigste Menschentatsache nach der Geschlechtsreife verdunkelte, konnte der Grieche Bewahrer der ersten Kindheit sein zwischen dem siebenten und vierzehnten Lebensjahre.

Wir müssen Propheten des späteren Menschentums werden, wenn wir in der richtigen Weise erziehen wollen. Der Grieche konnte sich dem Instinkt überlassen, denn er hatte die Naturgrundlage weiter zu konservieren. Wir müssen als Erzieher Intuitionen entwickeln können. Wir müssen alles Menschliche vorausnehmen können, wenn wir Erzieher und Unterrichter sein wollen. Denn das wird das Wesentliche sein in unserer Erziehung, daß wir in das Kind zwischen dem siebenten und vierzehnten Lebensjahre dasjenige hineinbringen, woran sich das Kind später, wenn es zum charakterisierten Menschheitsbewußtsein kommt, so erinnern kann, daß es mit einer inneren Befriedigung blickt auf das, was wir in es hineingepflanzt haben, daß es zu uns «Ja» sagt, wenn wir seine Lehrer und Erzieher gewesen sind. Schlimm erziehen wir heute, wenn später, nachdem das Kind in das Leben getreten ist, dieses Kind so auf uns zurückschaut, daß es nicht mehr zu uns «Ja» sagen kann.

So müssen wir intuitive Erzieher haben, die sich einlassen wiederum auf die Art und Weise, wie man die geistige Welt erringen kann, wie man das spirituelle Leben erringen kann, und die zwischen dem siebenten und vierzehnten Jahre dasjenige in das Kind hineinbringen können, wozu es mit Befriedigung später aufschauen kann.

Der griechische Erzieher war ein Konservator. Er sagte: Im Kinde nach dem siebenten Jahre schlummert, was in ihm früher da war; ich habe es zu erwecken. – Wie kann alle Erziehung so werden, daß wir in das kindliche Alter hineinverpflanzen, was später von selbst in dem freien Menschen aufwachen darf?

Wir haben eine Erziehung in die Zukunft hineinzuführen. Das macht es, daß in unserem heutigen Zeitalter die ganze Angelegenheit der Erziehung zu etwas anderem werden muß, als sie war. In Griechenland war sie eine Tatsache, die sich den Menschen durch die Hingabe an das Natürliche ergab. Man möchte sagen: Eine ins Menschenleben hereinspielende Naturtatsache war die Erziehung. Durch das ganze bisherige Leben hat sie sich herausgearbeitet aus dieser Naturgrundlage.

Und wenn wir heute als Erzieher in der Schule stehen, so müssen wir uns bewußt sein dessen: so wie wir dem Kinde gegenübertreten, so müssen wir dem Kinde etwas bieten, zu dem es später, wenn es zum selbständigen Bewußtsein erwacht, «Ja» sagen kann. Es muß das Kind uns nicht nur lieben während der Schulzeit, sondern nach der Schulzeit in seinem reifen Urteile die Liebe zu uns als Lehrer und Erzieher gerechtfertigt finden; sonst ist die Erziehung nur eine halbe, daher eine sehr schwache Erziehung.

Wenn wir uns dessen bewußt werden, dann werden wir uns klar darüber, in welch hohem Grade die Erziehung und das Unterrichtswesen aus einer ins Menschenwesen hineinspielenden Naturtatsache eine sittliche Tat werden muß.

Das ist der tiefste innere Kampf, den heute jene kämpfen, die aus dem innersten Menschenwesen heraus etwas verstehen von der notwendigen Gestalt, welche Erziehung und Unterricht annehmen müssen. Das ist dasjenige, was man fühlt. Es drängt sich in die Frage zusammen: Wie machen wir im höchsten Sinne für den freien Menschen Erziehung und Unterricht zu einer freien Tat selber, das heißt zu einer im höchsten Grade sittlichen Tat? Wie wird Erziehung ganz und gar eine sittliche Angelegenheit der Menschheit?

Daran hängen wir heute als an dem großen Rätsel, das beantwortet werden muß, wenn die Erziehungs-Reformbestrebungen, die so löblich sind, in der richtigen Weise weiter in die Zukunft hinein orientiert werden sollen.

# VIERTER VORTRAG

## Ilkley, 8. August 1923

Kein Zeitalter kann die Erziehung anders einrichten, als die allgemeine Zivilisation des Zeitalters ist. Was die allgemeine Zivilisation hergibt, das kann der Lehrende, der Unterrichtende dem Kinde in der Erziehung überliefern.

Indem ich Ihnen von den Griechen gesprochen habe, mußte ich Sie darauf aufmerksam machen, wie die Griechen gedacht haben, wie die Griechen eine intime Erkenntnis des ganzen Menschen gehabt haben, und aus dieser intimen Kenntnis des ganzen Menschen heraus in einer Art, die wir heute nicht mehr haben können, die Kinder erzogen haben. Diese Erkenntnis des ganzen Menschen war beim Griechen eine solche, die ganz und gar folgte aus dem menschlichen Körper. Der menschliche Körper war in gewisser Beziehung für den Griechen durchsichtig. Der Körper enthüllte ihm, offenbarte ihm zugleich Seele und Geist, insofern die Griechen ein Verständnis hatten für Seele und Geist.

Und wir haben ja gesehen, wie die Griechen vom Körper aus den ganzen Menschen erzogen. Was nicht aus dem Körper herausgeholt werden konnte, so wie ich gezeigt habe, daß Musik aus dem Körper herausgeholt wurde, das wurde dem Menschen verhältnismäßig spät, etwa erst dann, wenn er körperlich ganz erzogen war, im zwanzigsten Jahre oder später vermittelt.

Wir sind alle heute in einer ganz anderen Lage. Und die größten Illusionen in der Menschheitsentwickelung entstehen eigentlich dadurch, daß man sich dem Glauben hingibt, alte Zeitalter, die es mit einer ganz anderen Menschheit zu tun hatten, könnten heute wieder erneuert werden. Aber gerade in der Gegenwart sind wir darauf angewiesen, ganz voll und mit praktischem Sinn uns der Wirklichkeit hinzugeben. Und wenn wir diese unsere geschichtliche Wirklichkeit verstehen, dann können wir eben nicht anders als sagen: Geradeso wie die Griechen vom Körper aus ihr gesamtes Erziehungswesen leiten mußten, so müssen wir vom Geiste aus die Erziehung leiten. Und wir müssen die Wege finden, auch zur körperlichen Erziehung hinzukommen vom Geiste aus. Denn die Menschheit ist einmal – es mag einem das sympathisch oder antipathisch sein – in der Gegenwart an dem Punkte angekommen, den Geist als solchen erfassen zu müssen, den Geist als eigenen menschlichen Inhalt sich durch menschliche Arbeit erringen zu müssen.

Aber gerade, wenn man nun ganz aus dem Sinne unseres Zeitalters heraus erziehen will, dann empfindet man, wie wenig weit die allgemeine Zivilisation eigentlich mit der Durchdringung des Geistes gekommen ist. Und dann entsteht die Sehnsucht, gerade um der Erziehung des Menschen willen, den Geist immer weiter und weiter auch zu einem menschlichen Eigentum zu machen. Wir können uns fragen: Wo zeigt sich uns auf einer gewissen vorläufig höchsten Stufe dasjenige, was die gegenwärtige Menschheit an Geist ergriffen hat? – Schrecken Sie nicht davor zurück, daß ich die Charakteristik hier nehme gewissermaßen von dem Gipfelpunkt des heutigen Geisteslebens. Dasjenige, was sich an dem Gipfelpunkt eben nur, ich möchte sagen, symbolisch in Reinkultur zeigt, das beherrscht im Grunde genommen auch in den Weiten und in den Tiefen die ganze Zivilisation.

Wir sind heute bei dem Ergreifen des Geistes erst dabei angekommen, diesen Geist in Ideen, im Denken zu ergreifen. Und das Denken des Menschen in unserem gegenwärtigen Zeitalter in seiner ganzen Verfassung ist vielleicht am allerbesten zu ergreifen, wenn man hinschaut auf die Art und Weise, wie dieses Denken unserer Zeit etwa geworden ist, sagen wir, bei *John Stuart Mill* oder bei *Herbert Spencer.*

Ich sagte, schrecken Sie nicht davor zurück, daß ich jetzt in diesem Augenblicke auf die Gipfelpunkte der Zivilisation hindeute. Denn dasjenige, was eben nur in einer gewissen Art als das höchste Symptom bei John Stuart Mill, bei Herbert Spencer zum Ausdrucke gekommen ist, das beherrscht alle Kreise, das ist im Grunde genommen das Denken unserer Zivilisationsentwickelung. Wenn wir also heute fragen: Wie erkennt die Menschheit den Geist, von dem aus sie erziehen soll, wie der Grieche den Körper erzogen hat? – müssen wir uns zur Antwort geben: Die Menschheit erkennt den Geist, wie ihn John Stuart Mill oder Herbert Spencer erkannt hat.

Aber wie haben sie ihn erkannt? Denken wir uns einmal, was man heute vom Geiste meint, wenn man heute vom Geiste spricht. Ich meine nicht jenes höchst unbestimmte nebulose Gebilde, das irgendwo über den Wolken schwebt. Wenn die Menschen heute von Geist reden, so ist das etwas, was traditionell sich dem Menschen mitgeteilt hat, woran nichts erlebt wird. Wir können nur dann von dem Geiste sprechen, den die Menschheit hat, wenn wir darauf hinschauen, wie die Menschheit mit diesem Geist verfährt, wie sie damit hantiert, was sie tut damit. Und den Geist, den eben die Menschheit in der gegenwärtigen Zivilisationsentwickelung hat, den haben schon John Stuart Mill oder Herbert Spencer in ihre Weltanschauung, in ihre Philosophien hineingearbeitet. Da ist er drinnen, da müßte er aufgesucht werden. Nicht wie die Menschen abstrakt vom Geiste sprechen, sondern wie sie den Geist anwenden, darauf muß man sehen.

Und nun schauen wir uns einmal diesen gedachten Geist an. Er ist ja zunächst nur ein gedachter Geist, wie ihn die Zivilisation der Gegenwart hat, ein gedachter Geist, ein Geist, der allenfalls philosophische Dinge denken kann. Aber verglichen mit dem Vollinhaltlichen, das der Grieche angeschaut hat, wenn er vom Menschen, von seinem Anthropos gesprochen hat, ist ja das, worinnen wir da herumschwirren im Geiste, wenn wir denken, etwas höchst, nun sagen wir, Destilliertes, etwas höchst Dünnes.

Der Grieche, wenn er vom Menschen sprach, hatte immer das Bild des körperlichen Menschen vor sich, der zugleich Offenbarung des Seelischen und des Geistigen war. Dieser Mensch war irgendwo, dieser Mensch war irgendwann, dieser Mensch hatte eine Grenze. Seine Haut begrenzte ihn. Und derjenige, der in den Gymnasien diesen Menschen ausbildete, der bestrich die Haut mit Öl, um diese Grenze stark zu markieren. Der Mensch wurde stark hingestellt. Das war also etwas ganz Konkretes, etwas, was irgendwo, irgendwann, was in irgendeiner Weise gestaltet ist.

Nun bitte, denken Sie an das Denken, worinnen wir heute den Geist ergreifen. Wo ist es? Welche Gestalt hat es? Es ist ja alles unbestimmt. Nirgends ein Wie und Wann, nirgends eine bestimmte Gestalt, nirgends etwas Bildhaftes. Man bemüht sich zwar, etwas Bildhaftes zu gewinnen. Nun ja, schauen wir uns das zum Beispiel gerade bei John Stuart Mill an, wie man sich etwas Bildhaftes vorstellt.

Da sagte man: Wenn der Mensch denkt, dann geht eine Idee vorüber, eine zweite Idee, eine dritte Idee. Er denkt eben in Ideen. Das sind so innerlich vorgestellte Worte. Er denkt in Ideen, und diese Ideen assoziieren sich. Das ist eigentlich das Wesentliche, wozu man kommt: Eine Idee heftet sich neben die zweite Idee, dann eine dritte Idee, eine vierte Idee; die Ideen assoziieren sich. Und die gegenwärtige Psychologie ist dazu gekommen, von Ideenassoziationen in der verschiedensten Weise als der eigentlichen inneren Wesenheit des geistigen Lebens zu sprechen.

Denken Sie, wenn man nun die Frage stellt: Wie würde man sich selber fühlen und empfinden als Mensch, wenn man nun als Geist diese Ideenassoziation bekäme? – Man steht in der Welt drinnen, da beginnen nun die Ideen sich zu bewegen – jetzt assoziieren sie sich. Und jetzt blickt man auf sich selber zurück und fragt sich, was man da eigentlich ist als Geist in diesen assoziierten Ideen? Man bekommt dabei eine Art Selbstbewußtsein, das ganz dem Selbstbewußtsein gleicht, welches man haben würde, wenn man plötzlich in den Spiegel schaute und wie ein Skelett wäre, und zwar wie ein ganz totes Skelett. Denken Sie sich den Schock, den Sie bekämen, wenn Sie in den Spiegel schauten, und Sie wären plötzlich ein Skelett! Im Skelett ist das so: die Knochen sind assoziiert; sie sind auf äußerliche Weise zusammengehalten; sie ruhen durch Mechanik aufeinander. Dasjenige also, was wir von unserem Geiste erfassen, das ist nur ein der Mechanik Nachgebildetes! Man fühlt sich in der Tat, wenn man ein Vollmenschliches in sich hat, wenn man gesund fühlt und als Mensch gesund ist, wie wenn man sich in einem Spiegel als Skelett schaut. Denn in den Büchern, die Assoziations-Psychologie beschreiben, sieht man sich ja in der Tat wie in einem Spiegel, da sieht man sich ja als Geist knochig!

Dieses Vergnügen, meine sehr verehrten Anwesenden, können wir ja fortwährend haben, nur nicht äußerlich körperlich, da es sich, wenn man den heutigen Bestand mit dem griechischen Bestand vergleicht, fortwährend ergibt. Geistig haben wir das fortwährend. Unsere Philosophen ersuchen wir, sie mögen uns Selbsterkenntnis geben: sie legen uns ihre Bücher als den Spiegel vor, und da sehen wir uns drinnen als Knochengeist in Ideenassoziationen.

Das überkommt heute den Menschen, wenn er nun über Erziehung praktisch nachsinnen will, wenn er praktisch an das Erziehungswesen herangehen will aus der allgemeinen Zivilisation! Da bekommt er nämlich nicht eine Anweisung, wie die Erziehung sein soll, sondern eine Anschauung darüber, wie man einen Haufen Menschenknochen findet und daraus ein Skelett zusammenstellt.

Das ist, was die allgemeine Menschheit heute, die Laienmenschheit, fühlt. Sie lechzt nach einer neuen Erziehung! Überall tritt die Frage auf: Wie soll erzogen werden? – Aber wohin soll sich die Menschheit wenden? Sie kann sich nur wenden zu dem, was allgemeine Zivilisation ist. Da zeigt man ihr, daß man eigentlich nur ein Skelett aufbauen kann.

Und da muß den Menschen überkommen, ich möchte sagen, ein tiefes Zivilisationsgefühl. Er muß sich, wenn er gesund fühlt, durchdrungen fühlen können mit dieser intellektualistischen Weise des heutigen Vorstellens und Denkens. Und darüber betäubt sich die heutige Menschheit. Sie möchte dasjenige, was man ihr im Spiegel zeigt, doch als etwas ganz Hohes und Vollendetes ansehen und möchte dann damit etwas machen, möchte vor allen Dingen damit erziehen. Und das geht nicht. Man kann damit nicht erziehen.

Und so muß man heute zunächst, um den nötigen Enthusiasmus als Erzieher zu haben, hinschauen lernen auf alles dasjenige, was in unserem Denken, in unserer intellektualistischen Kultur nicht lebend, sondern tot ist. Denn das Skelett ist tot. Und durchdringt man sich mit dieser Erkenntnis, daß unser Denken ein totes Denken ist, dann kommt man sehr bald darauf, daß alles Tote aus einem Lebenden stammt. Wenn Sie einen Leichnam finden, so werden Sie den für nichts Ursprüngliches halten; nur wenn Sie keinen Begriff hätten von einem Menschen, würden Sie den Leichnam für etwas an sich halten. Wenn Sie aber einen Begriff haben vom Menschen, so werden Sie wissen: der Leichnam ist übriggeblieben vom Menschen. Aus dem Charakter des Leichnams schließen Sie nicht nur auf den Menschen, sondern Sie wissen, daß da ein Mensch war.

Erkennen Sie das Denken als etwas Totes, so wie es heute als Denken gepflegt wird, erkennen Sie das Denken als einen Leichnam, dann beziehen Sie es auf etwas Lebendes. Haben Sie nun auch den innerlichen Impuls, dieses Denken zu etwas Lebendem zu machen und dadurch unsere ganze Zivilisation zu beleben, dann erst kann aus unserer heutigen Zivilisation wiederum etwas ähnlich Praktisches hervorgehen, das an den lebenden Menschen herankommen kann, nicht an den Skelettmenschen, so wie die griechische Erziehung an den lebendigen Menschen herangekommen ist.

Unterschätzen wir nicht die Empfindungen, von denen der Lehrende und Unterrichtende ausgehen kann und ausgehen muß. Die Lehrer der Waldorfschule haben zunächst einen seminaristischen Kursus durchgemacht. Da handelte es sich nicht bloß um Aneignung bestimmter Programmpunkte, da handelte es sich darum, daß dieser Kursus eine ganz bestimmte Seelenverfassung gab: dasjenige, was unser Zeitalter als ein stolzestes Erbgut hat, zurückzuführen in das Innerste des Menschen, um das tote Denken zum lebendigen Denken, um das neutrale Denken zum charaktervollen Denken, um das natürliche, unorganische Denken zum charaktervollen, vom ganzen Menschen durchsetzten, eben «menschlichen» Denken zu machen. So daß der Gedanke zunächst im Lehrer beginnen muß zu leben.

Wenn aber etwas lebt, so hat das Leben eine Folge. Der Mensch, der irgendwo und irgendwann ist, mit Geist, Seele, Körper, der eine bestimmte Gestalt, eine bestimmte Begrenzung hat, der bleibt nie beim Denken stehen: der fühlt und will. Und wenn Sie ihm einen Gedanken übermitteln, so ist der Gedanke der Keim eines Fühlens und Wollens, wird zu etwas Ganzem.

Unser Denken, das hat zum Ideal, möglichst, wie man es nennt, objektiv zu sein, möglichst still und ruhig zu werden, ein ganz ruhiges Abbild der Außenwelt zu sein, nur der Erfahrung zu dienen. Da ist keine Kraft drinnen; da wird nichts daraus, was fühlt und will.

Der Grieche, der ging vom körperlichen Menschen aus; den hatte er vor sich. Wir müssen von einem menschlichen Ideal ausgehen, das fühlt jeder, aber dieses Ideal darf nicht bloß gedacht sein, dieses Ideal muß leben, dieses Ideal muß die Kraft des Fühlens und Wollens haben.

Das ist das erste, das wir brauchen, wenn wir heute an Erziehungsumwandlung denken: daß wir aus abstrakten, aus gedachten Idealen kommen, bei denen es gar nicht anders möglich ist, wenn wir sie uns in die Seele schreiben, als daß sie in uns auch fühlen und wollen, daß aus ihnen auch hervorgeht die Menschlichkeit bis in die körperliche Erziehung hinunter.

Unsere Gedanken werden nicht Gebärden. Sie müssen aber wiederum Gebärden werden. Sie müssen nicht nur aufgenommen werden von dem Kinde, das dasitzt, sondern sie müssen die Arme und Hände des Kindes bewegen, sie müssen das Kind geleiten, wenn es hinausgeht in die Welt. Dann werden wir einheitliche Menschen haben, und einheitliche Menschen müssen wir wiederum erziehen; dann werden wir Menschen haben, bei denen dasjenige, was wir im Schulzimmer ihnen beibringen, seine Fortsetzung erfährt in der körperlichen Erziehung.

So denkt man heute nicht. Heute denkt man: im Schulzimmer, da ist so etwas für sich Intellektualistisches, das muß einmal beigebracht werden; das macht den Menschen müde, das macht den Menschen abgespannt, vielleicht sogar nervös. Jetzt muß dazu etwas hinzukommen! Und da denkt man abgesondert die körperliche Erziehung dazu.

Und so sind heute zwei Dinge da: intellektualistische Erziehung für sich – körperliche Erziehung für sich. Das eine fordert nicht das andere! Wir haben im Grunde genommen zwei Menschen, einen nebulosen, erdachten, und einen wirklich, den wir nicht mehr durchschauen, wie ihn die Griechen durchschaut haben. Und wir schielen immer, wenn wir nach dem Menschen hinschauen, wir haben immer zwei vor uns.

Wir müssen wiederum sehen lernen. Wir müssen wiederum den ganzen Menschen sehen lernen als Einheit, als Totalität. Das ist zunächst das Wichtigste für unser ganzes Erziehungswesen.

Es wird sich also darum handeln, aus einer mehr oder weniger heute doch vorhandenen theoretischen Erziehungsmaxime zu einer wirklichen, praktischen Erziehung vorzudringen. Und aus den Betrachtungen, die ich eben gepflogen habe, wird ja hervorgehen, daß vieles abhängig davon ist, wie wir den Geist, den wir eigentlich nur intellektuell erfassen, an den Menschen wiederum heranbringen, wie wir den

Geist bis zum Menschen herantragen, so daß unser nebuloser, verschwommener Geist, mit dem wir auf den Menschen hinschauen, Mensch wird. Wir müssen, wie der Grieche den Menschen im Körper geschaut hat, den Menschen im Geiste schauen lernen.

Lassen Sie mich dafür, wie man den Menschen vom Geiste aus bis zum Körper hinein zu verstehen beginnen kann, heute vorläufig ein erklärendes Beispiel betrachten. Ich will als erklärendes Beispiel einmal im Menschen die Art wählen, wie sich der Geist an ein bestimmtes Organ des Menschen heranbringen läßt. Ich möchte heute ein möglichst auffälliges Beispiel wählen, nur vorläufig, die Dinge werden sich ja in späteren Tagen erhärten. Ich möchte heute zeigen, wie der Geist heranzubringen ist an dasjenige, was auch die Griechen bei der Entwickelung des Kindes als etwas außerordentlich Wichtiges, Symbolisches angesehen haben: das Zähnebekommen.

Die Griechen haben den Zahnwechsel als dasjenige Lebensalter angesehen, wo das Kind der öffentlichen Erziehung übergeben wird. Nun versuchen wir einmal, uns das Heranbringen des Geistes an den Menschen, die Beziehung des Geistes zu den menschlichen Zähnen vor die Seele zu stellen.

Es wird das etwas paradox aussehen, daß ich gerade, um den geistigen Menschen zu betrachten, zunächst von den Zähnen spreche, allein das scheint nur deshalb paradox, weil eben aus der heutigen Zivilisation heraus der Mensch zwar sehr gut weiß, wie sich irgendein kleiner Tierkeim ausnimmt, wenn man durch das Mikroskop schaut, aber sehr wenig von demjenigen, was eigentlich offen zutage liegt. Man weiß von den Zähnen, daß sie zum Essen notwendig sind. Das ist zunächst dasjenige Wissen, was am hervorstechendsten ist. Man weiß auch noch von den Zähnen, daß sie zum Sprechen notwendig sind; denn man weiß, daß es Zahnlaute gibt, daß in einer bestimmten Weise die Luft, die aus den Lungen, dem Kehlkopfe dringt, durch die Lippen und den Gaumen und auch durch die Zähne zu gewissen Konsonanten geformt werden muß. Man weiß also, daß die Zähne zum Essen und zum Sprechen gut sind.

Nun, eine wirklich geistige Erfassung des Menschen zeigt uns noch etwas anderes. Wenn man in der Lage ist, den Menschen zu studieren etwa in dem Sinne, wie ich es in meinem ersten Vortrage, der noch nicht über Erziehung handelte, auseinandersetzte, dann eben kommt man darauf, daß das Kind die Zähne noch wegen etwas ganz anderem entwickelt als wegen des Essens und wegen des Sprechens.

Das Kind entwickelt nämlich die Zähne, so paradox es heute klingt, wegen des Denkens! Und wenig weiß die Wissenschaft von heute davon, daß die Zähne die allerwichtigsten Denkorgane sind. Beim Kinde, bevor es durch den Zahnwechsel gegangen ist, sind die physischen Zähne als solche die allerwichtigsten Denkorgane.

Indem das Kind sich wie selbstverständlich im Verkehre mit seiner Umgebung hineinfindet in das Denken, indem aus dem dunklen Schlaf- und Traumleben des Kindes herauftaucht das Gedankenleben, ist dieser ganze Prozeß gebunden daran, daß sich im Haupte des Kindes die Zähne durchdrängen, gebunden an die Kräfte, die aus dem Haupte des Kindes heraus sich drängen. Und wie die Zähne gewissermaßen durch den Kiefer vorstoßen, sind diejenigen Kräfte da, die aus dem unbestimmten Schlafesleben, Traumesleben, seelisch nun auch das Denken an die Oberfläche bringen. Und in demselben Maße, in dem das Kind zahnt, lernt es denken.

Und wie lernt das Kind denken? Das Kind lernt denken, indem es ganz und gar als ein nachahmendes Wesen an die Umgebung hingewiesen ist. Es ahmt nach bis ins Innerste hinein dasjenige, was in seiner Umgebung vor sich geht und in seiner Umgebung sich unter dem Impulse von Gedanken abspielt. Aber in demselben Maße, in dem da in dem Kinde aufsprießt das Denken, in demselben Maße schießen die Zähne hervor. In diesen Zähnen liegt eben die Kraft, die seelisch als Denken erscheint.

Verfolgen wir das Kind in seiner Entwickelung weiter. Diese ersten Zähne werden ausgestoßen. Ungefähr um das siebente Jahr herum unterliegt das Kind dem Zahnwechsel. Es bekommt die zweiten Zähne. Ich habe schon gesagt: da war die ganze Kraft, welche die ersten, die zweiten Zähne hervorgebracht hat, im ganzen Organismus des Kindes; sie zeigt sich nur im Haupte, im Kopfe am stärksten. Man bekommt nur einmal zweite Zähne. Die Kräfte, welche aus dem kindlichen Organismus die zweiten Zähne hervortreiben, wirken später im Erdenleben des Menschen bis zum Tode hin nicht mehr als physische Impulskräfte: sie werden seelisch, sie werden geistig; sie beleben das menschliche seelische Innere.

Wenn wir also hinschauen auf das Kind zwischen dem siebenten und vierzehnten Lebensjahre ungefähr und fassen die seelischen Eigenschaften des Kindes ins Auge, dann müssen wir uns sagen: Was uns da als seelische Eigenschaften, namentlich als das kindliche Denken zwischen dem siebenten und vierzehnten Lebensjahre erscheint, das war bis zum siebenten Jahre Organkraft. Das wirkte im Organismus, im physischen Organismus, trieb die Zähne heraus und erlangte im Zahnwechsel seinen Abschluß im physischen Wirken und verwandelt sich, transformiert sich in seelisches Wirken.

Diese Verhältnisse sind allerdings nur dann zu studieren, wenn man vordringt zu derjenigen Erkenntnisart, die ich in dem genannten ersten Vortrage als die erste Stufe der exakten Clairvoyance beschrieben habe, als die imaginative Erkenntnis. Mit dem, was heute verbreitet ist als abstraktes, als intellektualistisches Denken, dringt man nicht bis zu einer solchen Erkenntnis des Menschen. Es muß das Denken sich innerlich beleben, so daß es bildhaft wird, daß man wirklich durch das Denken selber etwas erfassen kann. Durch das intellektualistische Denken erfaßt man ja gar nichts. Da bleiben die Dinge alle draußen. Man schaut sie an, man macht Abbilder von dem Angeschauten. Aber das Denken kann innerlich erkraftet, aktiviert werden. Dann hat man keine abstrakten, keine intellektualistischen Gedanken, dann hat man imaginative Bilder. Die füllen die Seele so aus wie sonst die intellektuellen Gedanken. Kommt man zu einer solchen ersten Stufe des exakten Schauens, dann durchschaut man eben, wie im Menschen nicht nur ein physischer Leib wirkt, sondern ein übersinnlicher Leib, ein übersinnlicher Körper, wenn ich mich des paradoxen Ausdrucks bedienen darf. Das erste Übersinnliche wird man gewahr im Menschen!

Und man schaut dann in der folgenden Weise auf den Menschen hin. Man sagt sich: Da hat man den physischen Körper des Menschen, den kann man abwiegen, der strebt in der Richtung der Schwere zur Erde hin, der unterliegt der Gravitationskraft. Das ist seine wichtigste Eigenschaft: man kann den physischen Körper abwiegen.

Wird man gewahr durch imaginative Erkenntnis den übersinnlichen Leib des Menschen, den ich in meinen Büchern den Ätherleib oder Bildekräfteleib genannt habe, erkennt man: den kann man nicht abwiegen, der wiegt nichts, im Gegenteil, der will fort von der Erde nach allen Seiten des Weltenalls hinaus. Der hat die entgegengesetzte Kraft als die Schwere in sich, der strebt fortwährend der Schwere entgegen.

Man erreicht – ebenso wie man durch die gewöhnliche physische Erkenntnis für den schweren physischen Körper des Menschen Erkenntnis erlangt – durch die imaginative Erkenntnis die erste Stufe der exakten Clairvoyance, eine Erkenntnis des Ätherleibes, der fortwährend weg will. Und so wie man den physischen Leib allmählich auf die Umgebung zu beziehen lernt, so lernt man auch den Ätherleib auf die Umgebung zu beziehen.

Sie suchen, wenn Sie an den physischen Leib des Menschen denken, die Stoffe, aus denen er besteht, draußen in der Natur, in der physisch-sinnlichen Natur. Sie sind sich klar darüber, daß dasjenige, was am Menschen der Gravitation unterliegt, die Schwere, das Gewicht, da draußen auch wiegt, das geht durch die Nahrungsaufnahme in den Menschen hinein. Man erlangt auf diese Weise eine Art Naturanschauung über den menschlichen Organismus, insofern der Organismus ein Physisches ist.

Durch die imaginative Erkenntnis erlangt man ebenso eine Anschauung von der Beziehung des in sich beschlossenen Äther- oder Bildekräfteleibes des Menschen zu der umgebenden Welt. Dasjenige, was im Frühling die Pflanzen aus dem Boden heraus, der Schwere entgegen, in allen Richtungen dem Kosmos zu treibt, was die Pflanzen organisiert, was die Pflanzen schließlich mit dem nach aufwärts wirkenden Lichtstrom in Verbindung bringt, was in der Pflanze eigentlich auch chemisch nach aufwärts strebend wirkt, das muß man mit dem Ätherleib des Menschen ebenso in Beziehung bringen wie die Salze und das Kraut und die Rüben und die Kalbsbrüste mit dem physischen Menschenleibe.

Und so geht in der ersten Stufe der exakten Clairvoyance dieses in sich gesättigte, einheiterfüllte Denken an die zweite Wesenheit des Menschen heran, an den Ätherleib oder Bildekräfteleib. Dieser Bildekräfteleib, der ist bis zum Zahnwechsel, bis zum siebenten Jahre, ganz innig verbunden mit dem physischen Leibe. Da drinnen organisiert er, da drinnen ist er diejenige Kraft, die die Zähne heraustreibt.

Wenn der Mensch die zweiten Zähne hat, so hat das Stück dieses Ätherleibes, das die Zähne heraustreibt, nichts mehr am physischen Leibe zu tun. Das ist jetzt sozusagen in seiner Tätigkeit emanzipiert vom physischen Leibe. Wir bekommen mit dem Zahnwechsel die Ätherkräfte frei, die unsere Zähne herausgedrückt haben; und mit diesen Ätherkräften vollziehen wir nun das freie Denken, wie es sich von dem siebenten Jahre an beim Kinde geltend macht. Die Kraft der Zähne ist jetzt nicht mehr wie beim Kinde, wo direkt die Zähne die Organe des Denkens sind, die physische Kraft, sondern sie ist die ätherisierte Kraft. Aber es ist die im Ätherleib nun wirkende gleiche Kraft, welche die Zähne hervorgebracht hat, die nun denkt.

Wenn Sie also sich als denkender Mensch fühlen und so das Gefühl haben, man hat es ja, daß vom Kopfe das Denken ausgeht – manche Menschen spüren das nur, wenn sie vom Denken Kopfschmerz bekommen –, dann zeigt Ihnen eine wirkliche Erkenntnis, daß dieselbe Kraft, die im Zahnen gelegen hat, die Kraft ist, mit der Sie vom Haupte aus denken.

So nähern Sie sich selbst mit Ihrer Erkenntnis der Einheit des Menschen. So lernt man wiederum wissen, wie das Physische mit dem mehr Seelischen zusammenhängt. Man weiß, das Kind hat noch mit den physischen Zähnen gedacht, daher die Zahnkrankheiten so innig mit dem ganzen Leben des Kindes zusammenhängen. Denken Sie nur, was da alles eintritt, wenn das Kind zahnt! Weil das Zahnen so innig mit dem innersten Leben zusammenhängt, weil es mit der innersten Geistigkeit des Kindes denkerisch zusammenhängt, deshalb diese Zahnkrankheiten! Dann emanzipiert sich die Wachstumskraft der Zähne und wird Denkkraft im Menschen, selbständige, freie Denkkraft. Wenn Sie Beobachtungsgabe dafür haben, sehen Sie dieses Selbständigwerden. Man sieht ganz genau, wie mit dem Zahnwechsel das Denken sich emanzipiert von dem Gebundensein an den Leib.

Und was geschieht nun? Die Zähne werden zunächst Helfer für dasjenige, was die Gedanken durchdringt, für die Sprache. Die Zähne, die zuerst die selbständige Aufgabe hatten, zu wachsen nach der Denkkraft, werden gewissermaßen um eine Stufe hinuntergedrückt: das Denken, das jetzt nicht mehr im physischen Leibe, sondern im Ätherleibe ist, rückt eine Stufe herunter – das geschieht ja schon während der ersten Lebensjahre, denn der ganze Vorgang vollzieht sich sukzessiv, hat nur seinen Abschluß beim zweiten Zahnen –, aber die Zähne werden zu Helfern des Denkens, wenn das Denken sich im Sprechen zum Ausdrucke bringen will.

Und so sehen wir auf den Menschen hin. Wir sehen sein Haupt; im Haupte emanzipiert sich die Zahnwachskraft als Denkkraft; dann wird gewissermaßen hinuntergeschoben dasjenige, was die Zähne jetzt nicht mehr direkt zu besorgen haben – weil es nun der Ätherleib zu besorgen hat –, hinuntergeschoben ins Sprechen, so daß die Zähne Helfer werden beim Sprechen; darinnen zeigt sich noch ihre Verwandtschaft mit dem Denken. Verstehen wir, wie die Zahnlaute sich in das ganze Denken des Menschen hineinstellen, wie da die Zähne zu Hilfe genommen werden gerade dann, wenn der Mensch durch D, T das bestimmte Denkerische, das definitive Denkerische in die Sprache hineinbringt: dann sehen wir an den Zahnlauten noch diese besondere Aufgabe der Zähne.

Ich habe Ihnen an einem Beispiel, zwar vielleicht an dem groteskesten Beispiel, an den Zähnen, gezeigt, wie wir vom Geiste aus den Menschen erfassen. Nun wird allmählich, wenn wir so verfahren, das Denken nicht mehr jenes abstrakte Schwimmen in Ideen, die sich assoziieren, sondern das Denken verbindet sich mit dem Menschen, geht zum Menschen hin, und wir haben nicht mehr ein bloß Physisches im Menschen, das Beißen der Zähne, oder höchstens das Sich-Bewegen beim Sprechen bei den Zahnlauten, sondern wir haben in den Zähnen ein äußerliches Bild, eine naturhafte Imagination des Denkens. Das Denken schießt gewissermaßen hin und zeigt sich uns an den Zähnen: Seht ihr, da habt ihr meine äußere Physiognomie!

Wenn der Mensch sich zu den Zähnen hin entwickelt, wird dasjenige, was sonst abstraktes, nebuloses Denken ist, bildhaft gestaltet. Man sieht wiederum, da wo die Zähne sind, wie das Denken im Haupte arbeitet: man sieht dann wiederum, wie das Denken sich da entwickelt von den ersten zu den zweiten Zähnen. Das ganze bekommt wieder gestaltende Grenzen. Der Geist fängt an, bildhaft in der Natur selber aufzutreten. Der Geist wird wieder schaffend.

Wir brauchen nicht bloß diejenige Anthropologie, die heute den Menschen ganz äußerlich betrachtet und ihn innerlich so assoziiert, wie wir heute die Ideen in ihren Eigentümlichkeiten assoziieren. Wir brauchen ein Denken, das sich nicht scheut, bis zum Innerlichen vorzudringen, das sich nicht geniert zu sagen, wie der Geist Zähne wird, wie der Geist in den Zähnen wirkt.

Das ist dasjenige, was wir brauchen; dann durchdringen wir vom Geist aus den Menschen. Da beginnt etwas Künstlerisches. Da muß man überführen die abstrakte, theoretische, unpraktische Betrachtungsweise, die nur den skelettdenkenden Menschen gibt, in das Bildhafte. Da schwimmt hinüber die theoretische Betrachtungsweise in das künstlerische Anschauen, in das künstlerische Gestalten. Man muß zugleich die Zähne gestalten, wenn man den Geist da innen wirksam sehen will. Da beginnt das Künstlerische Leiter zu sein zu der ersten exakten clairvoyanten Stufe, zu der Stufe der imaginativen Erkenntnis. Da erfassen wir dann den Menschen in seiner Wirklichkeit. Wir haben ja heute, indem wir den Menschen denken, bloß den Menschen in Abstraktion.

Aber dasjenige, was wir vor uns hingestellt bekommen in der Erziehung, das ist der wirkliche Mensch. Da steht er. Hier stehen wir mit dem abstrakten Geist. Dazwischen ist ein Abgrund. Jetzt müssen wir hinüber über den Abgrund. Überall haben wir zuerst zu zeigen, wie wir hinüberkommen. Wir wissen heute höchstens dem Menschen eine Mütze aufzusetzen, aber wir wissen nicht den Geist in seinen ganzen Menschen hineinzuschieben. Das müssen wir lernen. Wir müssen, so wie wir den Menschen äußerlich anzuziehen gelernt haben, auch innerlich ihn anzuziehen lernen, so daß der Geist verfährt, wie die Kleider um ihn herum verfahren.

Wenn wir in dieser Weise wiederum an den Menschen herankommen, dann beginnen wir lebendige Pädagogik und lebendige Didaktik.

Wie der Lebensabschnitt um das siebente Jahr herum durch all das, was ich auseinandergesetzt habe, bedeutsam ist für das menschliche

Erdendasein, so ist wiederum ein zweiter Punkt im menschlichen Erdenleben da, der durch das Auftreten der Symptome des Lebens sich als nicht minder bedeutend erzeigt. Natürlich sind die Zeitangaben, die man dabei macht, mehr oder weniger approximativ. Bei dem einen Menschen kommt die Sache etwas früher, bei dem anderen etwas später; und die ganzen Angaben von der Siebenzahl sind ja eben nicht wirkliche Angaben, sondern eben nur approximative Angaben. Aber es liegt wiederum ebenso um das vierzehnte, fünfzehnte Jahr herum ein außerordentlich wichtiger Lebensabschnitt im menschlichen Erdendasein. Das ist derjenige Abschnitt, in dem der Mensch, wie man sagt, geschlechtsreif wird.

Aber die Geschlechtsreife, das Auftreten des sexuellen Lebens, ist nur das alleräußerste Symptom für eine vollständige Umwandlung des menschlichen Wesens vom siebenten bis zum vierzehnten Lebensjahre. Wie wir suchen müssen in den Wachstumskräften der Zähne, also im menschlichen Kopf, den physischen Ursprung des Denkens, das sich dann emanzipiert um das siebente Lebensjahr herum und seelisch wird, so müssen wir suchen die Wirksamkeit der zweiten Seelenkraft des Menschen, die Wirksamkeit des Fühlens, in anderen Teilen des menschlichen Organismus.

Das Fühlen emanzipiert sich viel später von der Körperlichkeit des Menschen, von der physischen Organisation, als das Denken. Und während wir das Kind zu pflegen haben zwischen dem siebenten und vierzehnten Jahre, ist eigentlich das Fühlen noch immer innig verbunden mit der physischen Organisation. Das Denken ist schon frei geworden, das Fühlen ist zwischen dem siebenten und vierzehnten Jahre noch innig an den Körper gebunden. Alles, was in dem Kinde als Freudengefühle, als Trauer, als Schmerzgefühle auftritt, hat noch ein intensives physisches Korrelat in der Absonderung der Gefäße, in der Akzeleration oder Retardation, in der Beschleunigung oder Verzögerung des Atmungssystems. Und gerade an solchen Dingen kann man bemerken, wenn man wirklich bis zu diesem Grade Menschenbeobachter sein kann, wie eine großartige Umwandlung mit dem Fühlen vor sich geht mit dem Momente, wo wiederum die äußeren Symptome auftreten, die diese Umänderung andeuten.

Wie die Zähne, wenn sie als zweite Zähne erscheinen, einen gewissen Abschluß bilden im Wachstum, so tritt ein Ähnliches auf im Sprechen, wenn das Lebensalter seinen Abschluß findet, in welchem das Fühlen sich allmählich herausbildet zu einer seelischen Emanzipation aus dem Körperlichen. Wir sehen es beim Knaben am stärksten. Er verändert die Stimme, sein Kehlkopf zeigt die Veränderung. Wie der Kopf die Veränderung zeigt, die das Denken aus dem physischen Organismus herausholt, so zeigt die Brust des Menschen, der Sitz der rhythmischen organischen Tätigkeit, die Emanzipation des Fühlens. Jetzt wird das Fühlen losgelöst vom Körperlichen, wird selbständig seelisch. Wir wissen ja, daß das beim Knaben dadurch zutage tritt, daß der Kehlkopf sich ändert, daß die Stimme dumpfer wird. Bei dem weiblichen Geschlecht treten andere Erscheinungen auf im Körperwachstum. Aber das ist im Grunde genommen nur zunächst äußerlich.

Derjenige, der die vorhin erwähnte erste Stufe der exakten Clairvoyance, das imaginative Hellsehen sich errungen hat, der weiß, weil er das schaut, daß der physische Leib des Menschen den physischen Kehlkopf um das vierzehnte Jahr herum ändert. Dasselbe geht mit dem Äther- oder Bildekräfteleib beim weiblichen Geschlecht vor sich. Da zieht sich die Veränderung in den Ätherleib zurück, und der Ätherleib des weiblichen Geschlechtes wird mit dem vierzehnten Jahre als Ätherleib ganz gleich gestaltet dem physischen Leib des Mannes. Und wiederum der Ätherleib des Mannes wird mit dem vierzehnten Jahre gleich gestaltet dem physischen Leibe der Frau. So daß mit diesem wichtigen Lebenspunkte wirklich das eintritt, so sonderbar es sich für die heutige, ja nur am Physischen haftende Erkenntnis noch ausnimmt, daß der Mann vom vierzehnten Lebensjahr ab die Frau ätherisiert in sich trägt, die Frau trägt ätherisiert den Mann in sich. Das drückt sich an den entsprechenden Symptomen in verschiedenartiger Weise aus bei Frau und Mann.

Wenn man nun die zweite Stufe der exakten Clairvoyance, die Sie in meinen Büchern genauer beschrieben finden, sich erwirbt, wenn man zur Imagination die Inspiration, die wirkliche Wahrnehmung eines Selbständig-Geistigen erwirbt, das nicht mehr an den physischen Leib beim Menschen während des Erdendaseins gebunden ist, sondern wenn man aus Inspiration die Gabe, die Fähigkeit, die Möglichkeit sich angeeignet hat, Selbständig-Geistiges zu schauen, dann wird man gewahr, wie in der Tat mit diesem wichtigen Lebensabschnitte um das vierzehnte, fünfzehnte Jahr herum sich ein dritter Mensch absondert zur Selbständigkeit – ich habe ihn im Einklang mit älteren Terminologien in meinen Büchern den astralischen Leib genannt –, ein schon mehr Seelisches, als der Ätherleib es ist, ein schon Seelisch-Geistiges. Es ist das dritte Glied des Menschen und das zweite übersinnliche Glied des Menschen.

Das wirkt bis zum vierzehnten, fünfzehnten Jahre als geistiges Wesen durch den physischen Organismus und wird selbständig mit dem vierzehnten, fünfzehnten Jahre. Dadurch tritt an den Erzieher, den Unterrichter die ganz bedeutsame Aufgabe heran, zu helfen bei diesem Selbständigwerden desjenigen, was eigentlich als Geistig-Seelisches bis zum siebenten, achten Jahre noch in den Tiefen des Organismus ist und dann allmählich – denn die Sache geschieht sukzessiv – sich loslöst.

Diesem allmählichen Sich-loslösen hat man zu helfen, wenn man das Kind zwischen dem siebenten und vierzehnten Jahre zu unterrichten hat. Da wird man, wenn man Menschenerkenntnis in der geschilderten Weise sich angeeignet hat, wie sie hier gemeint ist, gewahr, wie das Sprechen etwas ganz anderes wird.

Die heutige, wenn ich mich des Ausdrucks bedienen darf, grobe Wissenschaft hält sich ja nur an das Grob-Seelische des Menschen, und sie nennt das andere die sekundäre Geschlechtscharakteristik. Für die geistige Betrachtung sind gerade die sekundären Dinge die primären und umgekehrt.

Ungeheuer viel liegt in diesen Umwandlungen, in der Art und Weise, wie gerade das Fühlen sich herauslöst aus den Sprachorganen. Und man hat dann als Lehrer, als Erzieher, diese wunderbare, wirklich das Innere begeisternde Aufgabe zu üben, die Sprache allmählich loszulösen vom Körperlichen. Wie wunderbar, wenn noch auf natürliche Weise, von selbst, wenn das Kind erst sieben Jahre alt ist, die Lippen sich bewegen durch organische Tätigkeit! Es ist, wenn das Kind mit dem siebenten Jahre die Lippenlaute hervorbringt, etwas ganz anderes, als wenn das Kind mit dem vierzehnten oder fünfzehnten Jahre die Lippenlaute hervorbringt.

Wenn das Kind mit dem siebenten Jahre die Lippenlaute hervorbringt, dann ist das eine organische Tätigkeit, dann ist das Blutzirkulation, Säftezirkulation, die unwillkürlich in die Lippen schießt. Wenn das Kind zwölf, dreizehn, vierzehn Jahre alt ist, dann setzt sich diese organische Tätigkeit in den Organismus hinein. Die seelische Aktivität des Fühlens muß aufrücken und muß durch Willkür die Lippen bewegen, welche das Gefühlsmäßige des Sprechens zum Ausdruck bringen.

Wie in den Zähnen sich manifestiert das Gedankenmäßige des Sprechens, das harte Gedankenmäßige, so manifestiert sich das weiche, in Liebe sich tauchende Gefühlsmäßige des Sprechens in den Lippen. Und die Lippenlaute sind dasjenige, was der Sprache das Liebevolle, das mit dem anderen Sympathisierende und ihm die Sympathie Übertragende mitteilt.

Und dieses wunderbare Übergehen von der organischen Tätigkeit der Lippen zu einem seelischen Aktivieren der Lippentätigkeit, dieses Bilden der Lippen in dem organisch-seelischen Wesen des Menschen, das ist etwas, was der Erzieher zwischen dem siebenten und vierzehnten Jahre begleiten kann, was eine so wunderbare Atmosphäre in die Schule hineintragen kann.

Denn wenn man sagen muß, daß man dasjenige, was als Übersinnlich-Ätherisches den Leib durchdringt, mit dem siebenten Jahre hervorschießen sieht als selbständige Denkkraft, so sieht man jetzt das selbständig Geistig-Seelische mit dem vierzehnten, fünfzehnten Jahre hervorschießen. Man wird zum Geburtshelfer des Geistig-Seelischen als Lehrer und Erzieher. Auf einer höheren Stufe erscheint dasjenige, was Sokrates gemeint hat.

Ich werde dann in den weiteren Vorträgen zu erklären haben, was noch mit dem Gehen, mit dem Bewegen Neues auftritt, selbst noch im zwanzigsten, einundzwanzigsten Jahre des Menschen, im dritten Lebensabschnitt. Heute wollen wir uns damit begnügen, daß wir darauf hingewiesen haben, wie das Denken sich emanzipiert von der organischen Tätigkeit, wie das Fühlen sich emanzipiert bis zum vierzehnten, fünfzehnten Jahre von der organischen Tätigkeit, wie wir da hineinsehen in das Werden des Menschen, wie dasjenige, was sonst nur abstrakte Denkart ist, zum Bilde, zur Imagination wird. Wie aber dasjenige, was in der Sprache des Menschen zutage tritt, was in seinen Worten sich offenbart, tatsächlich in seiner wahren Gestalt erscheint als Geistig-Seelisches, wenn der Mensch das vierzehnte, fünfzehnte Jahr erreicht hat.

Man kann daher sagen: Man muß ins Künstlerische hineinsteuern, wenn man vom Denken aus lebendig an den Menschen herankommen will, wenn man den Geist in seiner Lebendigkeit an den Menschen heranbringen will. – Wenn man das Gefühl, das Geistige im Fühlen, an den Menschen heranbringen will, dann muß man das nicht nur wie dort mit einer künstlerischen Stimmung tun, sondern jetzt mit einer religiösen Stimmung. Denn allein die religiöse Stimmung dringt zum wirklichen Geiste, zum Geiste in seiner Wirklichkeit vor. Daher kann alle Erziehung zwischen dem siebenten und dem vierzehnten Jahre nur dann ganz wirklich menschlich geleistet werden, wenn sie in der Atmosphäre des Religiösen geleistet wird, wenn sie fast zur Kultushandlung wird, allerdings nicht zur sentimentalen, sondern zur rein menschlichen Kultushandlung.

So sehen wir, wie hineinströmt dasjenige, was der Mensch tut, indem er sein sonst abstraktes, sich bloß aus Ideen assoziierendes Denken zu Leben und Seele bringt, in das geistig Wesenhafte. Wir sehen, wie er den Weg hineinfindet zum künstlerischen Erfassen des Menschen, zum Erfassen des Menschen innerhalb des religiösen Lebens. Und so wird Künstlerisches und Religiöses der Pädagogik beigemischt.

So wird hineingeleuchtet von der Schülerfrage zu der Lehrerfrage, indem man sich klar wird, daß so klare, so praktische, so lebendige Erkenntnis die Pädagogik und Didaktik werden soll, und daß der Lehrer nur dann wirklicher Erzieher, Unterrichter der Jugend sein kann, wenn er imstande ist, ein innerlich ganz künstlerischer, ein innerlich ganz religiöser Mensch zu werden.

# FÜNFTER VORTRAG

## Ilkley, 9. August 1923

Gestern versuchte ich auszuführen, wie Denken und Fühlen im Menschen um das siebente und das vierzehnte Jahr herum selbständig werden, sich gewissermaßen von der körperlichen Organisation losreißen. Heute möchte ich zeigen, wie der Wille in der menschlichen Wesenheit sich allmählich während des Wachstums zu dieser Selbständigkeit durchringt.

Im Grunde genommen ist der menschliche Wille am längsten an den Organismus gebunden. Bis gegen das zwanzigste, einundzwanzigste Jahr hin ist alles, was menschlicher Wille ist, intensiv abhängig von der organischen Tätigkeit; ist abhängig von der organischen Tätigkeit, die namentlich ausgeführt wird durch die Art und Weise, wie die Atmung sich fortsetzt in die Blutzirkulation, und wie die Blutzirkulation wiederum durch das innere Feuer, durch die innere Wärme, die im Organismus dadurch entwickelt wird, den Bewegungsorganismus ergreift, dasjenige ergreift, was sich ausdrückt in den Beinen, den Füßen, Armen, Händen, wenn der Mensch sich bewegt und in willensmäßige Offenbarung versetzt.

Man kann sagen: Alles Willensmäßige ist selbst noch bei dem Kinde zwischen dem fünfzehnten und einundzwanzigsten Jahre abhängig von der Art und Weise, wie der Organismus in die Bewegung hineinwirkt. Gerade der Pädagoge muß sich unbefangene Beobachtung für solche Dinge wahren. Man muß sehen können, wie ein junger Mensch in seinem Willen energisch ist, oder eigentlich die Anlage dazu hat, energisch zu werden, wenn er stark mit dem hinteren Teil seines Fußes, mit der Ferse, auf den Boden aufstößt in seinem Gang, wie er weniger energisch veranlagt ist in seinem Willen, wenn sein Gang so ist, daß er mehr mit dem Vorderteil des Fußes tänzelnd sich bewegt.

Das alles aber: wie der Mensch seine Beine setzt, wie der Mensch in der Lage ist, die Bewegung der Arme fortzusetzen in die Geschicklichkeit der Finger, das ist selbst noch für den jungen Menschen nach dem fünfzehnten Jahre eine äußere physische Offenbarung seines Willens.

Und der Wille emanzipiert sich erst um das zwanzigste Jahr herum in derselben Weise von dem Organismus, wie sich das Gefühl um das vierzehnte Jahr herum, das Denken um das siebente Jahr beim Zahnwechsel emanzipiert. Nur sind die äußeren Vorgänge, die sich bei der Offenbarung des emanzipierten Denkens zeigen, sehr auffällig; jeder kann sie leicht sehen, das Zähnewechseln ist eine sehr auffällige Erscheinung im Menschenleben. Die Emanzipation des Gefühles tritt schon weniger auffällig hervor. Sie tritt hervor in der Aneignung der sogenannten sekundären Geschlechtsorgane, der Vergrößerung der Geschlechtsorgane beim Knaben, der entsprechenden Umänderung beim Mädchen, der Veränderung der Stimme beim Knaben, der Veränderung des inneren Lebenshabitus beim Mädchen und so weiter. Da sind die äußeren Symptome für die Metamorphose des Menschen schon weniger auffällig. Das Gefühl also emanzipiert sich mehr innerlich von der physischen Organisation zur seelischen Selbständigkeit.

Die äußeren Symptome für die Willensemanzipation um das zwanzigste, einundzwanzigste Jahr herum treten noch weniger äußerlich hervor und werden von einer im Äußerlichen lebenden Zeit, wie es die unserige ist, deshalb fast gar nicht bemerkt. Bei uns, in unserem Zeitalter sind ja die Menschen nach ihrer eigenen Meinung nach dem vierzehnten, fünfzehnten Lebensjahr erwachsen; und daß man nach dem vierzehnten, fünfzehnten Lebensjahre nicht nur äußere Kenntnis, sondern auch noch innere Charakterbildung, gerade Willensbildung sich aneignen soll, das erkennen unsere jungen Leute zwischen dem fünfzehnten und einundzwanzigsten Jahre ja nicht an. Sie beginnen eher schon als Reformatoren, als Lehrer aufzutreten, und statt sich zu beschäftigen mit dem, was sie lernen können von den Älteren, schreiben sie Feuilletons oder dergleichen vor dem einundzwanzigsten Lebensjahre. Es ist dies ganz begreiflich in einer auf das Äußere gerichteten Zeit.

Für die verbirgt sich jene starke Änderung, die auch noch mit dem zwanzigsten und einundzwanzigsten Jahre im Menschen vor sich geht, weil sie durchaus innerlich ist. Aber sie ist da, und man kann sie etwa in der folgenden Art beschreiben.

Bis zum einundzwanzigsten Jahre, approximativ natürlich, wie ich ja schon in den letzten Tagen gesagt habe, bis zum einundzwanzigsten Jahre approximativ ist der Mensch noch nicht ein geschlossenes persönliches Wesen, sondern er ist in einer starken Weise hingegeben an die Gravitation, an die Schwerkraft der Erde. Er kämpft mit der Schwerkraft der Erde bis approximativ zum einundzwanzigsten Lebensjahre. Und in dieser Beziehung wird die äußere Wissenschaft noch manche Entdeckungen machen, die heute schon klar sind für jene exakte Clairvoyance, von der ich gestern gesprochen habe.

Wir tragen in unserem Blute Eisen in den Blutkörperchen. Diese Blutkörperchen sind im wesentlichen bis zum einundzwanzigsten Jahre hin so, daß sie in ihrer Schwere überwiegen. Vom einundzwanzigsten Jahre ab bekommt der Mensch gewissermaßen von unten herauf einen Gegenstoß, eine Art von Auftrieb seines ganzen Blutes. Der Mensch setzt mit dem einundzwanzigsten Lebensjahre die Sohle seines Fußes anders auf die Erde auf, als das vorher der Fall war. Das weiß man nur heute nicht, aber das ist von einer fundamentalen Wichtigkeit für die ganze Menschenerkenntnis, insofern sich diese in Erziehung offenbaren soll. Es wirkt gewissermaßen mit jedem Fußaufsetzen eine Kraft von unten nach oben im menschlichen Organismus vom einundzwanzigsten Jahre an, die vorher nicht gewirkt hat. Der Mensch wird ein geschlossenes Wesen, das die von oben nach unten strömenden Kräfte paralysiert hat durch die von unten nach oben strömenden Kräfte, während er vorher im wesentlichen alle Kräfte seines Wachstums, seiner Entwickelung, vom Kopfe nach unten strömend hat.

Dieses Strömen der Kräfte seines Wachstums vom Kopfe nach unten, das ist beim ganz kleinen Kinde bis zum siebenten Lebensjahre sogar am allerstärksten. Da geht von der Kopforganisation die ganze menschliche Körperorganisation aus. Der Kopf tut bis zum siebenten Jahre alles; erst wenn sich das Denken mit dem Zahnwechsel emanzipiert, löst sich der Kopf auch los von dieser starken Kraft, die von oben nach unten wirkt.

Der Mensch heute weiß viel über positiven und negativen Magnetismus. Er weiß viel über positive und negative Elektrizität. Aber er weiß außerordentlich wenig über dasjenige, was im Menschen selber vor sich geht. Daß sich die Kräfte vom Kopfe zu den Füßen und von den Füßen zum Kopfe erst einrichten in den ersten zwei Lebensjahrzehnten, das ist eine bedeutsame anthroposophische Wahrheit, die fundamental bedeutsam ist für das ganze Erziehungswesen, und deren man sich heute eigentlich gar nicht bewußt ist. Und doch, es ruht auf dieser Frage überhaupt alle Pädagogik, alles Erziehungswesen. Denn warum erziehen wir? Das ist die große Frage.

Wir müssen uns – indem wir innerhalb der Menschheit, nicht innerhalb der Tierheit stehen – fragen: Warum erziehen wir? Warum wachsen die Tiere ohne Erziehung in ihre Lebensaufgaben hinein? Warum müssen wir Menschen überhaupt den Menschen erziehen? Warum geschieht es nicht so, daß der Mensch einfach durch Anschauung und Nachahmung sich dasjenige für das Leben erwirbt, was er braucht? Warum muß ein Erzieher, ein Pädagoge in die Freiheit des Kindes eingreifen? – Eine Frage, die man meistens gar nicht aufwirft, weil man die Sache für ganz selbstverständlich hält.

Aber man ist erst Pädagoge, wenn man diese Frage nicht für selbstverständlich hält, wenn man darauf kommt, daß es ja eigentlich eine Aufdringlichkeit gegenüber dem Kinde ist, wenn man sich hinstellt und es erziehen will. Warum soll das Kind sich das gefallen lassen? Wir betrachten es als unser selbstverständliches Geschäft, die Kinder zu erziehen – die Kinder in ihrer Unbewußtheit ganz und gar nicht! Und deshalb reden wir viel über die Ungezogenheit der Kinder und denken gar nicht, daß wir ja – zwar nicht für das helle Bewußtsein, aber für das Unterbewußte – den Kindern höchst komisch vorkommen müssen, wenn wir irgend etwas von außen an sie heranbringen. Sie haben eine volle Berechtigung, daß ihnen das zunächst recht unsympathisch ist. Und die große Frage der Erziehung ist diese: Wie verwandeln wir dasjenige, was den Kindern zunächst unsympathisch sein muß, in Sympathie?

Dazu ist aber Gelegenheit gerade gegeben zwischen dem siebenten und vierzehnten Jahre. Denn mit dem siebenten Lebensjahre wird der Kopf, der Träger des Denkens, selbständig. Er entwickelt nicht mehr so stark nach unten gehende Kräfte, wie das beim Kinde bis zum siebenten Jahre der Fall ist. Er wird gewissermaßen bequem und besorgt seine eigenen Angelegenheiten.

Wenn wir nun den Sprung hinüber machen zum vierzehnten, fünfzehnten Jahre, da werden die Bewegungsorgane erst willensgemäß persönlich. Der Wille wird in den Bewegungsorganen selbständig. Da wirken erst diejenigen Kräfte von unten nach oben, die der Mensch haben muß als Willenskräfte. Denn aller Wille wirkt von unten nach oben, alles Denken wirkt von oben nach unten. Vom Himmel zur Erde geht die Richtung des Denkens, von der Erde zum Himmel geht die Richtung des Willens. Beide sind in dem Lebensalter zwischen dem siebenten und vierzehnten Jahre nicht miteinander verbunden, nicht ineinander eingeschaltet. Das, was von oben nach unten geht, verliert sich wiederum in unbestimmter Weise. Und im mittleren Menschen, wo Atmung und Zirkulation lebt, ihren Ursprung hat, da lebt auch dasjenige, was sich in dieser Zeit als der Gefühlsmensch emanzipiert. Und indem wir in der richtigen Weise den Gefühlsmenschen zwischen dem siebenten und vierzehnten Lebensjahre ausbilden, bringen wir das, was von oben nach unten geht und von unten nach oben, in das richtige Verhältnis.

So handelt es sich um nichts Geringeres, als daß wir zwischen dem siebenten und dem vierzehnten Lebensjahre des Kindes das Denken in die richtige Verbindung mit dem Wollen, mit dem Willen bringen. Und das kann verfehlt werden. Deshalb müssen wir erziehen, weil beim Tiere diese Zusammenschaltung vom Denken, sofern das Tier ein traumhaftes Denken hat, und vom Willen, sofern das Tier einen Willen hat, von selbst geschieht; beim Menschen geschieht die Zusammenschaltung von Denken und Wille nicht von selbst. Beim Tiere ist sie eine natürliche Handlung, beim Menschen muß sie eine sittliche, eine moralische Handlung werden. Und deshalb kann der Mensch ein moralisches Wesen werden, weil er hier auf Erden Gelegenheit hat, erst sein Denken mit seinem Willen zusammenzuschalten, in Verbindung zu bringen. Darauf beruht der ganze menschliche Charakter, insofern er aus dem Inneren hervorgeht, daß die richtige Harmonie hervorgerufen wird durch menschliche Tätigkeit zwischen Denken und Wille. Und dieses Zusammenstimmen, dieses Harmonisieren von Denken und Wille besorgten die Griechen dadurch, daß sie gewissermaßen die Strömung vom Kopf zu den Gliedern, die in den ersten Jahren von selbst da ist, in ihrer Gymnastik wieder hervorriefen, daß sie Arme und Beine so bewegen ließen in ihrem Tanzen und Ringen, daß eingeschaltet wurde die Kopftätigkeit in der richtigen Weise.

Diese Zivilisation können wir nicht mehr haben. Wir müssen vom Geist ausgehen. Deshalb müssen wir verstehen, wie der Wille des Menschen durch die geschilderten inneren Vorgänge mit dem einundzwanzigsten Jahre in den Bewegungsorganen so emanzipiert wird, wie das Gefühl mit dem vierzehnten Jahre, das Denken mit dem siebenten Jahre in der menschlichen Organisation emanzipiert wird.

Das ist dasjenige, was die moderne Zivilisation im Grunde genommen verschlafen hat. Verschlafen hat sie die Einsicht, daß die Erziehung bestehen müßte in der Zusammenschaltung des Willens, der erst mit dem zwanzigsten Lebensjahre voll emanzipiert als seelische Eigenschaft erscheint, mit dem Denken, das schon im siebenten Jahre erscheint. Dann erst bekommt man die richtige Ehrfurcht für die Entwickelung des Menschen, wenn man, so wie wir es gestern gemacht haben in bezug auf Denken und Fühlen, und wie wir es eben nun versuchten auch mit dem Willen, den Geist heranzutragen an den körperlichen Menschen; wenn wir lernen den Willen heranzutragen an die menschlichen Bewegungsglieder, lernen, ihn anschauen in dem ganz andersartigen Bewegen der Finger, der Arme, in dem nun persönlichen Aufsetzen der Füße mit dem zwanzigsten, einundzwanzigsten Jahre, was sich seit dem fünfzehnten Jahre sukzessiv vorbereitet.

Wenn wir in dieser Weise wiederum den Geist nicht als Assoziation von Ideen, als Geistskelett haben, sondern als lebendigen Geist, der nun auch anschauen kann, wie der Mensch seine Beine aufsetzt, wie er seine Finger bewegt, dann sind wir wiederum herangekommen an den Menschen, dann können wir wiederum erziehen.

Diese Einsicht war instinktiv bei den Griechen noch vorhanden. Sie verlor sich nach und nach, aber nur langsam; sie bestand traditionell noch fort bis ins 16. Jahrhundert hinein. Und dasjenige, was wir hauptsächlich im 16. Jahrhundert beobachten, das ist, daß die zivilisierte Menschheit im ganzen die Einsicht verliert in das Verhältnis zwischen Denken und Willen. Und es beginnen die Menschen erst seit jener Zeit, seit dem 16. Jahrhundert, nachzudenken über Erziehung und haben die wichtigsten Fragen der Menschenerkenntnis gar nicht im Auge. Sie verstehen den Menschen nicht und wollen den Menschen erziehen! Das ist die Tragik, die seit dem 16. Jahrhundert waltet. Und diese Tragik hat sich bis in unsere Gegenwart herein erhalten.

In unserer Gegenwart fühlen und sehen die Menschen: es muß eine Metamorphose eintreten in bezug auf das Erziehungswesen. Es entstehen überall die Vereinigungen für Erziehungswesen, für Reformfragen im Erziehungswesen. Man fühlt, daß die Erziehung etwas braucht, aber man geht nicht an die fundamentale Frage: Wie harmonisiert man im Menschenwesen Denken und Wille? – Man sagt höchstens: Da ist zuviel Intellektualismus; da muß man weniger intellektuell erziehen; da muß man den Willen erziehen.

Man muß den Willen für sich nicht erziehen. Alles Reden darüber: Was ist besser, Gedankenerziehung oder Willenserziehung? – all dieses Reden ist dilettantisch. Sachgemäß, das heißt, menschenwesengemäß ist allein die Frage: Wie bringen wir das sich im Kopfe emanzipierende Denken mit dem in den Gliedern sich emanzipierenden Willen in die richtige Harmonie? – Weder einseitig auf das Denken, noch einseitig auf den Willen, sondern allseitig auf den ganzen Menschen müssen wir hinblicken, wenn wir Erzieher werden wollen.

Das können wir nicht mit den sich assoziierenden Ideen, an die wir gewöhnt sind, wenn wir heute von Geist reden; das können wir nur, wenn wir in der Weise, wie ich es angedeutet habe in meinem ersten Vortrage und gestern wiederum, von dem Denken, das in der heutigen Zeit herrscht, so ergriffen werden, als wäre es der Leichnam des lebendigen Denkens, und als müßten wir uns durch eine eigene Entwickelung hindurcharbeiten zum lebendigen Denken.

In dieser Beziehung möchte ich nun eine erste fundamentale Sache für alle Reform des Erziehungswesens jetzt in diesem Augenblicke ungeniert hinstellen. Aber ich muß selbstverständlich um Entschuldigung bitten, wenn ich diese Wahrheit ungeniert hinstelle, weil sie, indem man sie ausspricht, fast ausschaut wie eine Beleidigung der gegenwärtigen Menschheit, und beleidigen mag man doch nicht gern.

Es ist eine Eigentümlichkeit der gegenwärtigen Zivilisation, daß die Menschen wissen: es muß anders erzogen werden. Daher überall Reformvereine für Erziehung. Sie wissen ganz gut: es wird nicht ordentlich erzogen, daher muß es anders werden. Aber nun sind die Menschen ebenso überzeugt, daß sie außerordentlich gut wissen, wie erzogen wird, daß jeder einzelne in seinem Vereine sagen kann, wie erzogen werden soll.

Man sollte eigentlich denken: wenn so durchaus schlecht erzogen worden ist, daß man so gründlich reformieren muß, und man ist doch selbst dabeigewesen bei der schlechten Erziehung, so müßte diese schlechte Erziehung einen nicht gleich von vornherein fähig machen, nun ganz gut, radikal gut wiederum zu wissen, wie man erziehen soll. Heute weiß jeder Mensch, daß er schlecht erzogen ist – mit den anderen. Aber er nimmt ebensogut an, daß er ganz vollkommen, radikal gut weiß, wie anders, wie gut erzogen werden soll. Und weil das jeder Mensch weiß, so sprossen die Erziehungsvereinigungen wie Pilze auf.

Von diesem Grundsatz ist die Waldorfschul-Methode nicht ausgegangen, sondern sie ist ausgegangen davon, daß man noch nicht weiß, wie erzogen werden soll, und daß man sich vor allen Dingen eine gründliche, fundamentale Menschenerkenntnis anzueignen habe. Der erste seminaristische Kursus für die Waldorfschule war daher eine gründliche Menschenerkenntnis, damit die Waldorfschullehrer allmählich lernten, was sie ja noch nicht wissen konnten: wie erzogen werden soll. Denn, wie erzogen werden soll, kann man erst wissen, wenn man weiß, wie der Mensch eigentlich ist.

Eine gründliche, fundamentale Menschenerkenntnis war das, was zunächst den Waldorfschullehrern in dem seminaristischen Kursus übergeben worden ist. Davon konnte dann erhofft werden, daß sie den inneren Enthusiasmus und die Liebe für die Erziehung aus der Betrachtung der wahren Menschennatur erlangen. Denn wenn man den Menschen kennt, dann muß das Beste für die Erziehungspraxis die selbständig im Menschen aufkeimende Liebe für den Menschen sein. Pädagogik ist, im Grunde genommen, aus Menschenerkenntnis heraus resultierende Liebe zum Menschen. Mindestens kann sie nur darauf aufgebaut sein.

Nun, für denjenigen, der das Menschenleben, wie es in der gegenwärtigen Zivilisation sich offenbart, äußerlich nimmt, für den werden die zahlreichen Erziehungsvereine eine äußere Offenbarung dafür sein, daß man gegenwärtig möglichst viel weiß, wie erzogen werden soll; für denjenigen, der das Menschenleben tiefer betrachtet, ist das nicht der Fall. Bei den Griechen war es ein Instinkt, der erzog. Man redete nicht viel über Erziehung. Plato war der erste, der – aus einer gewissen philosophischen Unerzogenheit heraus – auch nicht viel, aber einiges über Erziehung redete.

Und sehr viel über Erziehung zu reden fing man eigentlich erst im 16. Jahrhundert an. Die Menschheit redet nämlich meistens sehr wenig von dem, was sie kann, und sie redet sehr viel von dem, was sie nicht kann. Und für den tieferen Menschenkenner ist, wenn viel von einer Sache geredet wird, das nicht ein Zeichen dafür, daß man diese Sache versteht; sondern das menschliche Leben ist für den tieferen Kenner so, daß wenn in irgendeinem Zeitalter auftaucht das Bestreben, über eine Sache möglichst viel zu reden, dies ein Zeichen ist, daß man von einer Sache möglichst wenig weiß! Und so ist für den, der eigentlich hineinschaut in die heutige Zivilisation, das Auftauchen der Erziehungsfrage ein Hindeuten darauf, daß man nicht mehr weiß, wie es mit der Entwickelung der Menschen beschaffen ist.

Das ist allerdings eine Sache, wegen der man, wenn man sie erwähnt, um Entschuldigung bitten muß. Das tue ich auch mit allem schuldigen Respekt. Aber es kann die Wahrheit doch nicht verhüllt werden, sie muß gesagt werden. Und wenn die Waldorfschul-Methode einiges erreichen wird, so wird sie es namentlich dadurch, daß sie ausgegangen ist davon, anstelle der Unkenntnis über die menschliche Wesenheit die Kenntnis von der menschlichen Wesenheit zu setzen, an die Stelle eines bloß äußerlichen anthropologischen Herumredens über den Menschen eine wirkliche anthroposophische Einsicht in das Innere der Menschennatur zu setzen, das heißt, den Geist als etwas Lebendiges in den körperlichen Menschen bis in die körperlichen Funktionen hineinzutragen.

Es wird einmal ebenso selbstverständlich sein, vom Menschen mit Kenntnis zu sprechen, wie es heute fast selbstverständlich ist, mit Unkenntnis vom Menschen zu sprechen. Man wird einstmals auch in der allgemeinen Zivilisation wissen, wie das Denken zusammenhängt mit der Kraft, welche die Zähne wachsen läßt. Man wird einstmals beobachten können, wie die innere Kraft des Fühlens zusammenhängt mit dem, was sich ausdrückt von den Brustorganen aus in der Bewegung der Lippen.

Man wird in der Umänderung der Lippenbewegungen, der Beherrschung der Lippenbewegungen durch das menschliche Gefühl, die sich entwickeln zwischen dem siebenten und vierzehnten Jahre, ein wichtiges äußeres Anzeichen sehen für eine innere Entwickelung des Menschen. Und man wird sehen, wie alles dasjenige, was der Mensch sich erwirbt zwischen dem vierzehnten, fünfzehnten und einundzwanzigsten Lebensjahre an Konsolidierung der Kräfte, die von unten nach oben gehen, man wird merken, daß alle diese Kräfte sich stauen gerade in dem Kopfe des Menschen selbst.

Und so wie in den Zähnen zum Vorschein kommt dasjenige, was denkerisch ist, in den Lippen dasjenige, was im Gefühle wurzelt, so wird in dem außerordentlich wichtigen Organismus, in dem Gaumenorganismus, der die Mundhöhle nach rückwärts abschließt, sichtbar werden für eine wirkliche Menschenkunde die Art und Weise, wie die Kräfte von unten nach oben wirken und sich gerade im Gaumen stauen, so daß sie übergehen in die Sprachwirklichkeit.

Wird man einmal nicht nur in das Mikroskop oder in das Teleskop hineinschauen, um das Kleinste und Größte zu sehen, sondern wird man hinschauen auf dasjenige, was einem äußerlich in der Welt entgegentritt, was man aber heute nicht sieht, trotz Mikroskop und Teleskop, dann wird man wahrnehmen, wie in den Zahnlauten das Denkerische des Menschen lebt, in den Lippenlauten das Fühlende des Menschen lebt, wie in den Gaumenlauten, die insbesondere die Zunge impulsieren, das Willensmäßige des Menschen lebt; und man wird in der Sprache durch Zahnlaute, Lippen- und Gaumenlaute einen Abdruck des ganzen Menschen wiederum sehen, wie in jeder menschlichen Äußerung.

Heute bemühen sich die Menschen, in den Linien der Hand und in ähnlichen äußeren Dingen zu lesen. Sie suchen aus den Symptomen die Menschennatur zu erkennen. Alle diese Dinge werden erst richtig verstanden, wenn man den ganzen Menschen in seinen Äußerungen suchen muß, wenn man sehen wird, wie die Sprache, die den Menschen aus einem individuellen Wesen zu einem sozialen Wesen nach außen macht, in ihrer inneren Bewegung und Konfiguration ein Abbild ist der ganzen Menschennatur, und wie wir nicht durch eine bloße Zufälligkeit Zahnlaute, Lippenlaute, Gaumenlaute in der Sprache haben, sondern sie deshalb haben, weil in den Zahnlauten zuerst der Kopf, in den Lippenlauten die Brust, in den Gaumenlauten der übrige Mensch in die Sprache hinein erobert wird.

Lernen muß unsere Zivilisation so zu sprechen über die menschliche Offenbarung, dann wird sie den Geist an den ganzen Menschen herantragen. Dann wird sie auch den Weg finden von dem Geiste des Menschen hinein in seine intimsten Äußerungen, in die Moralitätsäußerungen. Dann wird aus alledem der innere Impuls einer Erziehung, wie wir sie brauchen, hervorgehen.

Das bedeutsamste Dokument, das offenbaren kann, wie anders wir heute die Welt und ihre Zivilisation auffassen müssen, als das in alten Zeiten möglich war, ist das Johannes-Evangelium, das eigentlich das allerschönste, allertiefste Dokument gerade aus der griechischen Kultur heraus ist. Und das Johannes-Evangelium zeigt – das ist das Grandiose schon in seiner ersten Zeile –, wie wir uns zu ganz anderen lebendigen Ideen aufschwingen müssen, wenn wir für unsere heutige Zeit etwas lernen wollen aus den alten Zeiten. Was der Grieche gedacht hat, was der Grieche empfunden hat, das bildet das Kleid für das heraufkommende Christentum in dem Johannes-Evangelium.

Die erste Zeile des Johannes-Evangeliums ist: «Im Urbeginne war das Wort» – im Griechischen «der Logos». Bei alledem, was der Mensch heute empfindet bei dem Worte «Wort», liegt ganz und gar nicht dasjenige, was der Schreiber des Johannes-Evangeliums empfunden hat, als er die Zeile niederschrieb: «Im Urbeginne war das Wort.» Das Armselige, das Unbedeutende, was wir denken, wenn wir das Wort «Wort» aussprechen, das hatte wahrhaftig der Schreiber des Johannes-Evangeliums nicht im Sinne, als er die Zeile niederschrieb: «Im Urbeginne war das Wort.»

In diesem Worte «Wort» liegt etwas ganz anderes. Bei uns ist das

Wort ein armseliges Aussprechen der abstrakten Gedanken. Es spricht ja auch unser Wort nur zu den abstrakten Gedanken. Bei dem Griechen war noch das Wort eine Aufforderung an den menschlichen Willen. Und im griechischen Organismus prickelte es noch, wenn eine Silbe ausgesprochen wurde, diese Silbe auch auszudrücken durch den ganzen Menschen. Der Grieche wußte noch, daß man sich nicht nur ausdrückt, indem man sagt: Das ist mir gleich –, sondern der Grieche wußte, wie es in ihm prickelte, wenn das Wort floß: Das ist mir gleich – nun auch diese entsprechenden Bewegungen zu machen. Es lebte das Wort nicht nur im Sprachorgan, es lebte in dem ganzen menschlichen Bewegungsorganismus. Das hat die Menschheit vergessen.

Will man heute wiederum sich so recht vergegenwärtigen, wie das Wort, das die Aufforderung zur Geste noch im alten Griechenland war, durch den ganzen Menschen leben kann, dann muß man sich Eurythmie ansehen. In der Eurythmie ist alles nur ein Anfang, ich möchte sagen, ein schüchterner Anfang, das Wort wiederum in den Willen hineinzubringen, den Menschen, wenn man es auch noch nicht im Leben kann, wenigstens auf der Bühne so hinzustellen, daß in seinen Beinbewegungen, in seinen Armbewegungen das Wort unmittelbar lebt. Das ist ein schüchterner Anfang, muß heute noch als schüchterner Anfang genommen werden – auch wenn wir die Eurythmie in die Schule hineintragen –, das Wort wiederum zu einem bewegenden Motor wenigstens des ganzen Lebens zu machen.

In Griechenland war aus dem Orient herüber noch ein ganz anderes Gefühl da. Da prickelte es, da drängte es den Menschen bei jeder Silbe, bei jedem Worte, bei jedem Satze, bei dem Rhythmus des Satzes, bei dem Takte des Satzes, den menschlichen Willen durch die Gliedmaßen sich offenbaren zu lassen. Da sah man das Wort, wie es schöpferisch in jeder Bewegung werden konnte.

Aber da wußte man mehr. Da sah man in den Worten auch dasjenige, was nun in der Wolkenbildung, in dem Wachsen der Blumen, was in allen Naturerscheinungen lag. Da rollte das Wort, wenn die Woge rollte. Da wehte das Wort, wenn der Wind wehte. So wie in meinem Atem das Wort lebt, daß ich die entsprechende Bewegung mache, so fand der Grieche dasjenige, was im Worte lebte, in dem dahinbrausenden Winde, in der brandenden Woge, selbst in dem grollenden Erdbeben; es war das Wort, das heraufgrollte aus der Erde.

Unsere armseligen Ideen, die wir bei dem Worte «Wort» haben, sie wären sehr deplaciert, wenn man sie in den Urbeginn hinsetzen würde. Ich möchte wissen, was wir bei den Worten, bei den Vorstellungen eigentlich anfangen sollten in der Welt, die noch gar nicht da ist, wenn da im Urbeginne diese armseligen Ideen von dem Worte «Wort» wären und nun schöpferisch sein sollten! Es hat wahrhaftig unser intellektualistisch gewordenes Wort nicht mehr sehr viel Schöpferisches.

Und so muß man sich vor allen Dingen aufschwingen zu dem, was der Grieche als die Offenbarung des ganzen Menschen, als den Appell an den Willen empfand, wenn er vom Worte, vom Logos redete und empfand, daß der Logos durch den ganzen Kosmos bebt und webt und lebt. Und dann fühlte man, wie die Zeile eigentlich lautet: «Im Urbeginne war das Wort.»

Da lebte in der Tat in dem, was vorgestellt wurde bei dem Worte: «Im Urbeginne war das Wort», alles, was an schöpferischen Kräften nicht nur im Menschen lebt, sondern in Wind und Welle, in Wolke und Sonnenschein und Sternenglanz. Überall war die Welt und der Kosmos eine Offenbarung des Wortes. Die griechische Gymnastik war eine Offenbarung des Wortes. Und in ihrem schwächeren Teil, in der musikalischen, musischen Erziehung war das wiederum eine Abschattung desjenigen, was man im Worte empfand; im griechischen Ringen wirkte das Wort; im griechischen Tanze wirkte die Abschattung des Wortes im Musikalischen. Da wirkte der Geist in die Menschennatur hinein, wenn man auch eben körperliche, gymnastische Erziehung hatte.

Wir müssen uns klar werden, wie armselig wir im Vorstellen in unserer Zivilisation geworden sind, und müssen uns in der richtigen Weise zur Anschauung bringen, wie jener mächtige Impuls, der durch solch eine Zeile rann, wie: «Im Urbeginne war das Wort», abgeschwächt wurde, als er ins Römertum hinüberkam, und immer mehr und mehr abgeschwächt wurde, und wie wir nur noch eine innere Lässigkeit haben, wenn wir davon sprechen: «Im Urbeginne war das Wort.»

Und eine Umschreibung dieses Satzes: «Im Urbeginne war das Wort», war alle Weisheit, alle Wissenschaft in der alten Zeit. Und es lebte immer weniger das Wort, es lebte immer weniger der Logos in demjenigen, was man vorstellte, wenn man sprach: «Im Urbeginne war das Wort.» Es kam das Mittelalter, und der Logos starb – und man konnte vom Menschen aus nur noch den gestorbenen Logos vertragen. Diejenigen, die geschult werden sollten, die erzogen werden sollten, wurden es nicht nur, indem man ihnen den gestorbenen Logos gab, sondern indem man ihnen auch das gestorbene Wort gab: die lateinische Sprache im Absterben. Das sterbende Lautwort wird Erziehungsmittel bis ins 16. Jahrhundert hinein, wo eine Art innere Revolte dagegen entsteht.

Was bedeutet die ganze Zivilisation bis zum 16. Jahrhundert hin? Das Absterben des menschlichen Gefühles für die Lebendigkeit des Logos, wie er im Johannes-Evangelium enthalten ist. Das Festhalten selbst an der toten Sprache ist eine äußere Manifestation für dieses Absterben des Logos.

Und möchte man kurz den Gang der Zivilisation bezeichnen, insofern dieser Gang fundamental bedeutsam ist gerade für das, was man als Erziehungsimpulse empfinden müßte, so müßte man eigentlich sagen: Dasjenige, was die Menschheit verloren hat, drückt sich am meisten darin aus, daß sie immer weniger und weniger so etwas verstand, wie es noch lebt durch das Johannes-Evangelium.

Der Gang durch das Mittelalter hindurch, bis ins 16. Jahrhundert hinein, bedeutet in seinem Verlieren der inneren Gewalt, von so etwas wie das Johannes-Evangelium, gerade dasjenige, was heute die Menschheit entbehrt und was sie nach Erziehungsreformen schreien läßt. Und das richtige Korrelat wird die pädagogische Frage der Gegenwart erst dann haben, wenn man hinschauen kann auf das Kahle und Öde, das heute das Menschenherz mitbringt, wenn es das Johannes-Evangelium begreifen will, und es vergleicht mit der ungeheuren inneren Hingabe, die der Mensch damals entwickelte, als er glaubte, aus seinem eigenen Menschenwesen heraus in alle Schöpferkräfte der Welt versetzt zu werden, wenn er in sich erklingen ließ dasjenige, was schon bei dem ersten Satze des Johannes-Evangeliums eigentlich gemeint war: «Im

Urbeginne war das Wort.» Und man begreift, wie gerade im 16., 17. Jahrhundert der Ruf entstand, man solle in anderer Weise den Menschen erziehen, weil die frömmsten Leute – gerade diejenigen, die damals am tiefsten empfunden haben die Notwendigkeit einer Erneuerung der Erziehung – zugleich gespürt haben, wie verschwunden ist das, was wie eine elementare, innere Lebenskraft die Menschen auch lebendig den Geist ergreifen läßt. Denn vom Geist will das Johannes-Evangelium sprechen, indem es vom Logos spricht.

Wir sind so weit gekommen, daß wir zwar immer die Sehnsucht entwickeln nach dem Geiste, aber immer nur Worte sprechen, und in den Worten den Geist verloren haben, den die Griechen noch hatten. Ihnen ging noch bei dem Worte der ganze Mensch in seinem Wirken in der Welt auf, wie einstmals überhaupt dem Menschen das Weltenwirken aufgegangen ist, wenn er sich in den weltschöpferischen, in den kosmosschöpferischen Worten dasjenige vorgestellt hat, was der Welt als Göttliches zugrunde liegt, was also auch im Menschen lebendig werden muß, wenn er ein ganzer Mensch werden soll. Und der Erzieher muß ein ganzer Mensch werden, sonst erziehen wir halbe und Viertelsmenschen. Daher muß der Erzieher wiederum zum Verständnis des Wortes kommen.

Wollen wir das eben angedeutete Geheimnis des Wortes, wie das Wort in der Zeit genommen worden ist und gewirkt hat, als noch das Johannes-Evangelium voll genommen werden konnte, wollen wir uns das ganz vor die Seele führen, so müssen wir uns sagen: Es war eben auf die ursprüngliche, alte menschliche Art in dem Worte, auch in dem schwachen Worte, das der Mensch für seine Sprache hinsetzt, Geist anwesend. Der Geist floß in das Wort, war die Kraft des Wortes.

Ich kritisiere kein Zeitalter, möchte nicht sagen, daß irgendein Zeitalter weniger wertvoll sei als das andere, sondern möchte nur charakterisieren, wie die verschiedenen Zeitalter aufeinander folgen und jedes sein besonderes Wertvolles hat. Nur muß man manches Zeitalter mehr durch Negatives, manches mehr durch Positives charakterisieren.

Denken wir uns das allgemeine Verglimmen, Abdunkeln desjenigen, was als Impuls im Worte lebt, wenn gesagt wird der Satz: «Im Urbeginne war das Wort.» Denken wir uns jetzt die zivilisierte Menschheit des 16., 17. Jahrhunderts, die sich vorzubereiten hat für eine Erhöhung der inneren Freiheitskraft. – Sie sehen, man hat dasjenige, was in einem Zeitalter nicht vorhanden war, auch zu loben, von einem gewissen Gesichtspunkt aus ja erst recht zu loben, denken wir uns die Menschheit vor uns hingestellt, die aus vollem Bewußtsein heraus ihre Freiheit zu erringen hat, die dies nicht gekonnt hätte, wenn ihr schon im Worte der Geist eingeflößt, inspiriert worden wäre, wie das in früheren Zeiten der Fall war: dann verstehen wir, wie die Unmöglichkeit, in alter Form zu erziehen, bereits gegeben war, als *Baco von Verulam* im 16., 17. Jahrhundert auftrat mit einer gewichtigen Behauptung, die sich hinstellte, wenn man sie ehrlich empfindet, wie ein Auslöschen dessen, was in dem Worte gegeben ist: «Im Urbeginne war das Wort.» Denn noch immer war vorher ein Schatten von Geist im Worte, im Logos.

Baco fordert die Menschheit auf, im Worte nur noch ein «Idol» zu sehen, nicht mehr den Geist; nicht mehr sich an das Wort zu halten, nicht mehr das Wort mit seiner Kraft zu nehmen, sondern sich vor dem Intellektualismus des Wortes zu hüten. Denn verfällt man an das Wort, woraus früher die Erkenntnis, die Zivilisation, die Kraft geschöpft war – meint Baco von Verulam –, dann klammert man sich mit dem Worte an ein Idol.

In der Lehre von den Idolen, wie man sie bei Baco von Verulam findet, liegt der ganze Umschwung des Zeitalters des 16., 17. Jahrhunderts: weg vom Worte. Wohin will man? Zu der sinnlich gegebenen Sache. Das Ding, das die Sinne anschauen können, das soll zugrunde liegen demjenigen, an das der Mensch sich hält.

So gab es einmal früher ein Zeitalter, in dem der Mensch beim Worte nicht nur das Wort empfangen hat, sondern den Geist, ja, den weltschöpferischen Geist, der in dem Worte, in dem Logos lebte. Jetzt kam die Zeit, in der das Wort zum Idol geworden war, zum Verführerischen, zum Idol, das zum Intellektualismus verführt. Man muß sich an die äußere sinnliche Sache halten, wenn man nicht dem Idol des Wortes verfallen will.

Und so liegt bei Baco von Verulam die Aufforderung, sich an dasjenige zu halten, was nicht mehr von den Göttern in den Menschen hineinkommt, sondern an dasjenige, was draußen in der Welt in den leblosen oder höchstens äußerlich belebten Dingen da ist. Von dem Worte wird der Mensch verwiesen auf die äußere sinnliche Sache.

Nun bleibt in ihm nur noch das Gefühl: er muß doch erziehen, er muß doch an das Menschenwesen selbst herantreten, das ja den Geist in sich hat! Aber das Wort ist ein Idol. Er kann das Menschenwesen nur hinweisen darauf, mit seinen Augen zu sehen, was äußerlich, außer dem Menschen ist. Die Erziehung nimmt nicht mehr das Menschliche zu Hilfe, sondern nur noch das Außermenschliche.

Und jetzt sehen wir, ich möchte sagen, mit einem furchtbaren Eifer, aber auch mit einer furchtbaren Tragik, die Erziehungsfrage aufkommen, wie sie heute noch in unseren Gliedern ist. Wir sehen sie hervorschießen im 16., 17. Jahrhundert, besonders charakteristisch bei *Michel de Montaigne,* wir sehen sie dann zum Ausdruck kommen bei *John Locke,* und wir sehen sie im Kontinent dann im Einklange mit dem, was hier in England geschieht, bei *Comenius.*

In dem Dreigestirn: Montaigne, Locke, Comenius kann man ungefähr sehen, wie die Abkehrung vom Logos und die Zukehrung zu den sinnlichen Dingen der größte Impuls in der Zivilisation der Menschheit wird. Man fürchtete sich vor dem Idol in den Worten.

Der Logos verschwindet. Dasjenige, was man Anschauung nennt – was ganz berechtigt ist, wie wir auch in den nächsten Tagen sehen werden, was aber jetzt nur als sinnliche Anschauung genommen wird –, das wird das Maßgebende. Und so sehen wir, mit welcher Ängstlichkeit Montaigne, John Locke, Comenius die Menschheit abkehren wollen von irgendeinem Übersinnlichen, im Logos Lebenden; wie Montaigne und John Locke immer hinweisen auf das Außermenschliche, wie sie förmlich all das zu meiden suchen, was nicht sinnlich gegeben werden kann; wie sie bestrebt sind, durch die Pädagogik möglichst viel Sinnliches heranzubringen an den jungen Menschen. Wir sehen, wie Comenius Bücher entwirft, um nun nicht durch das Wort, sondern durch die künstlich gemachte sinnliche Anschauung zu wirken. Wir sehen, wie der Übergang sich vollzieht, wie abkommt die Menschheit von dem Gefühl des Zusammenhanges mit dem Geiste durch das Wort. Wir sehen, wie die ganze Zivilisation nicht mehr innerlich so etwas nehmen kann wie «Im Urbeginne war das Wort», sondern wie die Menschheit dasjenige, was Zivilisation ist, an die äußeren sinnlichen Tatsachen anklammert, und wie das Wort, der Logos, nur noch genommen wird, weil er Tradition wird.

Was auf der einen Seite mit ungeheurem Eifer, auf der anderen Seite aber mit einer ungeheuren Tragik heraufkommt, die Sehnsucht, nur zu erziehen mit der sinnlichen Anschauung, weil man im Baco-schen Sinne das Wort als ein Idol empfindet, das tritt besonders symptomatisch hervor bei Montaigne, bei John Locke, bei Comenius. Die zeigen uns aber wieder an der Spitze, was in der ganzen Menschheit lebte, die zeigen uns, wie die Stimmung, die wir heute noch als eine ungeheure Sehnsucht haben: an den Menschen wiederum den Geist heranzubringen, gerade da aufkommt, wo man nicht mehr an den Geist glauben kann, sondern nur noch an das Idol von Worten, wie bei Baco von Verulam. Und aus dem, was in allen Erziehungsvereinigungen bis in die heutige Zeit von Montaigne bis zu Amos Comenius vollberechtigt für die damalige Zeit gelebt hat, muß sich gerade für die Gegenwart dasjenige entwickeln, was wiederum in der Lage ist, den Geist, den gestaltenden Geist, den empfundenen Geist, den willentragenden Geist an den Menschen heranzubringen, in dem menschlichen Leibe wiederum und auch in der Menschentat auf Erden wiederum eine Offenbarung des Geistes anzuerkennen, der im Übersinnlichen sich offenbart.

Mit diesem Übersinnlichen im Sinnlichen, mit dieser Wiederentdeckung des Geistes, der in dem Worte, in dem Logos verlorengegangen ist, als das Wort zum Idol geworden ist, mit dieser Wiederentdeckung des Geistes beginnt die neuere Ära der Erziehung. Wie man erziehen soll, das haben Michel de Montaigne, John Locke, Amos Comenius sehr gut gewußt. Ihre Programme sind ebenso großartig wie die Programme der heutigen Erziehungsvereine, und alles dasjenige, was die Leute für die Erziehung fordern, kann man in abstrakten Sätzen schon bei Montaigne, Locke und Comenius finden. Dasjenige aber, was wir heute finden müssen, sind eben die Mittel, wodurch wir die Realität finden. Denn mit abstrakten Grundsätzen, mit Programmen läßt sich keine Erziehung entwickeln; einzig und allein mit Realität. Und weil der Mensch selber Seele und Geist ist, selber physisch, geistig ist, muß Realität, muß Wirklichkeit wiederum in unser Leben hineinkommen. Denn mit der ganzen Wirklichkeit kommt auch der Geist in unser Leben hinein. Und ein solcher Geist kann allein die Erziehungskunst der Zukunft tragen.

# SECHSTER VORTRAG

Ilkley, 10. August 1923

Aus der bisher gegebenen Darstellung sollte sich nicht etwa bloß eine Theorie über die Notwendigkeit einer neuen Erziehungsgestaltung ergeben, sondern es sollte aus dem Gesprochenen so etwas wie eine Art Erziehungsgesinnung hervorgehen. Ich wollte in den vorangehenden Vorträgen weniger zu dem Verstande sprechen, als vielmehr zu den menschlichen Herzen. Und dies ist gerade für den Erzieher, für den Unterrichtenden das Allerwichtigste, das Wesentlichste. Denn wie wir ja gesehen haben, Erziehungskunst muß aufgebaut sein auf durchdringender Menschenerkenntnis.

Man kann seit langer Zeit, wenn von Erziehungskunst die Rede ist, hören, das oder jenes habe man mit dem Kinde zu tun. Es besteht sehr häufig die pädagogische Anweisung in solchen Geboten, gewissermaßen theoretischen Befehlen, was man mit dem Kinde zu tun habe.

Auf diese Art würde aber niemals die volle Hingabe des Unterrichtenden und Erziehenden an seinen Beruf hervorgebracht, sondern allein dadurch, daß der Unterrichtende und Erziehende die Möglichkeit hat, in die ganze menschliche Wesenheit nach Leib, Seele und Geist wirklich einzudringen.

Wer in dieser Art lebendige Ideen hat über den Menschen, bei dem werden diese lebendigen Ideen dann, wenn er vor seinen Beruf hingestellt ist, unmittelbarer Wille. Er lernt von Stunde zu Stunde praktisch eine gewichtige Frage sich beantworten.

Wer stellt diese Frage? Das Kind selber stellt diese Frage. Und so ist das Wichtigste, in dem Kinde lesen zu lernen. Und eine wirkliche, praktische, nach Körper, Seele und Geist orientierte Menschenerkenntnis leitet dazu an, in dem Kinde wirklich lesen zu lernen.

Daher ist es so schwierig, über die sogenannte Waldorfschul-Pädagogik zu sprechen. Denn Waldorfschul-Pädagogik ist nicht eigentlich etwas, das man lernen kann, über das man diskutieren kann, sondern Waldorfschul-Pädagogik ist eine reine Praxis, und man kann eigentlich nur beispielhaft erzählen, wie in diesem oder jenem Falle, für dieses oder jenes Bedürfnis die Praxis ausgeübt wird. Die Praxis selber ergibt sich durchaus aus der unmittelbaren Erfahrung. Denn das ist immer die Bedingung, daß die entsprechende Menschenerkenntnis vorhanden ist, wenn man von dieser Gesinnung ausgeht. Dann aber ist Pädagogik und Didaktik in gewisser Beziehung schon eine ganz allgemeine soziale Frage; denn die Erziehung des Kindes muß doch eigentlich unmittelbar nach der Geburt beginnen. Das heißt aber nichts anderes, als daß Erziehung eine Angelegenheit der ganzen Menschheit, jeder Familie, jeder Menschengemeinschaft ist. Aber gerade dieses lehrt uns am allerintensivsten die Erkenntnis der kindlichen Wesenheit selber, bevor der Zahnwechsel um das siebente Jahr eingetreten ist. Ein deutscher Schriftsteller, *Jean Paul,* Friedrich Richter, hat ein wunderbares Wort gesprochen, indem er sagte: In den ersten drei Lebensjahren lernt der Mensch für das Leben viel mehr als in allen – damals gab es nur drei –, als in allen drei akademischen Jahren.

In der Tat, vor allen Dingen die drei ersten Lebensjahre, dann aber auch die Lebensjahre bis zum siebenten hin, sind für die Gesamtentwickelung des Menschen die allerwichtigsten, denn da ist das Kind als Mensch etwas ganz anderes als später. Das Kind ist in den ersten Jahren eigentlich ganz Sinnesorgan. Nur stellt man sich den Umfang dieser Idee: das Kind ist in den ersten Jahren ganz Sinnesorgan – gewöhnlich gar nicht intensiv genug vor. Man muß schon zu recht drastischen Aussagen gehen, wenn man diese ganze Wahrheit eigentlich enthüllen will.

Im späteren Leben hat der Mensch einen Geschmack von den aufgenommenen Speisen im Munde, im Gaumen, auf der Zunge. Der Geschmack ist sozusagen im Kopfe lokalisiert. Beim Kinde, insbesondere in den ersten Lebensjahren, ist das nicht der Fall, sondern der Geschmack wirkt durch den ganzen Organismus hindurch. Das Kind schmeckt bis in seine Gliedmaßen hinein die Muttermilch und die erste Nahrung. Was im späteren Lebensalter auf der Zunge vor sich geht, das geht bei dem Kinde im ganzen Organismus vor sich. Das Kind lebt sozusagen, indem es alles, was es aufnimmt, schmeckt. In dieser Beziehung lebt da etwas stark Animalisches. Aber wir dürfen niemals das Animalische, das in dem Kinde ist, vorstellen gleich dem Animalischen, das in dem Tiere ist. Es ist immer das Animalische bei dem Kinde sozusagen auf ein höheres Niveau heraufgehoben. Der Mensch ist nie Tier, niemals, auch nicht als Embryo, da am allerwenigsten. Aber man kann sozusagen die Ideen deutlich machen, wenn man sie so gestaltet, sie mit etwas vergleicht.

Wer jemals mit einem wirklichen Blick für die Naturvorgänge eine Herde gesehen hat, die eben auf einer Wiese, auf dem Felde ihre Nahrung abgegrast hat und dann daliegt, sagen wir eine Herde von Kühen im Grase, jede einzelne Kuh hingegeben in einer wunderbaren Weise der ganzen Welt, das Verdauungsgeschäft besorgend, der bekommt einen Eindruck von dem, was da eigentlich in dem Tiere vor sich geht. Eine ganze Welt, ein ganzer Extrakt des kosmischen Geschehens geht da in dem Tier vor sich, und das Tier erlebt, während es verdaut, die wunderbarsten Visionen. Das Verdauungsgeschäft ist das allerwichtigste Erkenntnisgeschäft beim Tiere. Und während das Tier verdaut, ist es in einer träumerisch-imaginativen Art an die ganze Welt hingegeben.

Das sieht übertrieben aus, allein das Merkwürdige dabei ist, daß es gar nicht übertrieben ist, daß es durchaus der Wahrheit entspricht. Und wenn wir das um eine Stufe heraufheben, dann bekommen wir das Erlebnis des Kindes bei seinen physischen Funktionen. Alle physischen Funktionen begleitet der Geschmack. Ebenso wie der Geschmack alle physischen Funktionen begleitet, so ist etwas, was sonst nur in Auge und Ohr lokalisiert ist, in dem ganzen Organismus des Kindes.

Stellen Sie sich das Wunderbare eines Auges vor, wie das Auge das Farbige geformt von außen aufnimmt, innerlich ein Bild macht, wodurch wir sehen. Das ist lokalisiert, das ist abgesondert von unserem Gesamterleben. Und wir ergreifen dann dasjenige, was das Auge in wunderbarer Weise formt, mit dem Verstande, in einem Schattenbilde des Verstandes, das davon gemacht wird.

Ebenso wunderbar sind die Vorgänge, die im Ohre lokalisiert sind beim erwachsenen Menschen. Aber das, was beim erwachsenen Menschen in den Sinnen lokalisiert ist, ist ausgebreitet über den ganzen Organismus beim Kinde. Daher gibt es beim Kinde keine Trennung zwischen Geist, Seele, Körper, sondern alles dasjenige, was von außen wirkt, wird innerlich nachgebildet. Das Kind bildet nachahmend die ganze Umgebung nach.

Und nun müssen wir, indem wir diesen Gesichtspunkt gewonnen haben, hinschauen darauf, wie drei für das ganze Leben maßgebende Tätigkeiten von dem Kinde in den ersten Lebensjahren erworben werden: Gehen, Sprechen, Denken. Diese drei Fähigkeiten, die werden maßgeblich für das ganze Leben in den ersten Lebensjahren von dem Kinde erworben.

Gehen, ja, das ist, ich möchte sagen, eine Abbreviatur, ein verkürzter Ausdruck für etwas viel Umfassenderes. Weil es am meisten auffällt, daß wir gehen lernen, sagen wir: das Kind lernt gehen. Aber dieses Gehenlernen, das ist ja verbunden mit einem Sich-Hineinversetzen in eine Gleichgewichtslage gegenüber der ganzen Raumeswelt. Wir suchen als Kind die aufrechte Lage, wir suchen als Kind die Beine in ein solches Verhältnis zur Schwerkraft zu bringen, daß wir das Gleichgewicht haben. Wir versuchen dasselbe aber auch mit den Armen und Händen. Der ganze Organismus wird orientiert. Gehenlernen bedeutet, die Raumrichtungen der Welt finden, den eigenen Organismus in die Raumrichtungen der Welt hineinzustellen.

Hier handelt es sich darum, daß wir in richtiger Weise hinschauen darauf, wie das Kind ein nachahmendes Sinneswesen ist. Denn alles muß in den ersten Lebensjahren durch Nachahmung gelernt werden, aufgenommen werden durch Nachahmung aus der Umgebung.

Nun wird doch jedem auffallen, wie der Organismus aus sich selber die orientierenden Kräfte heraustreibt, wie der Organismus des Menschen daraufhin veranlagt ist, sich in die vertikale Lage zu bringen, nicht wie beim Kriechen bei der horizontalen Lage zu bleiben, die Arme in entsprechender Weise im Gleichgewicht gegenüber der Raumeswelt zu gebrauchen. Das alles ist eine Veranlagung des Kindes, geht sozusagen aus den eigenen Impulsen der Organisation hervor.

Wenn wir nun anfangen, als Erziehende in das, was da die eigene Menschennatur will, den geringsten Zwang hineinzubringen, wenn wir nicht verstehen, frei die Menschennatur sich selbst zu überlassen und nur die Hilfeleister zu bilden, dann verderben wir die menschliche Organisation für das ganze Erdenleben.

Wenn wir daher das Kind durch äußere Handhabungen in unrichtiger Weise veranlassen zu gehen, wenn wir ihm nicht bloß helfen, sondern wenn wir durch Zwang das Gehen, das Stehen herbeiführen wollen, dann verderben wir dem Kinde das Leben bis zum Tode hin. Insbesondere verderben wir ihm das höchste Alter. Denn es handelt sich bei einer wirklichen Erziehung immer darum, nicht bloß auf die Gegenwart des Kindes zu schauen, sondern auf das ganze menschliche Leben zu schauen bis zum Tode hin. Wir müssen wissen, daß in dem kindlichen Alter im Keime das ganze menschliche Erdenleben steckt.

Nun ist das Kind, weil es ein außerordentlich fein organisiertes Sinnesorgan ist, empfänglich eben nicht nur für die physischen Einflüsse seiner Umgebung, sondern empfänglich für die moralischen Einflüsse, namentlich für die gedanklichen Einflüsse. So paradox das dem heutigen, materialistisch denkenden Menschen erscheint, das Kind empfindet das, was wir in seiner Umgebung denken. Und es ist nicht nur wichtig, daß wir uns in der Umgebung des Kindes, wenn wir Eltern oder Erzieher sind, nicht bloß nicht gestatten, äußerlich sichtbar ungehörige Dinge zu tun, sondern wir müssen auch in unseren Gedanken und Empfindungen, die das Kind fühlt, aufnimmt, innerlich wahr, innerlich moraldurchdrungen sein. Denn das Kind gestaltet sein Wesen nicht bloß nach unseren Worten oder nach unseren Handlungen, sondern das Kind gestaltet sein Wesen nach unserer Gesinnung, nach unserer Gedankenhaltung, Gefühlshaltung. Und für die erste Zeit der kindlichen Erziehung bis zum siebenten Jahre hin, ist das Allerwichtigste dieses, wie die Umgebung ist.

Nun entsteht die Frage: Was können wir hineinmischen in dasjenige, was wir als Anleitung, als Hilfeleistung geben beim Gehen, beim Sich-Orientierenlernen? Hier handelt es sich darum, daß man mit einer spirituellen Wissenschaft die Lebenszusammenhänge überschaut, mit einer toten, unspirituellen Wissenschaft die Lebenszusammenhänge nicht überschaut.

Nehmen wir ein Kind, das durch allerlei äußere Zwangsmittel, weil man dieses für richtig hielt, zum Gehen, zum Orientieren im Raume angehalten worden ist, und nun betrachten wir dieses Kind dann wieder in seinem fünfzigsten Lebensjahre, zwischen dem fünfzigsten und sechzigsten Lebensjahre, und wir werden unter Umständen, wenn nichts anderes im Leben dagegen gewirkt hat, dieses Kind, wenn es das fünfzigste, das sechzigste Jahr erreicht hat, mit allen möglichen Stoffwechselkrankheiten, die es nicht beherrschen kann, behaftet sehen, mit Rheumatismus, mit Gichterscheinungen und so weiter.

Bis zu diesem Grade geht es, daß alles Seelisch-Geistige, das wir beim Kinde ausüben – denn es ist ja ein Seelisch-Geistiges, wenn wir es durch Zwang in die vertikale Lage, in das Gehen hineinbringen, selbst wenn wir mit gleichgültigem Herzen dabei sind –, bis zu diesem Grade geht es, daß das Geistige beim Kinde in das Physische hineinwirkt. Und die Kräfte bleiben. Die Kräfte, die wir da durch Maßnahmen höchst fragwürdiger Art erzeugen, diese Kräfte bleiben das ganze menschliche Leben hindurch, und später zeigen sie sich, wenn sie nicht richtig waren, in physischen Krankheiten.

Alle Erziehung ist gerade beim Kinde auch eine physische Erziehung. Sie können gar nicht das Kind abgesondert physisch erziehen, denn alle seelisch-geistige Erziehung, alle Erziehung ist beim Kinde zugleich auf die Physis wirkend, ist physische Erziehung. Wenn Sie an einem Kinde sehen: der Organismus orientiert sich dahin, aufrecht zu stehen, zu gehen, wenn Sie mit einer innigen Liebe auf dieses wunderbare Geheimnis des Menschenorganismus hinsehen, der aus der horizontalen Lage in die vertikale übergehen kann, wenn Sie das religiöse Gefühl haben, in scheuer Ehrfurcht den schaffenden Götterkräften gegenüberzustehen, die hier das Kind hinorientieren in den Raum, wenn Sie, mit anderen Worten, als der Hilfeleister beim Gehen, beim Orientierenlernen dastehen als derjenige, der die menschliche Natur in dem Kinde innig liebt, indem er jede Äußerung dieser menschlichen Natur mit Liebe als der Hilfeleister verfolgt: dann erzeugen Sie in dem Kinde gesundende Kräfte, die sich gerade in einem gesunden Stoffwechsel noch zwischen dem fünfzigsten und sechzigsten Jahre zeigen, wo man nötig hat, diesen Stoffwechsel zu beherrschen.

Denn das ist das Geheimnis der Menschenentwickelung: Was auf einer bestimmten Stufe des Lebens geistig-seelisch ist, wird später physisch, offenbart sich physisch; nach Jahren offenbart es sich physisch. So viel über das Gehenlernen. Ein in Liebe zum Gehen angeleitetes

Kind wird zum gesunden Menschen erzogen. Und die Liebe beim Gehenlernen anzuwenden, ist ein gut Stück einfach körperlich-gesundheitlicher Erziehung des Kindes.

Das Sprechen entwickelt sich ja heraus aus dem Orientieren im Raume. Die heutige physiologische Wissenschaft weiß davon nicht viel; aber sie weiß schon doch ein Stück. Sie weiß, daß, während wir mit der rechten Hand unsere Verrichtungen im Leben vollziehen, eine gewisse Windung auf der linken Seite des Gehirns den Motor des Sprechens darstellt. Diese physiologische Wissenschaft stellt schon dar eine Korrespondenz zwischen der Bewegung der rechten Hand und dem sogenannten Brocaschen Organ in der linken Gehirnhälfte. Wie die Hand sich bewegt, wie die Hand Gesten macht, wie die Kraft in die Hand hineinergossen wird, das geht in das Gehirn und bildet den Motor für das Sprechen. Es ist ein kleines Stück von dem, was man über die Sache wissenschaftlich weiß. Denn die Wahrheit ist diese: Das Sprechen geht nicht nur aus der Bewegung der rechten Hand hervor, die mit der linken Stirnwindung korrespondiert, sondern das Sprechen geht aus dem ganzen motorischen Organismus des Menschen hervor. Wie das Kind gehen lernt, sich orientieren lernt im Raume, wie es die ersten zappelnden, unbestimmten Bewegungen der Arme verwandeln lernt in zweckentsprechende Bewegungen, die mit der Außenwelt in Verbindung stehen, das überträgt sich durch die geheimnisvolle innere Organisation des Menschen auf die Kopforganisation. Das kommt im Sprechen zum Vorschein.

Wer diese Dinge richtig beurteilen kann, der weiß, wie jeder Laut, namentlich jeder Gaumenlaut anders tönt bei einem Kinde, das beim Gehen mit den Füßen schlenkert, als bei demjenigen Kinde, das fest auftritt. Die ganze Nuancierung der Sprache ist im Bewegungsorganismus gegeben. Das Leben ist zuerst Geste, und die Geste verwandelt sich innerlich in das Motorische des Sprechens. So daß das Sprechen ein Ergebnis des Gehens, das heißt, des Orientierens im Raume ist. Und davon, daß wir liebevoll das Kind zum Gehen veranlassen, wird viel abhängen, wie es dann die Sprache beherrschen wird.

Das sind die feineren Zusammenhänge, die eine wirkliche Menschenerkenntnis gibt. Ich habe wirklich in den vorangehenden Tagen nicht umsonst ausführlich dieses Herantragen des Geistes an die menschliche Organisation besprochen. So trägt man den Geist heran an den Körper. Denn der Körper folgt bei jedem Schritte dem Geist, wenn der Geist in der richtigen Weise herangebracht wird.

Nun ist es wieder so, daß das Kind das Sprechen zunächst lernt durch seinen ganzen Organismus. Wenn Sie so die Sache überblicken, so haben wir zuerst das äußerliche Bewegen, das Bewegen der Beine, was das starke Konturieren hervorruft; das Artikulieren mit Armen und Händen, was das Biegen der Worte, das Gestalten der Worte hervorruft. Wir sehen, wie innerlich beim Kinde die äußerliche Bewegung in die Bewegung der Sprache umgesetzt wird.

Und wenn wir als Hilfeleister beim Gehenlernen jede Anleitung, die wir geben, in Liebe tauchen sollen, dann ist weiter notwendig, daß wir im Sprechenlehren, in der Hilfeleistung, die wir beim Sprechenlernen leisten, innerlich ganz wahr sind. Die größten Unwahrhaftigkeiten des Lebens werden erzeugt während des Sprechenlernens des Kindes; denn da wird die Wahrhaftigkeit des Sprechens durch den physischen Organismus, durch die physische Organisation aufgenommen.

Ein Kind, dem gegenüber man als Erziehender, Unterrichtender immer wahrhaftig sich als Mensch äußert, ein solches Kind wird, seine Umgebung nachahmend, die Sprache so erlernen, daß sich jene feinere Tätigkeit in ihm festigt, die fortwährend im Organismus vor sich gehen muß, indem wir einatmen und ausatmen.

Diese Dinge sind natürlich alle nicht im Groben, sondern im Feineren vorzustellen. Aber im Feineren bestehen sie und zeigen sich im ganzen Leben. Wir atmen Sauerstoff ein, wir atmen Kohlensäure aus. In unserem Organismus muß durch den Atmungsprozeß Sauerstoff in Kohlensäure verwandelt werden. Die Welt gibt uns den Sauerstoff; sie nimmt die Kohlensäure von uns hin. Ob wir in der richtigen Weise im feineren, intimeren Menschenleben den Sauerstoff in uns selber in Kohlensäure verwandeln, das hängt davon ab, ob wir durch unsere Umgebung beim Sprechenlernen wahrhaftig oder unwahrhaftig behandelt werden. Das Geistige verwandelt sich da ganz in ein Physisches.

Und eine der Unwahrhaftigkeiten besteht darin, daß wir in der

Umgebung des Kindes sehr häufig glauben, dem Kinde etwas Gutes zu tun, wenn wir uns im Sprechen auf die Stufe des Kindes herabsetzen. Das Kind will aber in seinem Unbewußten nicht eine kindlich zugerichtete Sprache haben, sondern es will die Sprache hören, welche die wahrhaftige Sprache des Erwachsenen ist. Wir wollen daher zum Kinde so sprechen, wie wir gewohnt sind im Leben zu sprechen, und wollen nicht eine besonders zugerichtete Kindessprache haben.

Das Kind wird zunächst wegen seines Unvermögens dasjenige lallend nachsagen, was man ihm vorsagt; aber wir sollen nicht selber lallend werden. Denn das ist die größte Unvollkommenheit. Und wenn wir das Lallen des Kindes, die unvollkommene Sprache des Kindes glauben anwenden zu müssen, so verderben wir dem Kinde die Verdauungsorgane. Denn alles Geistige wird physisch, geht hinein gestaltend in die physische Organisation. Und alles, was wir geistig tun beim Kinde, ist – weil das Kind gar nichts selber ist – auch noch eine physische Trainierung. Manche verdorbenen Verdauungsorgane des späteren Lebens rühren vom falschen Sprechenlernen her.

Geradeso wie das Sprechen aus dem Gehen, aus dem Greifen, aus der Bewegung des Menschen entsteht, so entsteht wiederum das Denken aus dem Sprechen. Und haben wir nötig, bei der Hilfeleistung, die wir beim Gehen anzuwenden haben, alles in Liebe zu tauchen; haben wir nötig – weil das Kind innerlich das nachbildet, was in seiner Umgebung sich realisiert –, beim Sprechenlernen der gediegensten Wahrhaftigkeit uns zu befleißigen, so haben wir nötig, damit das Kind, das ganz Sinnesorgan ist und auch das Geistige innerlich physisch nachbildet, damit es aus dem Sprechen das richtige Denken herausholt, in unserem Denken in der Umgebung des Kindes Klarheit walten zu lassen.

Es ist das Schlimmste, was wir dem Kinde antun können, wenn wir in der Umgebung des Kindes irgendeine Anordnung geben, hinterher wieder zurücknehmen, etwas anderes sagen, wodurch die Dinge verwirrt werden. Verwirrung hervorzurufen durch Denken in der Umgebung des Kindes, das ist der eigentliche Urheber desjenigen, was wir in der heutigen Zivilisation die Nervosität des Menschen nennen.

Warum sind so viele Menschen in unserem Zeitalter nervös? Nur aus dem Grunde, weil die Menschen nicht klar, präzise in der Umgebung gedacht haben, während das Kind, nachdem es sprechen gelernt hat, auch denken lernt.

Die nächste Generation, wenn sie gerade ihre großen Fehler zeigt, ist in ihrem physischen Verhalten einfach ein getreues Abbild der vorhergehenden Generation. Und wenn man Kinder, die man hat, im späteren Leben beobachtet, wie sie gewisse Untugenden haben, dann sollte das Beobachten dieser Untugenden eigentlich ein bißchen Veranlassung zur Selbsterkenntnis sein. Denn es ist ein ganz intimer Vorgang, wie alles dasjenige, was in der Umgebung des Kindes geschieht, sich in der physischen Organisation ausdrückt. Für dieses Kindesalter wird Liebe in der Behandlung des Gehenlernens, Wahrhaftigkeit in der Behandlung des Sprechenlernens, Klarheit, Bestimmtheit bei der Umgebung während des Denkenlernens des Kindes zur physischen Organisation. So bauen sich die Gefäße auf, so bauen sich die Organe auf, wie sich Liebe, Wahrhaftigkeit, Klarheit in der Umgebung entwickelt.

Stoffwechselkrankheiten sind die Folge unliebsamen Gehenlernens. Verdauungsstörungen können Folge sein unwahrhaftigen Behandelns, während das Kind zum Sprechen kommt. Nervosität ist die Folge im Leben von verwirrtem Denken in der Umgebung des Kindes.

Wenn man darauf hinsieht, wie heute im dritten Jahrzehnt des 20. Jahrhunderts die Nervosität herrscht, dann muß man daraus den Schluß ziehen, eine wie starke Verwirrung bei den Erziehenden so ungefähr um den Beginn des Jahrhunderts geherrscht haben muß. Denn alles das, was da Verwirrung war im Benehmen durch das Denken, das ist die heutige Nervosität. Und die Nervosität wiederum, die die Leute gehabt haben um die Wende des Jahrhunderts, die ist nichts anderes als das Bild der Verwirrung ungefähr um 1870. Diese Dinge können ja so betrachtet werden, daß nicht Physiologie und Hygiene und psychologische Pädagogik dasteht und bei jeder Gelegenheit der Lehrer nötig hat, wenn es sich um irgend etwas Gesundheitliches handelt, den Arzt zu rufen, sondern diese Dinge können ja so behandelt werden, da physiologische Pädagogik und Schulhygiene, Schulphysiologie, ein Ganzes sind, daß der Lehrer auch dasjenige in seine Mission, in seine

Aufgaben aufnimmt, was das geistige Wirken im physisch-sinnlichen Organismus ist.

Aber da eigentlich alle Menschen Erzieher sind für das Lebensalter zwischen der Geburt und dem siebenten Lebensjahre, stehen wir einfach auch vor der sozialen Aufgabe, daß eine wirkliche Menschenerkenntnis überhaupt notwendig ist, wenn die Menschheit nicht einem Niedergang, sondern einem Aufgang entgegengehen soll.

Unser humanes Zeitalter hat, mit Recht selbstverständlich, ein sehr gebräuchliches Erziehungsmittel der früheren Zeiten abgeschafft: das Prügeln, das Schlagen. Aber unsere Zeit – es soll mir niemand den Vorwurf machen, daß ich etwa für die Prügelstrafe in diesem Vortrage eintrete –, unsere Zeit hat gerade deshalb das große Talent gehabt, die Prügelstrafe im Unterrichtswesen zu entfernen, weil ja dieses Zeitalter auf Äußerlichkeiten gut eingestellt ist, weil dieses Zeitalter die Schädlichkeiten der Schläge für den physischen Organismus und die moralischen Konsequenzen, die aus dieser Schädigung des physischen Organismus beim Prügeln hervorgehen, ganz gut einsehen kann.

Aber in der Kindererziehung ist gerade in diesem Zeitalter, das so sehr orientiert ist auf das Physische, Sinnliche und wenig orientiert ist auf das Geistige und Seelische, eine furchtbare Prügelei eingezogen, eine Prügelei, von der man sich allerdings keine Vorstellung macht, weil man heute eben allzuwenig auf den Geist hin orientiert ist.

Unsere Mütter, bisweilen unsere Väter auch, finden es in einer außerordentlich starken Weise notwendig, zum Beispiel dem kleinen Mädchen eine sehr schöne Puppe zu schenken, damit das kleine Mädchen im Spielalter nun mit der schönen Puppe spielen kann. Diese «schöne Puppe» ist ja trotzdem immer scheußlich, weil sie unkünstlerisch ist; aber sie ist, wie man bisweilen meint, eine schöne Puppe, die «richtige» Haare hat, die auch richtig angemalt ist, die sogar bewegliche Augen hat – wenn man sie niederlegt, schließt sie die Augen, verdreht sie, wenn man sie aufhebt, schaut sie einen an –, bewegliche Puppen sind sogar entstanden; kurz, es sind Spielzeuge in die Spielweisen der Kinder eingezogen, die in einer merkwürdigen, unkünstlerischen, aber vermeintlich das Leben nachahmenden Weise nun an das Kind herangebracht werden sollen. Die Puppe ist bloß ein charakteristisches Beispiel; wir formen ja alle unsere Spielzeuge nach und nach aus unserer Zivilisation heraus in einer solchen Weise. Diese Spielzeuge sind die furchtbarste innere Prügelei der Kinder. Und wie sich Kinder innerhalb der Familie, der Gemeinschaft ja auch wacker artig zeigen, wenn man sie verprügelt, wie das also durch Konventionelles hervorgerufen werden kann, so drücken auch die Kinder dasjenige aus Artigkeit nicht aus, was eigentlich tief im Grunde ihrer Seele wurzelt: die Antipathie gegen diese schöne Puppe. Wir bringen mit aller Gewalt dem Kinde bei, daß ihm das sympathisch sein soll, aber die unbewußten, unterbewußten Kräfte im Kinde spielen stark, und denen ist eigentlich all das, was in dem Stil der «schönen Puppe» ist, tief unsympathisch; denn es ist, wie ich gleich zeigen werde, eine innerliche Prügelei des Kindes.

Geht man aber so vor, daß dasjenige in Betracht gezogen wird, was das Kind in seinem einfachen Denken bis zum vierten, fünften Jahre, ja noch bis zum sechsten, siebenten Jahre hin, schon innerlich erfahren hat beim Aufrichten, beim Vertikalrichten, beim Spüren des Gehens, dann bekommt man eine Puppe, die man aus einem Taschentuch formt, oben den Kopf, ein Paar Tintenkleckse für die Augen allenfalls, und dann hat man in dieser Puppe all dasjenige, was das Kind verstehen kann, was das Kind auch lieben kann. Da sind in einer primitiven Weise die Eigenschaften der menschlichen Gestalt vorhanden, soweit sie das Kind einzig und allein in seinem Kindesalter überschauen kann.

Das Kind weiß nicht mehr vom Menschen, als daß der Mensch aufrecht ist, daß er ein Unten und ein Oben hat, daß da oben ein Kopf ist, und daß ein Paar Augen da sind; den Mund – das werden Sie bei kindlichen Zeichnungen finden –, den zeichnen sie manchmal auf die Stirne hinauf. Die Lage des Mundes ist noch nicht einmal klar. Dasjenige, was das Kind wirklich erlebt, ist aus der Puppe, die aus dem Taschentuch geformt und mit ein paar Tintenklecksen versehen ist, zu ersehen. Im Kinde arbeitet eine innerliche plastische Kraft. All dasjenige, was aus der Umgebung des Kindes an das Kind herankommt, geht über in ein inneres Bilden, auch in das Organbilden.

Wenn das Kind, sagen wir, einen Vater neben sich hat, der sich alle Augenblicke in Jähzorn äußert, wo also alle Augenblicke im unmittelbar äußerlichen Erlebnisse etwas vorkommt, was Schock bewirkt, ein Unmotiviertes ist, dann erlebt das Kind dies mit; das Kind erlebt dies so mit, daß es sich ausdrückt in seinem Atem und seiner Blutzirkulation. Indem es sich aber ausdrückt in der Atmung und Blutzirkulation, gestaltet es Lunge, gestaltet es Herz, gestaltet es das ganze Gefäßsystem; und das Kind trägt dasjenige plastisch gestaltet innerlich sein ganzes Leben hindurch mit, was es durch den Anblick der Taten eines jähzornigen Vaters in sich plastisch ausgebildet hat.

Damit will ich nur andeuten, wie das Kind eine innerlich wunderbar wirkende plastische Kraft hat, wie das Kind fortwährend innerlich als Bildhauer an sich arbeitet. Und wenn Sie dem Kinde die Puppe aus dem Taschentuch geben, dann gehen die Kräfte, die aus dem menschlichen Organismus plastisch bildend in das Gehirn heraufgehen, die namentlich aus dem rhythmischen System, aus Atmung und Blutzirkulation das Gehirn ausbilden, sanft in das Gehirn. Sie bilden das kindliche Gehirn so, wie ein Bildhauer arbeitet, der mit biegsamer, leicht beweglicher, durchgeistigter, beseelter Hand den bildhauerischen Stoff bearbeitet: da geht alles in Bildsamkeit und in organischer Entwickelung vor sich. Das Kind schaut sich dieses zur Puppe geformte Taschentuch an, und das wird im Menschen Bildekraft, richtige Bildekraft, die aus dem rhythmischen System heraus sich gestaltet in das Gehirnsystem.

Wenn Sie dem Kinde eine sogenannte schöne Puppe geben – die Puppe, die sich sogar bewegen kann, die Augen bewegen kann, die angestrichen ist, schöne Haare hat –, wenn Sie dem Kind dieses künstlerisch angeschaut, furchtbar scheußliche Gespenst übergeben, dann wirken die Kräfte aus dem rhythmischen System herauf, diese plastischen Kräfte, die vom Atmungs- und Blutsystem das Gehirnsystem gestalten, fortwährend wie Peitschenhiebe: das alles, was das Kind noch nicht verstehen kann, das peitscht herauf in das Gehirn. Das Gehirn wird gründlich durchgepeitscht, durchgeprügelt in einer furchtbaren Art. Das ist das Geheimnis der schönen Puppe. Das ist aber auch das Geheimnis des kindlichen Spiellebens in vieler Beziehung.

Man muß sich klar sein darüber, wenn man nun liebevoll das Kind zum Spiel anleiten will, wieviel von innerlich bauenden Kräften beim Kind zum Vorschein kommt. In dieser Beziehung sieht ja unsere ganze Zivilisation falsch. Unsere Zivilisation hat zum Beispiel den sogenannten Animismus erfunden. Das Kind, das sich an dem Tisch stößt, schlägt die Tischecke. Da sagt unsere Zeit: das Kind belebt den Tisch, stellt den Tisch vor, wie wenn er leben würde, wie ein Lebewesen, träumt das Leben in den Tisch hinein, schlägt den Tisch.

Das ist ja gar nicht wahr. Das Kind träumt gar nichts in den Tisch hinein, sondern aus den Lebewesen, aus den Wesen, die wirklich leben, träumt es das Leben heraus. Nicht daß es in den Tisch das Leben hineinträumt, sondern aus den wirklichen Lebewesen träumt es das Leben heraus. Und wenn es sich verletzt hat, so schlägt es aus einer Art Reflexbewegung; und da alles noch unbelebt ist für das Kind – es träumt nicht das Leben in den Tisch hinein –, verhält es sich gegen das Belebte und Unbelebte gleich.

Aus solchen ganz verkehrten Ideen sieht man, wie unsere Zivilisation gar nicht in der Lage ist, an das Kind heranzukommen. Und so handelt es sich darum, daß wir uns wirklich liebevoll dem Kinde gegenüber verhalten können, daß wir dasjenige, was es selber will, nur liebevoll anleiten. Und so sollen wir es nicht innerlich verprügeln durch schöne Puppen, so sollen wir mit ihm leben können und die Puppe gestalten, die es innerlich selber erlebt.

Und so mit Bezug auf das ganze Spielwesen. Das Spielwesen fordert in der Tat ein wirkliches Durchschauen des kindlichen Wesens. – Wenn wir so lallen wie das kleine Kind, wenn wir die Sprache herunterbilden bis zum Kinde, wenn wir nicht wahrhaftig so sprechen, wie das Kind es hören muß als wahrhaft aus unserem Wesen herauskommend, so kommen wir mit Unwahrhaftigkeit dem Kinde entgegen. Während wir aber da uns nicht in Unwahrhaftigkeit hineinversetzen sollen, müssen wir uns in das, was willensartig ist, was ins Spielwesen hineingeht, gerade auf die kindliche Stufe versetzen können. Dann wird es uns klar sein, daß das Kind ganz und gar nicht in seinem organischen Wesen dasjenige hat, was heute in unserer Zivilisation ganz besonders beliebt ist: die Intellektualität. Wir dürfen daher auch in das kindliche Spiel nichts hineinbringen, was irgendwie intellektuell beherrscht ist.

Nun wird das Kind auf naturgemäße Weise ja auch im Spiel Nachahmer in bezug auf dasjenige, was in der Umgebung sich abspielt; aber man wird wenig erlebt haben, daß jemals ein Kind ein, sagen wir, Philologe hat werden wollen. Selten wird man erleben bei einem vierjährigen Kind, daß es ein Philologe werden will; aber ein Chauffeur zum Beispiel will es unter Umständen werden. Warum? Weil man alles dasjenige sieht, was am Chauffeur sich offenbart. Das sieht man, das macht einen unmittelbaren Bildeindruck. Was der Philologe tut, das macht keinen Bildeindruck. Das ist unbildlich, das geht überhaupt vor dem Leben des Kindes vorüber. Wir sollen aber ins Spiel nur dasjenige hineinbringen, was an dem Kinde nicht vorübergeht. Alles Intellektuelle geht aber noch am Leben des Kindes vorüber. Was haben wir daher nötig, damit wir in der richtigen Weise das kindliche Spiel anzuleiten vermögen als Erwachsene? Wir pflügen, wir bereiten Hüte, wir nähen Kleider und so weiter. Darinnen liegt überall die Hinorientierung auf das Zweckmäßige, und in dieser Hinorientierung auf das Zweckmäßige liegt das Intellektualistische. Wovon man den Zweck einsieht im Leben, das hat man intellektualistisch durchdrungen.

Nun hat aber alles dasjenige, was im Leben drinnensteht, ob es Pflügen ist, ob es irgend etwas anderes ist, Wagenbauen, Pferde beschlagen lassen, außer dem, daß es nach einem Zweck orientiert ist, etwas, was in seiner äußeren Gestaltung lebt, in der bloßen äußeren Gestaltung. Man kann, wenn man einen Landmann ansieht, der den Pflug über die Furchen führt – ganz abgesehen von dem, was der Zweck dieser Tätigkeit ist –, fühlen und empfinden, wenn ich mich so ausdrücken darf, das Gestaltende desjenigen, was im Bilde lebt, was zum Bilde wird. Wenn man nur als Mensch sich durchringt – und es ist der ästhetische Sinn, der es dazu bringt –, überall das vom Zweck noch absehende Gestaltende aufzufassen, dann bekommt man dasjenige, was in den Spieldingen wirklich an das Kind herankommen kann. Man wird gerade dadurch, daß man nicht auf jenes Schöne geht – was ja auch durch und durch ein Intellektualistisches ist –, das man bei den heutigen «schönen Puppen» anstrebt, sondern auf dasjenige geht, was sich in der Haltung, in der ganzen Empfindung des Menschen ausspricht, hingeleitet zu der primitiven, zu der wirklich entzückenden Puppe, die dann mehr so ausschaut (eine von Waldorfschülern geschnitzte Puppe wird gezeigt), nicht wie die sogenannte «schöne» Puppe. Aber das ist schon für ältere Kinder!

Es handelt sich also darum, daß wir, um Erzieher zu werden, dieses Ästhetische der Arbeit in der Arbeit schauen können, damit wir das Ästhetische der Arbeit heranbringen an die Ausarbeitung des Spielzeuges. Wenn wir das Ästhetische der Arbeit an die Ausarbeitung des Spielzeuges heranbringen, dann nähern wir uns dem, was das Kind aus sich selber heraus will. Wir sind in unserer Zivilisation fast ausschließlich Nützlichkeitsmenschen, das heißt, intellektualistische Menschen geworden, bringen daher auch schon an das Kind alles mögliche Ausgedachte heran. Aber es handelt sich darum, daß wir an das Kind nicht dasjenige vom späteren Leben heranbringen, was gedacht ist, sondern was am späteren Leben gefühlt, empfunden werden kann. Das muß im Spielzeug drinnen sein. Wir mögen dem Knaben einen Pflug geben, aber es handelt sich darum, daß wir ihm das Gestaltende, das Ästhetische des Pflügens in das Spielzeug hineinlegen. Das ist dasjenige, was die Vollkraft des Menschen zur Entwickelung bringen kann.

Darin haben die ja sonst in vieler Beziehung außerordentlich anerkennenswerten Kindergärten große Fehler gemacht. Der Kindergarten, der von *Fröbel* und anderen mit einer wirklich innigen Kindesliebe eingerichtet worden ist, muß sich klar sein darüber, daß das Kind ein nachahmendes Wesen ist, aber nachahmen nur dasjenige kann, was noch nicht intellektualistisch ist. So dürfen wir nicht allerlei Kinderarbeiten in den Kindergarten hineinbringen, die ausgedacht sind. Alles Stäbchenlegen, alles Flechten und dergleichen, was im Kindergarten vielfach eine so große Rolle spielt, ist ausgedacht. Wir dürfen in dem Kindergarten nur dasjenige im Bilde haben, was die großen Leute auch machen, nicht was im besonderen ausgedacht ist. Den Menschenkenner beschleicht oftmals ein tragisches Gefühl, wenn er in diese gutgemeinten Kindergärten hineinkommt, wo so schön ausgedachte Arbeiten darin sind. Denn auf der einen Seite gehen diese Kindergärten aus einem so unendlich guten Willen hervor, aus so viel Kinderliebe, und auf der anderen Seite wird nicht beachtet, daß alles inhaltlich Intellektualistische, alles dasjenige, was ausgedacht ist an Kinderarbeiten, vom Kindergarten ausgeschlossen sein muß, daß es nur die äußere Nachahmung des äußeren Bildes der Erwachsenentätigkeit sein darf, die im Kindergarten entfaltet werden kann.

Ein Kind, das vor dem vierten, fünften Jahre innerlich intellektualistisch trainiert wird, das nimmt etwas Furchtbares ins Leben mit, das wird geradezu zum Materialisten erzogen. Je intellektualistisch-geistiger Sie ein Kind bis zum vierten, fünften Jahre erziehen, einen desto größeren Materialisten erzeugen Sie von ihm im Leben. Denn es wird das Gehirn auf der einen Seite so bearbeitet, daß der Geist schon in den Formen des Gehirns lebt und innerlich der Mensch die Intuition bekommt: alles ist nur materiell, weil sein Gehirn so früh vom Intellektualistisch-Geistigen ergriffen worden ist.

Wollen Sie den Menschen zum Verstehen des Spirituellen erziehen, dann müssen Sie das sogenannte äußere Geistige in seiner intellektualistischen Form so spät als möglich an ihn heranbringen, dann müssen Sie, obzwar es eine große Notwendigkeit ist, daß gerade in der heutigen Zivilisation der Mensch im späteren Leben zum vollen Erwachen kommt, das Kind in jenem sanften, bildträumerischen Erleben, in dem es hereinwächst in das Leben, möglichst lange lassen, möglichst lange bei der Imagination, bei der Bildhaftigkeit, bei der Unintellektualität lassen. Denn wenn Sie erstarken lassen seinen Organismus an dem Unintellektualistischen, dann wird es auf richtige Weise später in das der heutigen Zivilisation notwendige Intellektualistische hineinwachsen.

Peitschen Sie sein Gehirn in der Weise, wie angedeutet, dann verderben Sie die Seele des Menschen für das ganze Leben. So wie Sie durch Lallen die Verdauung verderben, wie Sie durch ein falsches liebloses Gehenlernen den Stoffwechsel für das spätere Leben verderben, so verderben Sie die Seele, wenn Sie in dieser Weise von innen das Kind peitschen. Und so muß es ein Ideal unserer Erziehung werden, vor allen Dingen die seelischen, aber doch dadurch, daß das Kind ganz physisch-seelisch-geistiges Wesen ist, auch physisch-inneren Prügelstrafen – das heißt die «schöne Puppe» – abzuschaffen, um vor allen Dingen das Spiel auf das richtige Niveau zu bringen.

Heute möchte ich diese Betrachtungen damit abschließen, daß ich hingewiesen habe, wie man gerade das falsche Geistige vermeiden muß, damit das richtige Geistige, der ganze Mensch überhaupt, im späteren Lebensalter zum Vorschein kommt.

## SIEBENTER VORTRAG

Ilkley, 11. August 1923

Beim Übergange aus dem eigentlich kindlichen Alter, durch den Zahnwechsel hindurch um das siebente Jahr herum, in das schulmäßige Alter, ist insbesondere zu berücksichtigen, daß bis zum siebenten Lebensjahre der Mensch innerlich eigentlich Plastiker ist. Vom Haupte des Menschen gehen die Bildekräfte aus und organisieren den ganzen Menschen. Was der Mensch in seiner Umgebung beobachtet, auch der moralische Charakter des Beobachteten, teilt sich dem Aufbau des Gefäßsystems, der Blutzirkulation, der Atmung und so weiter mit, so daß der Mensch als physische Organisation durch sein ganzes Erdenleben in sich trägt, was er bis zum Zahnwechsel nachahmend geworden ist. Nicht als ob er ganz unbedingt abhängig wäre von dieser Organisation. Er kann gewiß später durch moralische Kraft, durch seelische Intensität von innen heraus manches im Körper zurechtrücken. Aber man muß doch bedenken, welches wunderbare Erbgut wir dem Menschen mit auf den Lebensweg geben, wenn wir seinen Organismus zu einem geeigneten Träger des Geistig-Moralischen dadurch machen, daß wir den inneren Plastiker im Menschen bis zum siebenten Lebensjahre in der Art unterstützen, daß wir nur Moralisches und solches, das zum Leben tüchtig macht, in seine Nähe bringen, damit er es nachahmen könne. Von den genaueren Details habe ich gestern gesprochen, und es wird noch manches im Laufe der Zeit zur Darstellung kommen.

Wenn nun das Kind das siebente Jahr überschritten hat und in das eigentlich schulmäßige Alter kommt, dann werden diese plastischen Kräfte seelisch, und der Lehrende, der Unterrichtende, hat auf diese plastischen Kräfte hinzuschauen. Das Kind will in anschaulichen Bildern beschäftigt sein: das muß der allererste Erziehungsgrundsatz für den Anfang des schulmäßigen Alters sein.

Dasjenige, was nach dem Kopfsystem beim Kinde von dem Zahnwechsel bis zur Geschlechtsreife ganz besonders sich entwickelt, das ist das rhythmische System, in der Hauptsache Atmungssystem, Blutzirkulationssystem mit allem, was zum regelmäßigen Rhythmus der Ernährung gehört. Und während man das Plastisch-Anschauliche seelisch beim Kinde vor sich hat, hat man das rhythmische System als Lehrender und Unterrichtender in der Schule unmittelbar noch organisch-körperlich vor sich. Das heißt, man muß in dem, was man mit dem Kinde unternimmt, was das Kind tun soll, das Bildhafte vorherrschen lassen. Und in alledem, was zwischen dem Lehrer und dem Kinde sich abspielt, muß Musikalisches herrschen, muß Rhythmus, Takt, sogar Melodik pädagogisches Prinzip werden. Das erfordert, daß der Lehrer in sich selber eine Art Musikalisches hat, in seinem ganzen Leben ein Musikalisches hat.

Das rhythmische System also ist es, das im Kinde im schulpflichtigen Alter organisch vorhanden ist, organisch prädominiert, und es handelt sich darum, daß der ganze Unterricht in rhythmischer Weise orientiert wird, daß der Lehrer selber in sich ein, man möchte sagen, musikalisch angelegter Mensch ist, so daß wirklich im Schulzimmer Rhythmus, Takt herrscht. Das ist etwas, was allerdings in einer gewissen Weise instinktiv in dem Unterrichtenden, in dem Lehrenden leben muß.

Wenn wir auf all dies hinschauen, dann müssen wir uns klar darüber sein, wie der Unterricht gerade im Beginne des schulmäßigen Alters nur ein solcher sein kann, der ganz und gar ausgeht von einem künstlerischen Elemente. Und wenn heute das Unterrichten viel zu wünschen übrig läßt, so ist es darum, weil die heutige Zivilisation als solche bei den Erwachsenen im Grunde genommen viel zu wenig künstlerischen Sinn entwickelt. Eine gesunde Pädagogik kann nicht aus den einzelnen Künsten, wohl aber aus der künstlerischen Gesamtverfassung der Zivilisation hervorgehen. Das ist außerordentlich wichtig.

Nun handelt es sich darum, daß, wenn wir den Unterricht künstlerisch einrichten, wir ja vor allen Dingen appellieren an das rhythmische System des Menschen. Es ist schon so: das Kind atmet gesund, wenn wir den Unterricht künstlerisch einrichten. Das Kind vollzieht seine Blutzirkulation gesund, wenn wir den Unterricht künstlerisch einrichten. Aber wir müssen uns auch klar darüber sein, daß wir ja das Kind auf der einen Seite hereinführen müssen in das Leben, daß wir es also tüchtig machen müssen in bezug auf die Urteilsfähigkeit, daß das Kind ein gesundes Urteil im ganzen späteren Leben haben muß. Wir müssen also im Laufe des schulmäßigen Alters das Kind zum Gebrauche seines Intellekts hinleiten. Wir dürfen ihm den Intellekt nicht zwangsweise beibringen, aber wir müssen es hinleiten. Wir müssen auf der anderen Seite körperlich gesunde Menschen erziehen, das heißt, wir müssen die Körperpflege, die Körperübungen so einrichten, daß der Mensch gesund für das ganze Leben werden kann, soweit es wenigstens in seinem Schicksal ihm vorgezeichnet ist. All das können wir nur, wenn wir nun wiederum etwas tiefer hineinblicken in die gesamte menschliche Wesenheit.

Zum menschlichen Leben gehört ein Drittel der Zeit, die eigentlich von unserer nur auf das Äußerlich-Materielle sehenden Zivilisation gar nicht berücksichtigt wird: das ist das Schlafesleben. Es gibt im menschlichen Erdendasein einen regelmäßigen Rhythmus zwischen Schlafen und Wachen. Dieser regelmäßige Rhythmus spielt die denkbar größte Rolle im menschlichen Erdendasein, und man darf nicht glauben, daß der Mensch, wenn er schläft, untätig ist. Er ist für die äußere materielle Zivilisation untätig; für sein eigenes Wesen, für seine Gesundheit, namentlich aber für die Gesundheit der Seele, für die Gesundheit des Geistes ist in der Tat der Schlaf ein Allerwichtigstes. Und fortwährend wird dasjenige, was der Mensch während des Wachens ausführt – besonders ist dies beim Kinde der Fall –, in das Schlafesleben hineingetragen. Und wir können, indem wir richtig erziehen, für ein gesundes Schlafesleben sorgen.

Wir müssen nur das Folgende verstehen: das rhythmische System, das allem Künstlerischen zugrunde liegt, das ermüdet nicht. Die Herztätigkeit, die Atmungstätigkeit gehen unermüdlich von der Geburt bis zum Tode fort. Ermüden kann der Mensch nur durch sein intellektuelles System und durch sein Willenssystem. Denken macht müde, Körperlich-sich-Bewegen macht müde. Da aber natürlich Denken und Körperlich-sich-Bewegen im Leben bei allem dabei sind, so macht im Leben alles müde. Aber beim Kinde ist darauf zu sehen, daß die Ermüdung im geringsten Maße auftritt.

Sie tritt im geringsten Maße auf, wenn wir zunächst in diesem wichtigen schulmäßigen Alter den Unterricht auf das Künstlerische hinorientieren; denn da appellieren wir an das rhythmische System, da ermüden wir das Kind am allerwenigsten.

Was geschieht, wenn wir an das intellektuelle System appellieren? Wenn wir an das intellektuelle System appellieren, wenn wir einfach das Kind durch einen inneren Entschluß zum Denken veranlassen, zum Denken als solchem, dann kommen diejenigen Kräfte des Organismus in Betracht, die den Menschen innerlich verfestigen, diejenigen Kräfte, die im Inneren des Organismus namentlich die salzablagernden Kräfte sind, die kalkablagernden Kräfte, die knochenbildenden Kräfte, die sehnenbildenden Kräfte, die knorpelbildenden Kräfte, alles dasjenige, was den Menschen fest macht. Das ist dasjenige, was durch das Denken, durch das zwangsmäßige Denken im Organismus entwickelt wird. Und der Mensch ist innerlich an seiner Verfestigung tätig, wenn er wacht. So daß wir dem Wachleben eine zu starke innere Verfestigung zumuten, wenn wir das Wachleben zu stark intellektualistisch anstreben. Wenn wir das Kind zu viel denken lassen, dann versetzen wir in den Organismus die Anlage zu einer frühen Sklerose, zu einer frühen Arterienverkalkung. Das festigende Element, das ist dasjenige, was durch das zwangsmäßige Denken vollführt wird, besonders in Anspruch genommen wird. Hier handelt es sich darum, daß man durch echte Menschenbeobachtung auch einen Takt, einen Instinkt dafür bekommt, wieviel man dem Kinde zumuten darf.

Nun gibt es aber einen sehr wichtigen prinzipiellen Regulator in dieser Beziehung. Lasse ich das Kind denken, lehre ich das Kind zum Beispiel schreiben rein denkerisch, indem ich mir sage: die Buchstaben sind da, das Kind muß diese Buchstaben lernen, dann beschäftige ich dieses Kind intellektualistisch, dann züchte ich in ihm die Sklerose, wenigstens die Neigung dazu; denn es gibt keine innere Beziehung des Menschen zu diesen jetzt entwickelten Buchstaben. Die sind kleine Dämonen für die menschliche Natur. Man muß erst die Brücke, den Übergang dazu finden.

Diese Brücke, diesen Übergang findet man, wenn man das Kind zunächst sich künstlerisch betätigend, mit künstlerischem Sinn malen, zeichnen läßt, was aus seiner innersten Natur an Linien, an Farben förmlich von selbst von dem Kinde aufs Papier geht. Dann entsteht immer, wenn man das Kind künstlerisch sich betätigen läßt, innerlich das Gefühl – und auf dieses Gefühl kommt es an –, daß man durch die künstlerische Betätigung zu reich ist als Mensch. Durch den Verstand verarmt man seelisch, durch den Verstand wird man innerlich öde; durch das künstlerische Handhaben wird man innerlich reich, und man bekommt das Bedürfnis, nun diesen Reichtum etwas abzuschwächen. Und dann lenkt sich das Bildhaft-Künstlerische, das man erlebt, von selbst zu den ärmeren Begriffen und Ideenentwickelungen. Dann entsteht das innere Bedürfnis, das Künstlerische zu verarmen, es zu intellektualisieren. Und wenn man dann, nachdem man künstlerisch das Kind ergriffen hat, aus dem Künstlerischen das Intellektualistische hervorgehen läßt, dann hat dieses Künstlerische das richtige Maß, um in den Körper so einzugreifen, daß er nicht zu stark, sondern richtig verfestigt wird.

Sie halten sogar das Kind im Wachstum auf, wenn Sie es zu stark intellektualisieren. Dagegen geben Sie das Wachstum des Kindes frei, wenn Sie aus dem Künstlerischen heraus alles in das Intellektualistische erst hinüberleiten.

Das ist der Grund, warum in der Waldorfschule zunächst gerade im Anfang des schulmäßigen Alters auf das Künstlerische und nicht auf das Intellektualistische dieser hohe Wert gelegt wird, warum zunächst das Bildhafte, das Unintellektualistische den Unterricht beherrscht, und warum im Verkehr des Lehrers mit dem Kinde überall Musikalisches, eben Rhythmisch-Taktmäßiges hineingetragen wird, damit gerade dasjenige Maß von Intellektualität erzeugt wird, zu dem das Kind dann selber das Bedürfnis hat, und damit die geistige Erziehung zugleich die beste Körpererziehung wird.

Unser Zeitalter zeigt uns ja überall an den erwachsenen Menschen, wie sie zu stark innerlich verfestigt sind, wie sie gewissermaßen wie eine hölzerne Maschine ihren Körper mit sich herumschleppen im Leben. Natürlich gehört das aber nicht der groben Beobachtung, sondern der feineren Beobachtung an. Aber das ist das Eigentümliche unserer Zivilisation, daß die Menschen ihren Körper wie eine Last herumtragen, während eine richtige Erziehung, die aus dem Künstlerischen heraus arbeitet, den Menschen so erzieht, daß ihm jeder Schritt Freude macht, daß ihm jede Handbewegung, die er später im Leben im Dienste der Menschheit auszuführen hat, zu einem innerlichen Wohlgefallen, zur innerlichen Freude wird. Wir lösen die Seele ab vom Körper, indem wir den Menschen intellektualistisch erziehen.

Wenden wir zu stark den Intellektualismus an, so geht der Mensch später durch das Leben und sagt: Ach, das Körperliche, das ist eben bloß irdisch, das hat keinen Wert, das muß überwunden werden; man muß sich hingeben als Mystiker dem bloßen seelisch-geistigen Leben, der Geist allein hat seinen Wert.

Erzieht man in der richtigen Weise, dann kommt man auch in der richtigen Weise an den Geist, nämlich an den körperschöpferischen Geist. Gott hat auch nicht die Welt erschaffen dadurch, daß er gesagt hat: die Materie ist schlecht, man muß sich von ihr zurückziehen. Es wäre keine Welt entstanden, wenn die Götter so gedacht hätten. Einzig und allein dadurch, daß sie gedacht haben: Geist muß tätig, Geist muß bildhaft, offenbar werden in der Materie, dadurch ist von Götterseite her die Welt zustande gekommen. Und wenn der Mensch beachtet, daß es das beste menschliche Leben auf allen Gebieten für ihn ist, wenn er sich nach den Göttern richtet, dann muß er eine Erziehung wählen, welche nicht den Menschen zu einem weltfremden Wesen macht, sondern zu einem solchen seelisch-geistigen Wesen, durch welches Seele und Geist auch durch das ganze Leben sich in das Körperliche hineintragen können. Der ist auch kein guter Denker, der immerfort seinen Körper abwerfen muß, wenn er sich dem Denken hingeben will.

So bezieht sich dasjenige, was wir in gesunder Art durch die künstlerische Grundlage und das Herausarbeiten des Intellektuellen aus der künstlerischen Grundlage tun können, auf das Wachleben des Menschen. Alles dasjenige, was wir in bezug auf die eigentliche Körperpflege beim Kinde tun können, hat eine gewisse Beziehung zum Schlafesleben. Und immer muß die Frage gestellt werden, wenn man wissen will, wie die gesunde Körperpflege und Körperübung sein soll: wie wirkt das körperliche Üben, die körperliche Tätigkeit auf das Schlafesleben?

Die körperliche Tätigkeit des Menschen geht seelisch-geistig aus dem Willen hervor, ist ein Ausströmen des Willensimpulses in den Bewegungsorganismus des Menschen. Auch wenn der Mensch nur geistig tätig ist, ist das doch eine Willenstätigkeit, die übergeht in die Bewegungsglieder. Wenn wir irgendwo in einem Büro sitzen und ausdenken die Willensentschlüsse, die dann andere ausführen, so ist es doch das Einströmen unserer Willensimpulse in unsere Glieder, das wir nur zurückhalten. Wir halten uns still; aber dasjenige, was wir auch still, ruhig befehlen, ist ein Hereinströmen des Willens in unsere Glieder.

So muß erkannt werden, was das Wichtigste ist beim Entfalten des Willens durch die körperliche Tätigkeit, damit diese Willensentfaltung in der richtigen Weise auf das Schlafesleben wirkt.

Dabei kommt folgendes in Betracht: Alles dasjenige, was durch den Willen vom Menschen in Tätigkeit übersetzt wird, bildet eine Art von Verbrennungsprozeß im Organismus. Wenn ich denke, befestige ich den Organismus, lagere ich feste Produkte in ihm ab. Wenn ich will, verbrenne ich etwas in meinem Organismus. Nur muß man sich die Verbrennung, die da im Inneren vor sich geht, nicht so vorstellen, wie man sich die Verbrennung äußerlich oder auch in der Chemie oder in der Physik vorstellt. Wenn eine Kerze verbrennt, so ist das ein äußerlicher Verbrennungsprozeß. Allein dasjenige, was man im Inneren des Menschen Verbrennen nennt, das sehen nur die materialistisch Denkenden in gleicher Art an wie einen Kerzenverbrennungsprozeß. Geradeso wie der äußere Naturprozeß im ganzen Menschen vom Geiste ergriffen ist, seelisch durchsetzt ist, wie also die Stoffe, die äußerlich in der Natur wirken, in ganz anderer Weise tätig sind im Menschen – schon in der Pflanze sind sie das –, so ist auch der Verbrennungsprozeß im Menschen selbstverständlich etwas ganz anderes als der äußerlich beobachtete Kerzenverbrennungsprozeß. Aber es ist eine Art Verbrennungsprozeß, der immer sich einstellt im Organismus, wenn wir wollen, wenn das Wollen auch in der Ruhe des Menschen zum Vorschein kommt. Dadurch aber, daß wir diesen Verbrennungsprozeß erzeugen, bewirken wir in unserem Organismus etwas, was nur der Schlaf wiederum gutmachen kann. Wir würden gewissermaßen als Organismus ganz verbrennen, wenn nicht der Schlaf jederzeit wiederum den Verbrennungsprozeß – nicht im Sinne der groben Naturwissenschaft, sondern intim – fein abdämpfen würde bis dahin, bis zu dem er abgedämpft werden muß. Der Schlaf gleicht diesen inneren Verbrennungsprozeß aus. Er gleicht ihn namentlich dadurch aus, daß er ihn in den ganzen Organismus überführt, während sonst nur die Verbrennung über die Bewegungsorgane verbreitet ist.

Nun können wir in zwiefacher Weise unsere Körperbewegungen ausführen. Sehen wir darauf hin, wie oftmals gerade beim Kinde die Veranlassung gegeben wird zur Körperbewegung. Man bildet sich ein – die materialistische Zivilisation bildet sich ja alles ein, obwohl sie glaubt, mit Tatsachen zu rechnen –, das Kind müsse, weil es nur dadurch ein zivilisierter Mensch wird, diese oder jene Bewegung im Spiel, in der Gymnastik und so weiter ausführen. Es gefallen einem ja in der Regel am besten diejenigen Bewegungen, an die sich auch die Erwachsenen gewöhnt haben, und da man das Ideal hat, daß das Kind eben auch so werden muß, wie man selbst ist als Erwachsener, daß es eben geradeso einmal seine Gymnastik treiben muß, wie man sie treibt als Erwachsener, so bringt man dem Kinde zwangsmäßig dasjenige spielartig bei, was man als Erwachsener für das Richtige hält. Das heißt, man hat eine gewisse Vorstellung: das gehöre sich für einen ordentlichen, anständigen Menschen, dazu müsse man das Kind nun auch veranlassen.

Da bringt man durch einen äußerlichen Zwang aus der Überlegung, aus dem Abstrakten, wenn die Sache auch noch so materiell ist, das Materielle aus dem Abstrakten an das Kind heran, man sagt ihm: du mußt diese, du mußt jene Bewegung machen. Man richtet schon das ganze Gerätwesen so ein, daß das Kind diese oder jene Bewegung machen muß, und es geht an die Bewegung des Körpers um dieser Bewegung willen. Allein das erzeugt Verbrennungsprozesse, in denen sich der menschliche Organismus nicht mehr auskennt. Er kann sie nicht mehr rückgängig machen. Und ein solches äußerliches Heranbringen der Körperpflege, der Körperübungen, bewirkt einen unruhigen Schlaf.

Wiederum tritt es nicht so grob hervor, daß es die äußere Medizin bestätigen kann; aber im intimen, feinen Geschehen des menschlichen Organismus spielt sich das ab. Bringen wir in äußerer Weise, rein konventionell, die körperlichen Übungen an die Kinder heran, so bekommen die Kinder nicht jenen tiefen, vollen Schlaf, den sie haben müssen, und sie können sich dann auch aus dem Schlafe nicht die Regeneration des Organismus herausholen, die notwendig ist.

Erziehen wir das Kind künstlerisch, bringen wir all dasjenige, was die Schule heranzubringen hat, künstlerisch an das Kind heran, so entsteht, geradeso wie ich auf der einen Seite sagen konnte, daß das künstlerische Leben zu reich ist und deshalb sich nach der Verarmung sehnt, die im Intellektuellen ist, so daß das Intellektuelle aus dem Künstlerischen elementar hervorgeholt wird, so entsteht auf der anderen Seite, wenn das Kind sich künstlerisch betätigt, und weil im künstlerischen Betätigen der ganze Mensch in Aktion ist, ein gewisser Hunger nach Körpertätigkeit. Bei nichts entsteht der Hunger nach Körpertätigkeit mehr als bei künstlerischer Übung. Ist das Kind ein paar Stunden, die man sorgfältig ihrer Länge nach abwägen muß, schulmäßig künstlerisch beschäftigt worden, dann regt sich etwas im Organismus, das ganz bestimmte Körperübungen vollführen will. Der Mensch will sich ausleben in diesen Körperbewegungen. Das Künstlerische erzeugt den Hunger nach den richtigen Körperbewegungen.

Und so muß man allmählich übergehen lassen dasjenige, was nur mit den Händen ausgeführt wird im Malen und Zeichnen, was ausgeführt wird mit der Stimme im Gesang oder auch – schon möglichst früh soll man das tun – von dem Kinde am Instrumente, was also gewissermaßen unmittelbar am Körper und durch den Körper sich abspielt, das muß man allmählich übergehen lassen, ausströmen, auslaufen lassen in Raumesbewegungen, in Raumesspiel: es soll eine Fortsetzung desjenigen sein, was der Mensch innerhalb seines Organismus unternimmt in der künstlerischen Unterweisung. Dann wird die Körperpflege aus dem schulmäßigen Unterricht herausgeholt, sie steht mit ihm in innigstem Einklang.

Und wenn das Kind an Körperpflege, an Körperübung nichts anderes vornimmt als dasjenige, wonach es aus seiner künstlerischen Betätigung Hunger hat, dann entsteht derjenige Schlaf, den gerade das Kind notwendig hat. Kann man daher sorgen für ein richtiges Wachleben, indem man das Intellektualistische aus dem Künstlerischen hervorholt, so kann man für ein richtiges Schlafleben, in dem sich alle Verbrennungsprozesse im Organismus harmonisieren, dadurch sorgen, daß man auch die Körperübungen ganz aus dem Künstlerischen hervorholt. Daher ist nichts notwendiger für ein richtiges Erziehen gerade in körperlicher Beziehung als das Drinnenstehen des Lehrers im Künstlerischen. Je mehr der Lehrer Freude hat an allem Künstlerischen der Form, je mehr der Lehrer inneres Wohlgefallen hat an allem Künstlerischen des Musikalischen, je mehr der Lehrer Sehnsucht danach hat, das abstrakt-prosaische Wort in den Rhythmus der Dichtung überzuführen, je mehr Plastisch-Musisches in ihm selber steckt, desto mehr wird er dasjenige, was er das Kind vollbringen läßt im Raume als Spiele, als Körperübungen, so einrichten, daß sie ein künstlerisches Ausleben des Kindes sind.

Heute, in unserer Zivilisation, möchte man ja alles Geistige so furchtbar bequem haben. Man möchte sich ja in bezug auf die geistigen Ideale nicht zu stark anstrengen. Ich habe schon im vorletzten Vortrage gesagt: die Menschen geben alle zu, daß sie schlecht erzogen worden sind, aber sie geben auch alle zu, daß sie unbedingt von selbst das Richtige wissen über die richtige Erziehung, also sagen können, wie man besser erzieht. Und so ist es auch heute geworden, daß man keine große Neigung dazu hat, über diese feinen Prozesse im menschlichen Organismus nachzusinnen: wie geht aus der künstlerischen Betätigung die Gymnastik in künstlerischer Weise hervor? Was fordert die menschliche Organisation für die äußere Bewegung im Raume? Man hat keine große Neigung dazu, und wenig künstlerischer Sinn durchdringt dieses. Man schlägt lieber ein Buch auf – das ist ja überhaupt die wichtigste Beschäftigung des heutigen geistigen Menschen, daß er Bücher aufschlägt –, man schlägt viel lieber ein Buch auf und sieht nach, wie es die Griechen gemacht haben. Erneuerung der Olympischen Spiele in einer ganz äußerlichen Weise, das ist Schlagwort geworden. Und man studiert die Olympischen Spiele nicht an den Forderungen des menschlichen Organismus, wie das bei den Griechen der Fall war, sondern man studiert sie aus dem Buche oder aus demjenigen, was eben durch Dokumente, durch Äußeres überliefert worden ist.

Man kann aber nicht, weil die heutigen Menschen keine Griechen mehr sind, vom griechischen Leben die richtigen Olympischen Spiele ablesen. Denn dringt man mit voller Geistigkeit in den Sinn des Griechentums ein, dann sagt man sich: Die Kinder wurden gymnastisch unterwiesen, wie ich das geschildert habe, im Tanz, im Ringen. Woher aber war das alles bei dem Griechen gelernt? – Es war gerade von den Olympischen Spielen gelernt, die nicht bloß einen artistischen, künstlerischen Charakter hatten, die sogar einen religiösen Charakter hatten, die unmittelbar aus der Zivilisation des Griechentums in künstlerisch-religiöser Weise hervorgingen. Weil die Griechen mit diesem hingebungsvollen künstlerisch-religiösen Sinne in ihren Olympischen Spielen lebten, deshalb konnten sie aus einem unmittelbar pädagogischen Instinkt heraus dasjenige, was da künstlerisch vorhanden war, auch übertragen auf die körperliche Pflege, auf die Gymnastik des kindlichen Alters.

Abstrakt, prosaisch, unkünstlerisch die Körperpflege, die Gymnastik ausbilden, ist wider alle Didaktik, weil es wider die eigentliche Entwickelung des Menschen ist. Und so sollte man heute viel mehr, als daß man, ich möchte sagen, aus dem Buche eine Art Renaissance der Olympischen Spiele anstellt, sich fragen: Wie begreift man das Innerliche des Menschen? – Und da kann man dann finden, daß unorganische, das heißt, nicht aus der Menschennatur hervorgeholte Körperübungen den Menschen zu stark verbrennen. So daß er durch solche Übungen, wenn sie in der Kindheit gepflogen werden, später eine zu geringe Festigkeit in den Muskeln hat, daß die Muskeln nicht folgen seiner Seele, seinem Geist.

Zu einer falschen intellektualistischen Erziehung für das Wachen, die den Körper innerlich verfestigt und die bewirkt, daß wir in unseren Knochen eine Last tragen, statt sie mit unserer Seele in schwungvoller Weise zu bewegen, kommt das andere, daß nun die weichen Glieder zu stark zur Verbrennung geneigt sind. Und so sind wir allmählich ein Luftikus um einen Holzorganismus herum geworden, ein Mensch, der auf der einen Seite gefesselt ist durch die Last desjenigen, was in ihm an Salzen sich bildet, und der auf der anderen Seite seinem physischen Organismus durch einen falschen Verbrennungsprozeß eigentlich immer davonlaufen, eigentlich davonfliegen möchte.

Damit wir wiederum dasjenige, was Verbrennung ist, mit der Salzbildung in das richtige Verhältnis bringen, dazu ist eben eine intime Kenntnis des Menschen notwendig. Dann werden wir dasjenige, was als Verfestigung entsteht, indem wir das Künstlerische zum Intellektualistischen hinüberleiten, in der richtigen Weise wie durch eine Waage ausgleichen durch den richtigen Verbrennungsprozeß, der ins Schlafesleben hineinwirkt und beim Kinde nicht einen unruhigen, innerlich zappeligen Schlaf erzeugt, wie ihn heute zumeist die Körperübungen bewirken, sondern einen innerlich festen, sicheren, ruhigen Schlaf. Diejenigen Kinder, die zwangsmäßig in die Körperpflege hineingeführt werden, die zappeln seelisch während des Schlafes, und das Zappeln während des Schlafes bewirkt, daß sie am Morgen in ihren Organismus mit der Seele zurückkommen, indem sie diesen Organismus beunruhigen, ihn zu falschen Verbrennungsprozessen veranlassen.

Sie sehen aus alledem, daß das Wesentliche überall ist: tiefe Menschenerkenntnis, Erweiterung aus Menschenerkenntnis heraus. Wenn uns der Mensch in diesem Erdendasein das wertvollste Geschöpf der Götter ist, dann müssen wir vor allen Dingen fragen: Was haben die Götter in dem Menschen vor uns hingestellt? Wie haben wir dasjenige, was sie uns überlassen haben, hier auf Erden an dem Menschen zu entwickeln?

Wenn bis zum siebenten Jahre hin der Mensch vor allem ein nachahmendes Wesen ist, so wird er mit dem siebenten Jahre, mit dem Zahnwechsel, ein Wesen, das vor allen Dingen sein eigenes Inneres bilden will nach dem, was im weitesten Umfange ausgesprochen, geoffenbart wird von einer selbstverständlichen Autorität.

Glauben Sie nicht, meine sehr verehrten Anwesenden, daß ich, der ich vor sehr langer Zeit die «Philosophie der Freiheit» geschrieben habe, nun eintreten möchte in einer unberechtigten Weise für das Autoritätsprinzip, für die ausschließliche, absolute Geltung des Autoritätsprinzips im sozialen Leben. Aber dasjenige, was im Menschenleben sich offenbart, ist – wenn auch auf geistige Weise unter dem Impuls der Freiheit – geradeso gesetzmäßig orientiert wie das Naturgesetzleben, und so können wir nicht danach entscheiden, was uns für die Kindererziehung vom Zahnwechsel bis zur Geschlechtsreife sympathisch oder unsympathisch ist, sondern wir müssen danach entscheiden, was die menschliche Organisation will. Und ebenso wie die menschliche Organisation bis zum Zahnwechsel, also bis zum siebenten Jahre, daraufhin veranlagt ist, in jeder Gebärde, in jeder Haltung, ja in der inneren Durchpulsierung der Blutzirkulation, der Atmung und der Gefäße das nachzuahmen, was die Umgebung tut, wie also die Umgebung Vorbild ist für das Kind bis zum siebenten Jahre, so muß der Mensch, damit er sich gesund und frei entwickeln kann, damit er später gerade die Freiheit in der richtigen Weise gebrauchen kann, vom siebenten bis zum vierzehnten, fünfzehnten Jahre, bis zur Geschlechtsreife, die Freiheit unter der selbstverständlichen Autorität entwickeln.

Wir werden erst im vierzehnten, fünfzehnten Jahre reif zu einem persönlichen Urteil. Erst im vierzehnten, fünfzehnten Jahre kommt der Mensch so weit, daß der Lehrer auf ihn wirken kann, indem er an das Urteil appelliert. Dann kann er auch vom Denken aus die Gründe entwickeln für irgendeine Sache. Aber vorher schaden wir dem Menschen, halten seine ganze menschliche Entwickelung zurück, wenn wir mit Gründen an ihn herantreten. Es ist die größte Wohltat für das ganze spätere Leben, wenn wir in der Lage sind, zwischen dem siebenten und vierzehnten Jahre, approximativ natürlich, eine Wahrheit deshalb anzunehmen, nicht weil wir schon die Gründe einsehen – dazu ist unser Intellekt noch nicht reif –, sondern weil die verehrte Lehrerautorität dieses nach unserer kindlichen Empfindung für die Wahrheit hält. Und wir entwickeln in richtiger Weise die Empfindung für die Schönheit, wenn wir als schön dasjenige empfinden und fühlen, was die verehrte Lehrerautorität, die selbstverständliche, nicht zwangsweise verehrte Lehrerautorität, als schön uns offenbart. Und wir empfinden das Gute dann in der richtigen Weise, so daß es Lebensweg wird für das spätere Alter, wenn wir nicht auseinandergesetzt bekommen: Dies ist ein Gebot, dies ist ein Gesetz, du sollst es halten, du sollst dich danach richten –, sondern wenn wir aus den warmherzigen Worten des Lehrers heraus erleben, wie er selbst Sympathie mit dieser guten Handlung, Antipathie mit jener bösen Handlung hat, wenn er uns durch sein Wort so erwärmen kann für das Gute, so erkalten kann für das

Böse, daß wir die Richtung zum Guten hin aufnehmen wiederum, weil die verehrte Lehrerautorität dies uns durch ihr eigenes Gefühl vorlebt.

Und so wachsen wir nicht auf in einem Dogmatismus, sondern in einer hingebenden Liebe für dasjenige, was der verehrten Lehrerautorität wahr, schön und gut ist. Haben wir durch das schulmäßige Alter hindurch als den Maßstab für die Wahrheit, Schönheit, Güte dasjenige ansehen gelernt, was der geliebte Lehrer für wahr, schön, gut hält, wovon er als wahr, schön, gut in anschaulichen künstlerischen Bildern zu sprechen weiß, dann ist in einer genügend tiefen Art mit unserem Menschenwesen verbunden der Impuls für das Wahre, Schöne, Gute. Denn nicht der Intellekt bildet das Gute aus. Und ein Mensch, der nur immer dogmatisch gehört hat: Das sollst du tun, das sollst du nicht tun –, der trägt den Sinn für das Gute nur als einen kalten, nüchternen Sinn in sich. Derjenige Mensch, der im kindlichen Alter im Gefühl sympathisieren gelernt hat mit dem Guten, antipathisieren gelernt hat gegenüber dem Bösen, und der aus dem Gefühl heraus den Enthusiasmus für das Gute, die Fliehekraft für das Böse erhalten hat, bei dem ist in dem ganzen rhythmischen Organismus der Sinn für das Gute, der Nichtsinn für das Böse eingezogen. Er fühlt später, wie er förmlich unter dem Einfluß des Bösen nicht atmen kann, wie es ihm den Atem verschlägt, wie sein rhythmisches System in Unordnung kommt.

Das alles erreichen wir, wenn an der Stelle des Imitations-, des Nachahmungsprinzips, das bis zum Zahnwechsel herrschend sein muß in der ganzen Kindererziehung, das Prinzip der selbstverständlichen Autorität auftritt mit dem siebenten Lebensjahre, mit dem schulmäßigen Alter. Das darf nicht auf eine zwangsmäßige Weise auftreten, und deshalb war jene Erziehung so falsch, welche die Autorität durch Prügel erzielen wollte.

Ich bitte um Verzeihung, daß ich gestern in einer, wie ich gehört habe, nicht ganz vollrichtigen Weise über die Prügelstrafe gesprochen habe, indem meine Worte, wie es scheint, so aufgefaßt worden waren, als ob ich meinte, daß überall die Prügelstrafe schon abgeschafft worden wäre. Ich sagte nur, die Humanität, die humanitären Beziehungen in der Zivilisation wollen die Prügelstrafe abschaffen. Es ist mir nämlich mitgeteilt worden, daß in England die Prügelstrafe noch voll in

Blüte sei, und ich mit meinen Worten nicht ganz das Richtige getroffen habe. Aber die Sache ist so, daß, wenn wir richtig erziehen wollen, wir durchaus nicht zwangsmäßig die Autorität heranbilden sollen, namentlich nicht durch Strafen, sondern auf eine selbstverständliche Weise durch dasjenige, was wir sind. Und wir sind mit Geist, Seele, Körper der richtige Lehrer, wenn wir richtige Menschenbeobachtung aus Menschenkenntnis heraus entwickeln können. Richtige Menschenbeobachtung sieht in dem werdenden Menschen ein Göttergeschöpf. Es gibt im ganzen weiten Weltenall in der Tat nichts Größeres, als zu sehen, wie bei dem Kinde von der Geburt an aus dem unbestimmten Körperlichen immer mehr und mehr das Bestimmte sich ergibt, wie die unbestimmten Bewegungen, die Zappelbewegungen, die Willkürbewegungen sich umgestalten in solche Bewegungen, die vom Seelischen beherrscht werden, wie da das Innere nach außen sich immer mehr und mehr offenbart, wie da das Geistige im Körperlichen immer mehr und mehr an die Oberfläche kommt. Dieses vom Göttlichen auf die Erde heruntergeschickte Menschenwesen, das wir in dem Körper sich offenbaren fühlen, das ist es, was uns wie eine göttliche Offenbarung selber erscheinen kann. Die größte göttliche Offenbarung ist der sich entwickelnde Mensch. Lernt man diesen sich entwickelnden Menschen nicht bloß äußerlich anatomisch-physiologisch kennen, lernt man erkennen, wie in den Körper Seele und Geist hineinschießen, hineinströmen, dann verwandelt sich jede Menschenerkenntnis in Religion, in fromme, scheue Ehrfurcht vor demjenigen, was aus den göttlichen Tiefen in die weltlichen Oberflächen hineinströmt. Dann bekommen wir dasjenige, was uns als Lehrer trägt und hält, und was das Kind schon fühlt, was sich beim Kinde in die Hingabe, in die selbstverständliche Autorität wandelt. Wir sollten uns als Lehrer, statt den Stock in die Hand zu nehmen – auch nicht den innerlichen Stock, wie ich gestern auseinandersetzte, der innerlich peitscht –, statt mit dem Stock uns zu bewaffnen, uns vielmehr bewaffnen mit wahrer Menschenerkenntnis, wahrer Menschenbeobachtung, die in sittlich-religiös inneres Erleben, in sittlich-religiöse Ehrfurcht vor der Gottesschöpfung übergeht.

Dann stehen wir in der richtigen Weise in der Schule drinnen und wissen auch – was für alle Erziehung ganz unerläßlich ist – gewisse Momente im menschlichen Leben zu beobachten, wo der Mensch an einem Umschwung, an einer Metamorphose seines ganzen Lebens steht. Ein solcher Umschwung ist zum Beispiel die Zeit zwischen dem neunten und zehnten Lebensjahre. Bei dem einen Kinde tritt es früher, bei dem anderen etwas später ein, in der Regel zwischen dem neunten und zehnten Jahre.

Man geht, wenn man Materialist ist, über die Dinge leicht hinweg. Hat man den Sinn für wirkliche Menschenbeobachtung, dann sieht man, wie in diesem Lebensalter zwischen dem neunten und zehnten Jahre bei jedem Kinde etwas Merkwürdiges auftritt. Das Kind wird äußerlich etwas unruhig. Es kommt nicht zurecht mit der äußeren Welt. Es fühlt etwas, wie wenn es scheu werden müßte. Es zieht sich etwas zurück von der äußeren Welt. Das alles geschieht in intimer, feiner Weise bei fast jedem Kinde. Das Kind, bei dem es nicht geschieht, ist nicht normal. Das müssen wir beobachten; denn da entsteht gefühlsmäßig in dem Kinde eine außerordentlich wichtige Frage zwischen dem neunten und zehnten Lebensjahr. Das Kind könnte diese Frage nicht in Begriffe verwandeln, es könnte diese Frage nicht mit Worten ausdrücken. Alles ist Gefühl; aber das Gefühl ist um so stärker da, das Gefühl will um so intensiver berücksichtigt werden. Was will das Kind in diesem Lebensalter? Es hat bis dahin aus einer naturhaften Kraft heraus den Erzieher, den Lehrer verehrt. Jetzt fühlt es: der Lehrer muß ihm durch etwas Besonderes zeigen, daß er verehrungswürdig ist. Das Kind wird unsicher, und wir haben nötig gerade als Lehrer in dem Punkte, wo wir bemerken, daß das auftritt, durch unser Verhalten darauf einzugehen. Durch irgend etwas, es braucht gar nicht etwas Ausgedachtes zu sein, sondern durch eine besondere Liebeentfaltung unserer Tätigkeit, durch eine besondere Berücksichtigung und Zusprache zum Kinde, dadurch, daß wir in diesem Momente in einer ganz besonderen Weise an das Kind herantreten, daß das Kind merkt, der Lehrer hat es ganz besonders lieb, der Lehrer geht auf es ein, dadurch bringen wir das Kind gerade zwischen dem neunten und zehnten Jahre, wenn wir nur überhaupt aufmerksam darauf sind und uns dementsprechend verhalten, über eine Klippe hinweg. Und daß wir es darüber hinwegbringen, ist von einer ungeheuren Wichtigkeit für das ganze spätere Leben. Denn dasjenige, was da an Unsicherheit zurückbleibt in dem Kinde, das tritt als Unsicherheit im ganzen späteren Leben auf, nur ohne daß es der Mensch bemerkt; nur dadurch, daß es in seinem Charakter, in seinem Temperament, in seiner körperlich-physischen Gesundheit sich abdrückt, kommt es zum Vorschein.

Überall müssen wir eben wissen, wie der Geist in das Materielle und damit in das Gesundheitliche hineinwirkt, und wie der Geist gepflegt werden muß, damit er in der richtigen Weise in das Gesundheitliche hineingreifen kann. Gerade die Erziehungskunst zeigt uns, wie sehr wir den Geist und das Materielle nicht als Gegensätze, sondern als in Harmonie befindlich durchschauen müssen. Wir müssen erkennen, was wir da der Erziehung schuldig sind gegenüber der modernen Zivilisation, die alles getrennt hat. Wir haben heute einen Materialismus. In dem lebt man, wenn man an die Natur denkt. Und wenn man dann nicht zufrieden ist mit demjenigen, was die Naturerkenntnisse bieten, dann ersinnt man sich einen Spiritualismus, dann sucht man durch alle möglichen Dinge, die eigentlich der Naturwissenschaft widersprechen, zu den Geistern zu kommen. Darinnen liegt eine Tragik unserer Zivilisation.

Der Materialismus ist dazu gekommen, alles zu intellektualisieren. Der Materialismus versteht nur noch die Begriffe, die er sich über die Materie macht. Er dringt nicht in die Materie hinein. Und der Spiritualismus von heute? Der möchte die Geister angreifen können, möglichst greiflich sie haben; durch Tische, durch Manifestationen sollen die Geister sich in ihrer materiellen Glorie zeigen. Sie sollen nicht Geister bleiben, die das Merkmal der Unsichtbarkeit, der Ungreifbarkeit haben, weil der Mensch zu bequem ist, zu ihnen vorzudringen.

Dadurch ist der Mensch heute in eine merkwürdige Tragik hineingekommen. Der Materialismus redet nur noch von der Materie, nicht mehr vom Geiste, denn der Materialismus versteht nichts von der Materie. Er redet nur in destillierten Geistworten von der Materie. Der Spiritualismus redet eigentlich immer vom Materiellen, indem er glaubt, vom Geiste zu reden. Und so haben wir die eigentümliche Erscheinung, daß unsere Zivilisation gespalten ist in Materialismus und

Spiritualismus. Der Materialismus versteht nichts von der Materie, der Spiritualismus versteht nichts vom Geiste. Und so haben wir die merkwürdige Erscheinung, daß zerfallen ist der ganze Mensch in Körperliches, in Geistiges. Die Erziehung aber braucht die Harmonisierung beider. Das kann nicht oft genug betont werden. Darauf muß alle Erziehung abzielen, daß man im Materiellen wieder etwas vom Geiste versteht, daß man vom Spirituellen aus verständnisvoll die materielle Welt ergreift. Versteht man die materielle Welt richtig zu ergreifen, so findet man den Geist; versteht man im Spirituellen etwas vom Geiste, so findet man nicht eine materielle Spiritualität, sondern eine wirkliche geistige Welt.

Das brauchen wir: wirkliche geistige Welt, verständnisvoll ergriffene materielle Welt, wenn wir in richtiger Weise die Menschheit nicht zu einem Niedergang, sondern zu einem Aufstieg erziehen wollen.

# ACHTER VORTRAG

Ilkley, 12. August 1923

Die Tage der Woche sind während dieses Kurses einer fachlichen Betrachtung des pädagogischen Wesens gewidmet. Lassen Sie uns heute den Sonntagsvortrag, der herausfallen soll in seinem Wesen und Inhalte aus der Reihe der pädagogischen Vorträge, dazu benützen, um aufzublicken von der irdischen Menschenerziehung, die wir uns als eine Kunst aneignen sollen, zu den großen göttlichen Erziehern der gesamten Menschheit, zu den Weltenerziehern, welche die Menschheit im Laufe der geschichtlichen Entwickelung von Epoche zu Epoche geführt haben, so daß in jeder Epoche Verschiedenes gerade in religiös-sittlicher Beziehung im Zusammenhange mit der Welterkenntnis von der Menschheit angestrebt werden sollte.

Überblickt man die Geschichte als Ganzes, so erscheint sie doch trotz mannigfaltiger Wellentäler, Niederungen, die sich den Wellenbergen der aufsteigenden Entwickelung der Menschheit entgegenstellen, als eine fortlaufende Erziehung des Menschengeschlechtes, als ein immer erneutes Durchdringen mit dem, was man das religiös-sittliche Bewußtsein der Menschheit nennen kann.

Derjenigen Initiationswissenschaft, welche ich in meinem Buche «Wie erlangt man Erkenntnisse der höheren Welten?» zu beschreiben versuchte und welche die heutige Initiationswissenschaft ist, die uns heute von dem bloßen Naturerkennen zu dem Geist-Erkennen führt, entsprach zu allen Zeiten, in allen Epochen der Menschheitsentwickelung eine irgendwie geartete Initiationswissenschaft. Und für diese Initiationswissenschaft erscheint der Gang der Menschheit ein dreigliedriger.

Man kann zurückblicken in eine sehr alte Entwickelungsepoche der Menschheit, die etwa ihren Abschluß gefunden hat im 8. vorchristlichen Jahrhundert. Man kann dann in eine Epoche der Menschheitsentwickelung blicken, welche ihren Glanz und ihre Sonne erhält durch das Mysterium von Golgatha, durch dasjenige, was durch den Christus Jesus als ein ewiger, immerdauernder Impuls in diese Menschheitsentwickelung hereingekommen ist. Und man kann dann eine dritte Epoche ins Auge fassen, eine Epoche, an deren Aufgang wir eigentlich jetzt stehen, und die wir gerade durch eine neuere Initiationswissenschaft zu vertiefen haben werden.

Jede dieser Epochen hat über dasjenige hinaus, was dem Menschen durch seine naturgemäße Entwickelung, durch Sinn und Verstand, Wollen und Fühlen wie von selbst und durch die gewöhnliche irdische Erziehung zukommt, noch nach etwas anderem gestrebt. Jede dieser Epochen hat ein großes, in das Menschenschicksal tief eingreifendes Weltenrätsel empfunden. Und in jeder Epoche hatte dieses Weltenrätsel in einer gewissen Beziehung eine andere Gestalt, weil die Menschheit verschiedene Seelenzustände in den verschiedenen Epochen durchgemacht hat. Nur einer heutigen abstrakten Zeit erscheinen die Menschenseelen, seit sie sich, wie man heute durch eine allerdings ungültige Hypothese annimmt, aus der Tierwelt heraus entwickelt haben, gleichgeartet.

Demjenigen, der durch eine vertieftere Wissenschaft unbefangener in die Wirklichkeit des Menschenlebens hineinschaut, dem erscheint die Menschenseele in der ersten genannten Epoche in einer ganz anderen Weise geartet als in jener Epoche, die sich erfreuen durfte des Eintrittes des Mysteriums von Golgatha, und wiederum anders, als in unserer Epoche, in der wir das Mysterium von Golgatha wiederum suchen müssen, damit wir nicht der Gefahr unterliegen, es für die Erkenntnis zu verlieren.

Wenn wir auf die Art und Weise hinblicken, wie die Menschenseelen im alten Orient geartet waren, aus dem uns herüberleuchtet die Vedenweisheit, die Vedantaphilosophie, und die wir heute wiederum – allerdings durch manches Mißverständnis – in der mannigfaltigsten Weise aufsuchen, wenn wir auf diese Seelen hinsehen, ja selbst wenn wir noch hinsehen auf die alten chaldäisch-assyrisch-babylonischen Seelen, auf die ägyptischen Seelen und selbst noch auf das griechische Wesen in seiner älteren Zeit, wie diese Vorträge über Pädagogik in diesen Tagen gezeigt haben, dann müssen wir die Menschenseelen in jenen Zeiten in einer ganz anderen Art sehen, als sie heute beschaffen sind.

Diese Menschenseelen empfanden viel mehr ein träumerisches, geistiges Leben als die heutige Seele, die in ihrem Wachleben ganz und gar angewiesen ist auf die Sinneseindrücke, auf dasjenige, was der Verstand aus diesen Sinneseindrücken machen kann und was in der Erinnerung von diesen Eindrücken als Seeleninhalt erhalten blieb.

Alles, was so Eigentum der heutigen Seele ist, war nicht in derselben Weise bei den Seelen einer älteren Menschheitsepoche vorhanden. Es war bei diesen Seelen vielmehr eine instinktive Urweisheit vorhanden von dem inneren seelisch-geistigen Menschenleben. Nicht das war vorhanden, was wir heute aus der Gewohnheit unserer Sinneserkenntnis heraus als eine klarbewußte Einsicht ansehen, aber ein innerliches Weben und Leben, wie wir es abgeschwächt und abgeschattet im Traumleben haben, ein innerliches Leben, in dem sich für den Menschen nicht nur die Gewißheit ergab: du hast eine Seele, die den Körper durchwellt und durchwebt, die dein eigentliches Menschtum ausmacht, sondern du hast eine Seele, die hervorgegangen ist, bevor du dich in dem irdischen Dasein mit einem Leibe umkleidet hast, aus göttlich-geistigem Dasein.

Man möchte sagen: wie im wachen Träumen, so erlebte sich der Mensch in diesen älteren Epochen. Und er erlebte sich als Seele. Er erlebte sich als Seele so, daß für diese in elementarer Lebendigkeit innerlich empfundene und erlebte Seele der Körper etwas wie eine Art Umkleidung war, wie nur ein Werkzeug, um das Erdendasein zu vollbringen.

Das Seelenbewußtsein, wenn auch traumhaft, war dasjenige, in dem der Mensch auch während des Wachens lebte. Und aus diesem Seelenerleben ging ihm mit voller Klarheit hervor, daß er, bevor er in einen physischen Leib auf Erden eingekleidet wurde, als Seele in einer geistigen Sphäre, in einer geistigen Welt, in einem göttlichen Reiche gelebt habe.

Und so kannte dieser ältere Mensch das seelisch-geistige Leben durch unmittelbare innere Anschauung. Und er hatte dadurch, daß er dieses seelisch-geistige Leben durch eine unmittelbare Anschauung kannte, ein ganz anderes Bewußtsein von dem Tode, als es die heutige Menschheit hat. Die heutige Menschheit fühlt sich mit dem Körper verwandt. Es löst sich nicht in derselben Weise, wie bei einer älteren Menschheit, das seelische Bewußtsein los vom körperlichen Bewußtsein. Und so sieht der heutige Mensch auf die Geburt wie auf einen Anfang, auf den Tod wie auf ein Ende hin.

Der ältere Mensch hatte ein so lebendiges innerliches Erleben von dem Dauernden, Ewigen der Seele, daß er sich, indem er auf dieses seelische Leben hinblickte, immer als über Geburt und Tod erhaben fühlte. Sie waren ihm Wachstumszustände, Metamorphosen des Lebens. Er war sich klar darüber, daß er war, bevor er auf Erden war. Er konnte dadurch sicher sein, daß er auch dann ist, wenn er durch die Pforte des Todes durchgegangen sein wird. Geburt und Tod erschienen als vorübergehende Ereignisse im Leben.

Aber immer hat der Mensch nötig, daß er durch eine ins Geistige hineinschauende Wissenschaft eine Ergänzung dieses seines unmittelbaren Erlebens erhält, daß ihm durch eine geistige Initiationswissenschaft noch etwas anderes gesagt werde, als ihm durch sein eigenes Innere und durch das, was ihm im gewöhnlichen Leben die Erdenerziehung geben kann, aufgeht.

Die alten Initiierten, die Weisheitslehrer jener älteren Menschheit, die etwas hatten wie ein instinktives Hellsehen, die mußten den Menschen auf eine ganz bestimmte Frage eine Antwort geben. Im Geistig-Seelischen wußte sozusagen die ältere Menschheit Bescheid. Man wußte, wie es sich mit dem Geistig-Seelischen verhält; denn das erlebte man, wie ich es eben angedeutet habe. Was aber ein Rätsel war, das war dies: Du ziehst, indem du die Erde betrittst, durch Empfängnis und Geburt in das physische Leben ein; du wirst mit deinem physischen Körper umkleidet, der dieselben Kräfte, ja dieselben Stoffe in sich trägt wie die äußere tote Natur. Du wirst mit etwas Fremdem umkleidet. Du steckst zwischen der Geburt und dem Tode in einem Körper, der ein Naturkörper ist. Du wirst geboren auf physische Weise. Diese Geburt auf physische Weise ist deinem innerlich erlebten Dasein fremd.

Die große Frage, welche dem sein Inneres erblickenden Menschen der alten Zeit vor der Seele stand, war nicht eine Seelenfrage, war nicht eine Geistesfrage, war gerade die Naturfrage, jene Frage, welche den Menschen überkam, wenn er sich mit seinem vollen geistig-seelischen Werte fühlte, und wenn er dann einsehen wollte, warum er mit einem ihm fremden physischen Körper umkleidet ist.

Und da handelte es sich dann für die Initiationswissenschaft darum, dem Menschen zu lehren, daß man dieselben Kräfte, durch die man das geistig-seelische Leben innerlich erblickt, auch auf die äußere Natur richten kann, die sonst stumm nur die äußeren Erscheinungen zeigt. Und wenn man, so lehrte jene Initiationswissenschaft, mit entsprechender Schulung die Kräfte, die sonst nur zur Innenerkenntnis, zur Seelenerkenntnis führen, auf die Steine, Pflanzen, Tiere, auf die Wolken, auf die Sterne, auf den Gang von Sonne und Mond richtet, dann kann man auch das Äußere erkennen. Und dann schaut man geistige Wesen, nicht nur im eigenen Menscheninneren, sondern schaut geistige Wesen in der sprudelnden Quelle, in dem fließenden Strom, in dem sich auftürmenden Berg, in der ziehenden Wolke, in Blitz und Donner, in Stein, Pflanze und Tier.

Und so sagte eine alte Initiationswissenschaft dem Menschen: Du bist gewöhnt, indem du in dich schaust und lebendig dein Geistig-Seelisches empfindest, das Göttliche in dir zu finden. Die Initiationswissenschaft aber schult die Kräfte, die sonst nur das Göttliche im Menschen erblicken, auch für das Göttliche in allem Naturdasein. Dadurch kannst du beruhigt sein darüber, daß, indem du mit einem äußeren physischen Körper umkleidet wirst, der auch aus einem Göttlichen ist, daß deine physische Geburt dich nicht aus einem Außergöttlichen, sondern aus einem Göttlichen in das Erdendasein hereinträgt.

Und so war es für eine ältere Initiationswissenschaft die Aufgabe, den Menschen die große Wahrheit zu lehren: Du bist nicht nur, indem du in dein Inneres blickst, ein Gottgeborener, du bist auch, indem du in deinem Körper bist, der durch physische Geburt in der Welt erscheint, ein Gottgeborener.

Dasjenige, was dann eine spätere Zeit zusammengefaßt hat in drei aufklärende, eindringliche Worte, das war es, was die alte Vaterinitiation dem Menschen vor die Seele hingestellt hat: Aus dem Gotte sind wir geboren.

Ex deo nascimur.

Das war die erste Stufe, wie Initiationsweisheit auf die Menschen gewirkt hat, wie Initiationsweisheit religiöses Bewußtsein in dem Menschen erzeugt hat.

Die alten heidnischen Religionen sind Naturreligionen geworden aus dem Grunde, weil der Mensch seine physische Geburt innerhalb der Natur religiös gerechtfertigt haben wollte. Das Naturrätsel stand vor seiner Seele. Und in dem «Ex deo nascimur» wurde ihm das Naturrätsel gelöst, so daß er beruhigt sein Erdendasein führen durfte in einem religiösen Element, trotzdem er sich vom Aufwachen bis zum Einschlafen als ein über das Physische erhabenes Geistig-Seelisches fühlte.

Der Fortgang in der Menschheitsentwickelung bestand dann darin, daß jenes alte traumhafte Erleben des Seelisch-Geistigen, das der Mensch gewissermaßen als die ihm eingeborene Erkenntnis des eigenen Wesens in sich trug, immer mehr und mehr in den Hintergrund trat, und der Mensch sich immer mehr und mehr der Werkzeuge seines physischen Leibes zu bedienen lernte. Ich möchte sagen: die Träume von Seelisch-Geistigem, die einem Urinstinkte des Menschengeschlechtes eigen waren, dämmerten hinunter in unbestimmtes Dunkel, und die Menschheit lernte, und zwar erst im letzten Jahrtausend vor dem Mysterium von Golgatha, sich der äußeren Sinne zu bedienen und desjenigen Verstandes, der an die äußeren Sinne gebunden ist. Und das, was wir heute Natur nennen, trat immer mehr und mehr den Menschen als unmittelbares Erlebnis vor Augen. Hatten noch die alten Initiierten durch Weisheit das Geistige in der Natur vor die menschliche Seele hinrücken müssen, so stand jetzt das rein Physische der äußeren Natur fragend vor der Menschenseele, und zu dem alten Rätsel von der Erdennatur des Menschen kam das zweite große Rätsel in der historischen Menschheitsentwickelung: das Rätsel vom Erdentode des Menschen.

Der Mensch lernte eigentlich erst im letzten Jahrtausend vor dem Mysterium von Golgatha den Tod im Erdendasein in intensiver Weise fühlen. Hatte er früher wenig Empfindung von seinem Körper, um so mehr Empfindung von seinem Geistig-Seelischen, so fühlte und erlebte er sich jetzt in seinem physischen Körper. Und er erlebte dasjenige Ereignis, das mit dem physischen Körper rätselhaft verbunden ist, als das große Daseinsrätsel in dieser zweiten Epoche der Menschheitsentwickelung: er erlebte dieses Todesrätsel. Wir sehen dieses Todesrätsel in intensiver Gestalt auftreten, zum Beispiel bei den alten Ägyptern, die die Leichname einbalsamierten, weil sie gewissermaßen wie historisch die Todesfurcht des Menschen erlebten, die Verwandtschaft desjenigen, in dem der Mensch jetzt sich als in seinem physischen Leibe fühlte, mit dem Tode. Und während das erste Rätsel für den Menschen dieses war: Wie lebe ich in meinem physisch-irdischen Körper? – entstand jetzt das zweite große Rätsel: Wie durchlebe ich den Erdentod?

In jener Zeit, in welcher der Mensch hinaufgeschaut hat zu dem Geistig-Seelischen dadurch, daß er dieses Geistig-Seelische unmittelbar wie durch ein instinktives Hellsehen erlebte, da wußte er: Wenn ich nicht mehr mit diesem Erdendasein verbunden sein werde, dann gehöre ich auch der Erde nicht mehr an, dann geht mein Erdendasein durch eine Metamorphose hindurch, und ich bin wieder mit dem Außerirdischen, mit den Sternen verbunden. Denn von den Sternen wußte die Seele, als sie sich instinktiv lebendig fühlte im alten Dasein, auf geistige Art. Aus den Sternen las der Mensch sein Schicksal. Mit der Sonne und mit dem Monde fühlte er sich verbunden, von den Sternen wußte er. Aber von dem Geist in den Sternen kam er aus einem vorirdischen Dasein; zu den Sternen, aber zu dem Geiste in den Sternen kehrt er zurück, wenn er durch die Pforte des Todes geht.

Jetzt wurde ihm dies alles rätselhaft. Er sah hin auf den Tod; er sah im Tode das Ende des Menschenkörpers. Er fühlte die Seele innig verbunden mit diesem Menschenkörper. Er fragte sich, indem er dieses Rätsel tief empfand: Wie wird es mit mir nach dem Tode? Wie gehe ich durch die Pforte des Todes hindurch? – Aus diesem Rätsel heraus hätte den Menschen zunächst nichts auf der Erde führen können.

Die alten Initiierten wußten dem Menschen Bescheid zu geben in bezug auf das Naturrätsel. Da antworteten sie ihm, wenn wir es in eine spätere Sprache übersetzen: Ex deo nascimur.

Dasjenige aber, woraus der Mensch wußte, von woher er im vorirdischen Dasein gekommen ist, wohin er gehen sollte, wenn er durch die Pforte des Todes geschritten ist, das, was den alten Menschen klar vor der Seele stand, es war jetzt aus der Seele der Menschen erloschen. Das Wissen, das der Mensch instinktiv empfand, indem er sein eigenes seelisch-geistiges Erleben auf die Sternenwelt ausdehnte, das war nicht mehr da. Da ereignete sich das Große, daß die Sternenwelt, der Geist der Sternenwelt, den eine spätere Zeit den Christus genannt hat, den eine frühere griechische Zeit den Logos nannte, selber herunterkam substantiell als Wesenheit auf die Erde und sich verkörperte in dem Menschenleib des Jesus von Nazareth. Und so konnte die Menschheit das Große im Erdendasein erleben, daß dasjenige, was vorher eine alte Menschheit ahnte, indem sie hinaufsah zu den Sternen, das Göttliche, zu dem auch das Göttliche der Erde gehörte, selber durch ein Erdendasein, durch den Tod hindurchschritt. Denn der Tod Christi, die Auferstehung Christi, war zunächst für die Christen, die das Christentum verstanden, die Hauptsache.

Und dieses Durchgehen des Gottes, der früher nur aus den Sternen sich offenbarte, durch einen Menschenleib, durch den Tod eines Menschenleibes, das gab nun, indem es von den Initiierten zur Zeit des Mysteriums von Golgatha in der sogenannten Gnosis den Menschen erörtert wurde, den Menschen die Lösung des zweiten Lebensrätsels, des Todesrätsels.

Jetzt konnten die Initiierten den Menschen darauf hinweisen, wie das, was in der alten Weise die Ewigkeit verbürgte, was in den Sternen wohnt, in einen Menschenleib eingezogen ist und in einem Menschenleib den Tod überwunden hat. Jetzt wurde der Christus wieder Extrakt des ganzen Geistes, des Logos, der Welt. Hatten früher die alten Initiierten auf die Natur hingewiesen und die Menschen gelehrt: aus dem Gotte ist deine Natur geboren –, so konnten jetzt die Initiierten den Menschen darauf hinweisen, wie er verbunden sein kann mit dem göttlichen Wesen, das durch den Menschen Jesus von Nazareth gegangen ist, das im Menschen Jesus von Nazareth mit der übrigen Menschheit gemeinsam durch den Tod gegangen ist, aber den Tod besiegt hat. Und wiederum konnte man aus jener Initiationswissenschaft, jetzt aus der durchchristeten Initiationswissenschaft, so wie früher das Naturrätsel, jetzt das Todesrätsel lösen.

Und während es noch im Buddhismus so war, daß uns erzählt werden kann, wie der Buddha die vier großen Wahrheiten entdeckt und eine von diesen Wahrheiten ihm aufgeht beim Anblick eines Leichnams, wo er von der Trostlosigkeit des toten menschlichen Körpers so ergriffen wird, daß uns angedeutet wird, wie der Buddha, etwa sechs Jahrhunderte vor dem Mysterium von Golgatha, in dem Anblick des Toten sozusagen zu dem letzten Ausläufer der alten Weltanschauung hinkommt, so sehen wir, wie sich – etwa wiederum sechs Jahrhunderte nach dem Mysterium von Golgatha – die Anschauung ausbildet, die hinaufschaut zu dem Toten am Kreuze, zu der toten Menschengestalt. Und so wie der Buddha in der toten Menschengestalt das Leiden des Lebens als letzten Ausläufer der alten Weltanschauung entdeckt zu haben glaubte, so sah jetzt die durchchristete Menschheit zu der toten Menschengestalt am Kreuze, zu dem Kruzifixus hin und empfand an der toten Menschengestalt die völlige himmlische Garantie für das Leben durch den Tod, den der Christus im Jesus besiegt hat.

Und so wie aus der historischen Todesfurcht heraus die Ägypter ihre Leichname einbalsamiert hatten, um gewissermaßen noch das Naturhafte im Menschen vor dem Tode zu bewahren in der Zeit, als man noch sagte: Ex deo nascimur –, so sehen wir die ersten Christen, die noch den Impuls des initiierten Christentums hatten, ihre Toten begraben, aber über den Toten – in der Gewißheit, daß die mit Christus vereinigte Seele den Tod besiegt – den Gottesdienst halten. Und das Grab wird zum Altar. Aus dem Mysterium von Golgatha zieht der Mensch die Gewißheit: wenn er verbunden ist mit dem Christus, der als der Sterneninhalt heruntergestiegen ist auf die Erde, in einer Menschengestalt Leben und Tod und Auferstehung durchgemacht hat, so wird er durch diese Verbindung mit dem Christus selber als Mensch den Tod besiegen.

So antwortete der Inhalt des Vatergottes auf das Naturrätsel des Lebens. So antwortete der Inhalt des Christus auf das Todesrätsel des Lebens. Und dem Tode wurde sein Stachel genommen. Der Tod wurde fortan durch ein stärkeres Argument, als früher nötig war, zu einer Metamorphose des Lebens gemacht. In dem Hinschauen auf das Mysterium von Golgatha, in der Gewißheit: der Christus ist zur Erde heruntergestiegen und hat dasjenige, was todbringend in der Erde ist, zu neuem Leben erweckt, durchdrangen jetzt – das beweist die später ausgerottete, nur in wenigen Resten erhaltene Gnosis – die Initiierten des Christentums die Menschheit mit jener Wahrheit, welche die Menschenwahrheit enthält von der Verbindung des sterblichen Menschen auf Erden mit dem Christus, durch den der Mensch sein Todgeweihtes in sich erlöst, sein Todgeweihtes zum Leben erweckt. Es durchdrangen jetzt die Initiierten die Menschheit mit einem neuen Unsterblichkeitsbewußtsein.

Die Initiierten konnten den Menschen sagen: Eure Seele kann verbunden sein mit Ihm, der durch das Mysterium von Golgatha gegangen ist; eure Seele kann leben mit Leben, Tod und Auferstehung des Christus. Indem ihr das Erdenleben nicht nur naturhaft durchlebt, indem ihr das Erdenleben so durchlebt, daß euch in allen Erdenleben, besonders in eurem Umgange mit allen Menschen, das Christus-Reich auferweckt wird, so lebt ihr in Gemeinschaft mit dem Christus selber, so machet ihr das göttliche Wesen Christus zu eurem Bruder. Sterbet ihr im Tode, so sterbet ihr im Leben, indem ihr in dem Christus sterbet.

Und hinzugefügt werden konnte zu der Urwahrheit des Geborenseins aus dem Vatergotte das Leben mit dem Sohnesgotte, mit Christus, was später in einem weiteren dreiwortigen Spruche als Ergänzung zu dem «Ex deo nascimur» hinzugekommen ist als:

In Christo morimur,

in dem Christus sterben wir, das heißt, als Seele leben wir.

Und so war hinzugefügt für die Menschheit in jener Epoche, die ein Jahrtausend vor dem Mysterium von Golgatha begonnen hat, und die geschlossen hat etwa im 15. nachchristlichen Jahrhundert – wir stehen in einer dritten Epoche drinnen, die wir erst richtig verstehen müssen –, so war hinzugefügt in der großen, durch die göttlichen Weltenlenker selbst geleiteten Erziehung des Menschengeschlechts zu dem «Aus dem Vatergotte sind wir geboren»: «In dem Christus-Gotte sterben wir, auf daß wir leben.»

Die großen Rätsel der ersten und der zweiten Epoche stehen den Menschen im geschichtlichen Rückblick deutlich vor Augen. Das Rätsel der dritten Epoche, in der die Menschheit seit einigen Jahrhunderten drinnen lebt, wird heute sogar noch wenig genannt, wenig empfunden, trotzdem gefühlsmäßig unterbewußt in der Gegenwart dieses Rätsel schon ebenso lösungsbedürftig in der Menschenseele lebt wie einstmals das Rätsel von der Erdennatur des Menschen, dann das Rätsel vom Erdentode des Menschen.

Die Menschheit hat seit dem 14., 15. Jahrhundert der nachchristlichen Zeit sich ein in die physische Natur tief eindringendes Wissen erworben. Wir brauchen nur daran zu denken, wie jener Sternenhimmel gewonnen worden ist, der einstmals mit Erkenntnisträumen geschaut worden ist von einer alten Menschheit, aus dem heraus in ihren Erkenntnisträumen eine alte Menschheit ihr Schicksal gelesen hat, wie dieser Sternenhimmel durch äußeres Rechnen, durch Geometrie, Mechanik immer mehr und mehr sich bis in unsere Gegenwart herein geoffenbart hat. Wir brauchen nur daran zu denken, wie die Wissenschaft von den Steinen, den Tieren, den Pflanzen sich ausgebreitet hat als eine rein natürliche Wissenschaft.

So war es nicht in der ersten Epoche der Menschheitsentwickelung; so war es auch noch nicht in der zweiten Epoche der Menschheitsentwickelung, in jener zweiten Epoche, wo vor allen Dingen die Menschheit im tiefsten Inneren ihrer Seele geahnt hat: Was einstmals ein instinktives Hellsehen der Menschenseele von den Sternen abgelesen hat, das ist in Substanz selber eingezogen in den Jesus von Nazareth als Christus, das lebt als Christus bei uns. Diese Menschheit der zweiten Epoche sah auf den Christus hin, fühlte den Christus im Herzen, und in diesem herzlichen Zusammensein mit dem Christus fühlte sie dasselbe, was einstmals aus dem Geiste des Kosmos heraus in einem traumhaft alten Hellseherbewußtsein die Menschheit zur Rechtfertigung des Erdendaseins gewußt hat. Sozusagen in den kosmischen Weiten lebte die Menschheit der zweiten Epoche, indem sie mit dem, der aus den kosmischen Weiten zur Erde heruntergestiegen ist, mit dem Christus zusammenlebte.

Da kam die dritte Epoche der Menschheit, jene Epoche, die nur noch mit der Rechnung, mit der Mechanik, mit dem Teleskop, mit dem Spektroskop in die Sternenwelten hinaufschauend dasselbe, was sie als ein Totes, höchstens ätherisch Belebtes auf Erden findet, auch in den Sternen findet; jene Epoche, in der die Menschheit nicht mehr den Christus sehen kann als den von den Sternen Heruntergekommenen, weil sie in den Sternen nicht mehr das den Kosmos durchsetzende Geistige erblickt. Und so ist der Kosmos gottesfremd und damit auch christusfremd für die Menschheit geworden.

Die Menschheit der Gegenwart steht daher in bezug auf ihr inneres Bewußtsein in der großen Gefahr, den Christus zu verlieren. Und wir sehen schon die ersten Schritte in dem Verlieren des Christus. Die Gottesweisheit, die Theologie, die durch Jahrhunderte hindurch in voller Harmonie lebte in ihren Ideen mit Bezug auf die Christus-Offenbarung, weiß heute vielfach nicht mehr den Christus zu finden, den Gott in dem Jesusmenschen von Nazareth. Und viele wissen, indem sie in die Zeit des Mysteriums von Golgatha blicken, nicht mehr den Christus, den geistigen Extrakt, die geistige Wesenheit des Kosmos zu finden, sondern viele finden nur noch den Menschen Jesus von Nazareth. Weil sie in dem Sternenhimmel nur noch die entgötterte Natur schauen, können sie nicht mehr in dem, der durch das Mysterium von Golgatha gegangen ist, das Wesen finden, dessen physisches Reich der ganze Kosmos ist, das aber in dem Menschen Jesus von Nazareth während des Mysteriums von Golgatha Wohnung genommen hat.

Indem das alles tief durchlebt werden kann, unterscheidet sich heute derjenige, der durch die Initiationsweisheit geht, von dem, der nur durch die äußere uninitiierte Naturwissenschaft geht. Diese äußere uninitiierte Naturwissenschaft hat den Geist des Kosmos verloren, steht vor der Gefahr, daß die Menschheit auch den Christus in dem Jesus von Nazareth verliert.

Deshalb fühlen diejenigen, die gerade in unserer Gegenwart tiefer hineindringen in unser Naturwissen, wie heraufgeblüht ist in der Entwickelungsgeschichte der Menschheit während der dritten Epoche, seit dem 14. oder 15. Jahrhundert, etwas wie das dritte große Rätsel der Erdenentwickelung der Menschheit. Sie schauen hin historisch auf das erste große Rätsel, auf das Rätsel von der Erdennatur; auf das zweite große Rätsel, auf das Rätsel von dem Erdentode des Menschen; und ihnen geht auf das dritte große Rätsel, indem sie sich etwas sagen, was die Menschheit sich heute noch nicht gerne sagt, was aber des Menschen Herz dennoch schon unterbewußt mit einer gewissen Deutlichkeit fühlt. Die Initiierten der gegenwärtigen Zeit sagen sich: Wir leben in der Welt, die einstmals als Geist vom Kosmos aus zu den Menschen gesprochen hat, so daß der Mensch in dieser Welt wie ein im Kosmos Wachender war. So leben wir, daß der Mensch begann, dieses Wachen des Kosmos in sich erlöschen zu fühlen, dieses Verbundensein mit dem Christus, der als das Wesen dieses den Menschen wachhaltenden Geistkosmos auf die Erde heruntergestiegen ist, wir nur mehr in einem Kosmos leben, der uns seine Außennatur zeigt. Wir leben den Ideentraum des Kosmos, wir leben einen errechneten, einen mit der Waage gewogenen, einen durch das Spektroskop geschauten Kosmos. Das ist unser Traum. Dadurch trennen wir uns mehr von dem wirklichen Geiste des Kosmos, als daß wir als Menschen mit ihm verbunden sind.

Daher steht derjenige, der teilhaftig ist in der neueren, in der dritten Epoche der Menschheitsentwickelung nicht nur der uninitiierten Wissenschaft, sondern der Initiationswissenschaft, vor dem dritten großen Rätsel: vor dem Rätsel des Erkenntnisschlafes, des großen Lebensschlafes der Menschheit.

Gefühlt haben es die tieferen Geister. *Cartesius* fühlte es, indem er dann an der Wahrheit alles dessen zu zweifeln begann, was die äußere Naturerkenntnis sagen kann. Aber es war erst anfänglich gefühlt. Es muß immer tiefer und tiefer zur Bewußtheit der Menschheit kommen, daß die ganze Erkenntnis, auf welche die neuere Menschheit seit drei, vier, fünf Jahrhunderten so stolz ist, einen Lebensschlaf darstellt, daß das dritte große Rätsel immer mehr und mehr über die Menschen kommen muß. Die Menschen mußten sich einmal fragen: Warum wohnen wir in einem physischen Erdenkörper? –, mußten sich dann fragen: Warum gehen wir durch den physischen Erdentod hindurch? – Und als drittes muß vor das Menschenherz die Frage treten: Warum schlafen wir den Erdenschlaf trotz einer bloß auf die Natur gerichteten Erkenntnis? Wie können wir uns dem Traume des errechneten Kosmos, des durch Astrophysik und Astrochemie bloß äußerlich geschauten, des äußerlich geträumten Kosmos, hintreten vor denjenigen Kosmos, der uns wiederum im tiefsten Inneren verbindet mit dem tiefsten Inneren seines Selbst? Wie können wir aus unserem Erkenntnistraum der neuesten Zeit aufwachen?

Und haben die alten ersten Initiierten dem Menschen die Frage: Warum lebe ich in einem Erdenleibe, in einem physischen Erdenleibe? – zu beantworten gehabt mit der Explikation des «Ex deo nascimur»; haben die Initiierten in dem Zeitalter des Mysteriums von Golgatha das Todesrätsel zu lösen versucht durch die Verbindung des Menschen mit dem Christus Jesus, der durch das Mysterium von Golgatha gegangen ist, in dem, was dann eine spätere Menschheit das «In Christo morimur» genannt hat, so hat eine neuere Initiationswissenschaft den Menschen durch die Gegenwart und namentlich in den nächsten Jahrhunderten allmählich hinzuführen zum Gottesbewußtsein, zum religiösen Leben, zu der Art, wie er sein Inneres für eine Geist-Erkenntnis des Kosmos auferweckt. Diejenige Initiationswissenschaft, die durch die Anthroposophie kommen soll, die auch der hier vorgetragenen Pädagogik zugrunde liegt, will nicht bloß das heutige schlafende äußere Wissen vermehren, auf das trotzdem die Menschheit so stolz ist, und trotzdem dieses äußere Wissen in bezug auf äußere Erfolge so glorios ist: sie will als anthroposophische Initiationswissenschaft dieses schlafende Wissen zum Erwachen bringen, sie will den in Verstandes-, in intellektualistischen Träumen befangenen Menschen auferwecken.

Daher ist diese Initiationswissenschaft, die durch Anthroposophie getragen werden will, nicht bloß eine Vermehrung von Kenntnissen und Erkenntnissen, sondern ein Impuls des Aufwachens, ein Versuch, die Frage zu beantworten: Wie erwachen wir aus dem Lebensschlafe?

Und so wie die ältesten Initiierten der Menschheit expliziert haben das Wort «Ex deo nascimur», so wie die späteren Initiierten expliziert haben das Wort «In Christo morimur», so wird diejenige Initiationsweisheit, welche trägt ein wirklich im Geiste erwachendes Erkenntnisleben der Zukunft, welche trägt ein wiederum zur religiösen Vertiefung führendes Leben, welche trägt ein wirkliches Gottesbewußtsein, nun dazu führen, daß man den Christus, den man erlebt im Hinblick auf das Mysterium von Golgatha, wiederum fühlt als den Logos, der durch den Kosmos weht und webt. Und indem der Mensch sich in seinem kosmischen Dasein wiederum fühlen wird, wird diese neue Initiationswissenschaft, die eine wirkliche spirituelle Christologie bringen soll, wie sie im Kleinen wirkend zum Beispiel eine Pädagogik bringen soll – es wird diese Initiationswissenschaft im Großen und im Kleinen in religiöser Hingebung in dem Dienste des Lebens, den sie der Praxis leisten will, sich immerdar bemühen, hinzuzufügen zu dem «Aus dem Gotte sind wir als physische Menschen geboren», zu dem «In dem Christus sterben wir, das heißt leben wir als Seele», das dritte: Indem wir zum Geiste vordringen durch die neuere Initiation, werden wir schon in diesem Erdenleben im Geiste lebendig, wachen wir auf, erleben wir die Erkenntniserweckung, die all unser Leben wiederum durchzieht mit dem Lichte der Religiosität, mit dem Lichte einer aus wirklich innerlicher Religiosität ergriffenen Moralität und Sittlichkeit. Kurz, diese neuere Initiationswissenschaft wird sich bestreben, zu dem alten Initiationsrätsel des «Ex deo nascimur» und dem mittleren Initiationsrätsel des «In Christo morimur», indem sie diese beiden Rätsel der Menschenseele wiederum voll lösend zurückgibt, sie wird sich bemühen, das andere in Lichtesklarheit in das Menschenherz hineinzutragen, das zur Auferweckung des Geistes in Menschenherz und Menschenseele führen soll, zur Religiosität der Erkenntnis: In der Erfassung des wahren, lebendigen Geistes werden wir selber als Leib, Seele und Geist auferweckt:

Per spiritum sanctum reviviscimus.

## NEUNTER VORTRAG

Ilkley, 13. August 1923

Daß man, wenn das Kind in das schulpflichtige Alter kommt, also beim Übergang zum Zahnwechsel, mit einem künstlerisch-bildnerischen Unterrichten und Erziehen das Richtige trifft, habe ich in den letzten Vorträgen auseinandergesetzt. Ich will heute nur noch zu den dort gemachten prinzipiellen Bemerkungen einige ergänzend hinzufügen, um namentlich zu zeigen, wie durch einen solchen Unterricht, wie er vorgestern charakterisiert worden ist, gerade das Gefühl, das Gemütsleben des Kindes in Anspruch genommen wird, so daß man durch einen solchen Unterricht vor allen Dingen auf das Gefühlsleben des Kindes wirkt und alles aus dem Gefühlsleben heraus entwickelt.

Vergegenwärtigen wir uns einmal durch einige charakteristische Beispiele, wie man aus dem Malerischen, aus dem Künstlerisch-Zeichnerischen das Schreiben heraus entwickeln kann. Ich habe schon gesagt, daß das Schreiben bei einem organisch-naturgemäßen Unterrichte vorangehen müsse dem Lesenlernen aus dem Grunde, weil das Schreiben mehr von dem ganzen Menschen in Anspruch nimmt als das Lesen.

Das Schreiben wird ausgeübt in einer Bewegung eines Organes, zu dem sich aber im Grunde genommen der ganze Mensch anschicken muß. Das Lesen nimmt nur den Kopf, den Intellekt in Anspruch, und man soll bei einem organischen Unterricht immer aus dem ganzen Menschen heraus dasjenige holen, was zu entwickeln ist. Man nehme also an, man habe die Kinder dahin gebracht, eine Anschauung zu gewinnen von fließendem Wasser. Fließendes Wasser hat das Kind nun gelernt ins Bild zu bringen. Wir nehmen an, wir seien so weit gekommen, daß wir dem Kinde etwas beigebracht haben von der Verbildlichung des fließenden Wassers, das Wellen wirft (es wird farbig gezeichnet). Wir wollen darauf hinarbeiten, daß das Kind nun achten lernt auf den Anfangslaut, den Anfangsbuchstaben des Wortes «Welle». Wir versuchen gerade das Anlauten, das Aussprechen des Anfangsbuchstabens charakteristischer Worte ins Auge zu fassen. Wir bringen dem Kinde bei, wie gewissermaßen an der Oberfläche des wellen-

werfenden Wassers sich diese Linie ergibt. Und wir bringen das Kind herüber vom Ziehen dieser Linie, den Wellen des fließenden Wassers entlang, zum zeichnerischen Formen dessen, was sich daraus ergibt: W.

Und man hat das Kind auf diese Weise dazu gebracht, daß es beginnt, aus dem Bilde heraus das W dem Spiel, der Linie der Welle nach schriftlich zu fixieren. – So holt man aus der Anschauung desjenigen, was das Kind ins Bild bringt, den zu schreibenden Buchstaben heraus.

Oder sagen wir, man bringt das Kind dahin, daß es etwa folgende Zeichnung macht, daß es den menschlichen Mund in dieser Weise zur Aufzeichnung bringt. Man hält es an, diesen Zug des Mundes festzuhalten und herauszuheben, und läßt es von da an herüberkommen zu

dem Verspüren des Anfangsbuchstabens des Wortes «Mund». – Ich habe bereits in einer Abendstunde angedeutet, wie man nun das Kind dazu bringen kann, einen Fisch aufzuzeichnen. Man bringt das Kind nun dahin, die Grundform festzuhalten und läßt es von da aus zum Erfühlen des Anfangslautes des Wortes kommen: «Fisch». Man wird auf diese Weise eine Anzahl von Buchstaben gewinnen können; an-

dere wird man auf eine andere Weise aus dem Zeichnerischen hervorholen müssen. Sagen wir zum Beispiel, man bringt dem Kinde auf irgendeine anschauliche Weise bei, wie der dahinbrausende Wind sich bewegt. Bei kleinen Kindern wird dies besser sein als eine andere Art; die Dinge können natürlich in der verschiedensten Weise gemacht werden. Man bringt dem Kinde das Hinstürmen des Windes bei. Nun läßt man das Kind das Sausen des Windes nachmachen und bekommt

auf diese Weise diese Form. Kurz, es ist möglich dadurch, daß man in dem Malerischen entweder scharf konturierte Gegenstände oder Bewegungen oder auch Tätigkeiten festzuhalten versucht, auf diese Weise fast alle Konsonanten zu entwickeln.

Bei den Vokalen wird man zu der Gebärde gehen müssen, denn die Vokale entstammen der Offenbarung des menschlichen Inneren. Im Grunde genommen ist das A zum Beispiel immer eine Art von Verwunderung und Staunen.

Da wird einem dann die Eurythmie besonders helfen. Denn in der

Eurythmie sind genau die dem Empfinden entsprechenden Gebärden gegeben. Und man wird das I, das A und so weiter aus den entsprechenden Eurythmiegebärden durchaus herausentwickeln können. Vokale müssen aus den Gebärden, die ja aus der menschlichen Lebendigkeit die Gefühle begleiten, herausentwickelt werden.

So kann man zu der Abstraktheit des Schreibens hingelangen aus dem ganz Konkreten des zeichnerischen Malens, des malenden Zeichnens, und man erlangt dadurch eben, daß das Kind immer von einem Gefühl im Bilde ausgegangen ist und den Buchstaben mit dem Seelischen des Gefühles in Verbindung hat bringen können, so daß das ganze Prinzip des Schreibens aus dem Gefühlsleben der menschlichen Seele hervorgeht.

Geht man dann über zum Lesen, so hat man ja im Grunde genommen nichts anderes zu tun, als darauf hinzuwirken, daß das Kind dasjenige durch den Kopf wiedererkennt, was es durch den ganzen Körper erarbeiten gelernt hat. So daß das Lesen ein Wiedererkennen einer Tätigkeit ist, die man selbst ausgeführt hat. Das ist von einer ungeheuren Wichtigkeit. Es verdirbt die ganze menschliche Entwickelung, wenn der Mensch zu einem Abstrakten direkt geführt wird, wenn er irgendeine Tätigkeit durch einen Begriff ausführen lernt. Dagegen führt es immer zu einer gesunden menschlichen Entwickelung, wenn zuerst die Tätigkeit angeregt wird und dann aus der Tätigkeit heraus der Begriff entwickelt wird.

Das Lesen ist durchaus in Begriffen lebend; daher hat man es als das zweite, nicht als das erste zu entwickeln. Sonst bringt man das Kind viel zu früh in eine Art von Kopfentwickelung hinein statt in eine vollmenschliche Entwickelung.

So sehen Sie ja, wie aller Unterricht im Grunde genommen in die Sphäre des ganzen Menschen, in die Sphäre des Künstlerischen dadurch gelenkt werden kann. Und dahin muß auch aller übrige Unterricht bis etwa zum Lebensalter von neuneinhalb Jahren zielen. Da muß alles auf das Bild, auf den Rhythmus, auf den Takt gehen. Alles andere ist verfrüht.

Daher ist es auch völlig unmöglich, einem Kinde irgendwie schon etwas vor diesem Lebensalter beizubringen, das einen starken Unterschied macht zwischen dem Menschen selber und zwischen der Außenwelt. Das Kind lernt sich selber von der Außenwelt erst zwischen dem neunten und zehnten Jahr unterscheiden. Daher handelt es sich darum, daß man alle Außendinge für das Kind, wenn es in die Schule hereinkommt, in eine Art lebendiger Wesen verwandelt, daß man nicht von Pflanzen spricht, sondern daß man spricht von den Pflanzen als lebenden Wesen, die einem selber etwas sagen, die einander etwas sagen, daß alle Naturbetrachtung, alle Menschheitsbetrachtung im Grunde genommen in Phantasie gegossen wird. Die Pflanzen sprechen, die Bäume sprechen, die Wolken sprechen. Und das Kind darf eigentlich in diesem Lebensalter einen Unterschied zwischen sich und der Welt gar nicht fühlen. Es muß in ihm künstlerisch das Gefühl erzeugt werden, daß es selber sprechen kann, daß die Gegenstände um es herum auch sprechen können.

Je mehr wir dieses Aufgehen des Kindes in der ganzen Umgebung erreichen, je mehr wir in der Lage sind, von allem, von Pflanze, Tier, Stein so zu reden, daß überall darinnen ein Sprechend-Webend-Geistiges an das Kind heranweht, desto mehr kommen wir dem entgegen, was das Kind in diesem Lebensalter aus dem Inneren seines Wesens heraus eigentlich von uns fordert, und wir erziehen dann das Kind in der Art, daß gerade in den Jahren, in denen das Gefühlsleben übergehen soll in Atmung und Blutkreislauf, in die Bildung der Gefäße, übergehen soll in den ganzen menschlichen Organismus, tatsächlich auch das Gefühlsleben für unsere Zeit richtig angesprochen wird, so daß das Kind in naturgemäßer Weise sich auch innerlich organisch gefühlsmäßig stark entwickelt.

Es ist eine ungeheure Wohltat, wenn wir so gefühlsmäßig das Schreiben entwickeln und dann leise nur den Intellekt anklingen lassen, indem wir das Geschriebene wiedererkennen lassen im Lesen. Da klingt leise der Intellekt an. Wir führen so das Kind am besten gegen das neunte Lebensjahr heran.

So daß wir sagen müssen: zwischen dem siebenten und neunten oder neuneinhalbten Lebensjahr ist vor allen Dingen aller Unterricht so zu geben, daß er an das Gefühlsleben appelliert, daß das Kind wirklich alle Formen der Buchstaben in das Gefühl hineinbekommt.

Man tut damit ungeheuer Bedeutsames für das Leben des Kindes. Denn es verfestigt das Kind zu stark, macht es gewissermaßen zu stark in seinem Knochen- und Sehnen- und Knorpelsystem gegenüber dem übrigen Organismus, wenn wir ihm das Schreiben mechanisch beibringen, wenn wir ihm eine gewisse Linienführung für die Buchstaben beibringen, um dadurch an den Körpermechanismus zu appellieren, statt an das Auge mitzuappellieren.

Wenn man an das Auge mitappelliert, das in Verbindung steht mit der sich bewegenden Hand, dadurch daß man aus dem Künstlerischen die Buchstaben herausarbeitet, wird der Buchstabe nicht bloß mechanisch durch eine Handführung erzeugt, sondern er wird so erzeugt, daß das Auge mit Wohlgefallen auf dem Ergebnis der eigenen Tätigkeit ruht. Dadurch wird eben das Seelische in der richtigen Weise für den Menschen in Anspruch genommen; dadurch wird in der richtigen Weise in dem Lebensalter das Gefühlsleben entwickelt, in dem es gerade am allerbesten in den physischen Organismus gesundend hineinströmen kann.

Was würden Sie sagen, meine sehr verehrten Anwesenden, wenn jemand, dem ein Fisch auf den Teller gelegt worden ist, sorgfältig das Fischfleisch weglegen würde, sich die Gräten aussondern und diese verzehren würde! Sie würden wohl wahrscheinlich eine furchtbare Angst bekommen, daß ein solcher Mensch an den Fischgräten ersticken könnte. Außerdem würde er diese Fischgräten nicht in der richtigen Weise seinem Organismus einverleiben können.

Aber so ist es, ganz genau so, nur auf einem anderen Niveau, auf dem Niveau der seelischen Unterweisung, wenn wir einem Kinde statt der lebensvollen Bilder, statt desjenigen, was den ganzen Menschen beansprucht, trockene, abstrakte, nüchterne Begriffe beibringen. Diese trockenen, abstrakten, nüchternen Begriffe müssen bloß da sein, damit sie gewissermaßen stützen, was bildhaft in der menschlichen Seele wird.

Nun richten wir tatsächlich, wenn wir so erziehen, wie ich es eben angeführt habe, dadurch, daß wir alles aus dem Bildhaften heraus entwickeln, das Kind so zurecht, daß es in die Lage kommt, immer bewegliche Begriffe zu haben, nicht starre Begriffe. Und dadurch werden wir bemerken können, daß, wenn das Kind das neunte oder neuneinhalbte Lebensjahr überschritten hat, es nun in schön organischer Weise hineingeführt werden kann in das Begreifen der Welt, wobei es sich selber schon von den Dingen und Ereignissen der Welt unterscheiden muß. Wir können dem Kind, nachdem wir ihm von den Pflanzen wie von sprechenden Wesen genügend lange erzählt haben, so daß es in Bildern gelebt hat, indem es auf die Pflanzenwelt hinschaute, wir können ihm dann dasjenige beibringen, was der Mensch am allerbesten von der Pflanzenwelt lernt, wenn er damit anfängt zwischen dem neunten und zehnten Jahre und allmählich im zehnten, elften Jahre dazu geführt wird.

Da ist wiederum gerade der menschliche Organismus dazu bereit, mit der Pflanzenwelt sich innerlich ideenhaft auseinanderzusetzen. Allerdings muß die Pflanzenkunde eine ganz andere Form annehmen für einen lebendigen, die Menschenentwickelung wirklich fördernden Kindesunterricht als dasjenige, was wir heute oftmals als Pflanzenkunde in die Schule hineintragen, weil wir es selber als Pflanzenkunde gelernt haben. Es hat gar keine Bedeutung für das Menschenleben seiner Wirklichkeit nach, höchstens eine konventionelle, ob man vorgelegt bekommen hat diese Pflanzen und jene Pflanzen und so weiter und einem dann Namen und Staubgefäßezahl, Farbe der Blumenblätter für diese Pflanzen beigebracht worden sind.

Alles, was auf diese Weise an das Kind herangebracht wird, bleibt dem Kinde fremd. Das Kind fühlt nur den Zwang, das erlernen zu müssen. Und derjenige, der auf diese Weise Pflanzenkunde im zehnten, elften Jahre an das Kind heranbringt, weiß eigentlich nichts von dem wirklichen Naturzusammenhange. Eine Pflanze für sich abgesondert zu betrachten, sie in die Botanisiertrommel einzupacken und dann zu Hause herauszulegen und für sich abgesondert zu betrachten, das heißt nichts anderes, als ein Haar sich auszupfen und dieses Haar auf ein Papier legen und das Haar für sich betrachten. Das Haar für sich ist nichts, das Haar für sich kann nicht entstehen, das Haar für sich hat keine Bedeutung – es hat nur eine Bedeutung, indem es lebendig am Kopfe des Menschen oder auf der Haut des Tieres wächst. Es hat nur einen lebendigen Sinn in seinem Zusammenhange. So aber hat auch die Pflanze nur einen lebendigen Sinn im Zusammenhange mit der Erde und mit den Sonnenkräften und – wie ich gleich nachher auseinandersetzen werde – mit noch anderen Kräften. So daß wir niemals eine Pflanze für das kindliche Alter anders betrachten sollen als im Zusammenhange mit der Erde und im Zusammenhange mit den Sonnenkräften.

Ich kann hier nur skizzieren, was man in einer anschaulichen, bildlichen Weise in einer Anzahl von Stunden dem Kinde beibringen kann. Da muß es sich darum handeln, dem Kinde das Folgende beizubringen: Hier ist die Erde (siehe Zeichnung). Mit der Erde in inniger

Verbindung, zur Erde gehörig, ist die Wurzel der Pflanze. Niemals sollte eine andere Vorstellung erweckt werden als die einzig lebendige, daß Erde und Wurzel zusammengehören. Und dann sollte niemals eine andere Vorstellung erweckt werden als diese, daß die Blüte von der Sonne und ihren Strahlen an der Pflanze hervorgerufen wird. So wird das Kind lebendig ins Weltenall hineinversetzt.

Wer als Lehrer innere Lebendigkeit genug hat, der kann dieses lebendig in das Weltenall Hineinversetztsein der Pflanze durchaus gerade in diesem Lebensalter, von dem ich jetzt spreche, am besten an das Kind heranbringen. Er kann in dem Kinde zunächst förmlich das Gefühl hervorrufen, wie die Erde mit ihren Stoffen die Wurzel durchdringt, wie die Wurzel sich der Erde entringt, und wie dann, wenn die Wurzel nach oben den Sproß getrieben hat, der Sproß von der Erde geboren wird, wie von der Sonne Licht und Wärme zum Blatt und zur Blüte entfaltet wird, wie die Sonne die Blüte sich heranerzieht, wie die Erde die Wurzel in Anspruch nimmt.

Dann macht man das Kind in lebendiger Art darauf aufmerksam, wie eine feuchtliche Erde, eine Erde, die also innerlich wässerig ist, in anderer Weise auf die Wurzel wirkt als eine trockene Erde; wie durch eine trockene Erde die Wurzel verkümmert wird, durch eine wässerige Erde die Wurzel selber saftig und lebensvoll gemacht wird.

Man macht das Kind darauf aufmerksam, wie die senkrecht auf die Erde auffallenden Sonnenstrahlen die gelben Löwenzahnblüten aus der Pflanze herausholen oder die Blüten der Ranunkeln oder dergleichen, oder auch die Rosenblüten; wie aber der schief einfallende Sonnenstrahl, der über die Pflanzen gewissermaßen hinwegstreicht, die dunkle, violette Herbstzeitlose hervorruft. Und man bringt so überall in lebendigen Zusammenhang die Wurzel mit der Erde, Blatt und Blüte mit der Sonne.

Und dann wird man auch, wenn man in dieser Weise lebendig das Ideenbild des Kindes in den Kosmos hineinstellt, ihm beibringen können, wie sich wiederum oben das ganze Pflanzenwachstum zum Fruchtknoten zusammenzieht, wie daraus die neue Pflanze wird.

Und jetzt wird man – ich darf da schon die Zukunft etwas vorausnehmen – einmal eine Wahrheit, ganz zugerichtet für das kindliche Lebensalter, entwickeln müssen, die auszusprechen man sich heute im öffentlichen Leben eigentlich noch etwas genieren muß, weil es als ein Aberglaube, als eine Phantasterei, als etwas mystisch Nebuloses angesehen wird. Aber geradeso wie die Sonne herausholt die Blüte in ihrer Farbigkeit, so holen die Mondenkräfte den wiederum sich zusammenziehenden Fruchtknoten aus der Pflanze heraus. Die Mondenkraft ist es, die den Fruchtknoten aus der Pflanze wiederum herausholt.

Und so stellt man die Pflanze lebendig hinein in Erdenwirkung, Sonnenwirkung, Mondenwirkung. Nur, die Mondenwirkung muß man heute noch weglassen; denn wenn die Kinder dann nach Hause kommen würden und würden erzählen, daß sie gelernt haben, der Fruchtknoten hätte etwas mit dem Mond zu tun, so würde vielleicht – selbst wenn die Eltern schon geneigt wären, bei den Kindern das entgegenzunehmen –, wenn gerade ein Naturforscher als Besuch da wäre, dieser sofort die Möglichkeit haben, die Eltern zu veranlassen, das Kind doch ja aus dieser Schule gleich wegzunehmen! Also damit muß man heute noch zurückhalten, wie man überhaupt in bezug auf wichtige Dinge selbstverständlich heute, unserer ganz veräußerlichten Zivilisation Rechnung tragend, mit manchem zurückhalten muß. Aber ich möchte gerade in dieser radikalen Weise zeigen, wie man die lebendigen Begriffe entwickeln muß, die nun nicht aus irgend etwas, was im Grunde genommen für sich gar nicht existiert, herausgeholt sind – denn die Pflanze existiert für sich nicht, ohne Sonne, ohne Erde ist sie nichts –, sondern wie man diesen Begriff von der wahren Wirklichkeit nehmen muß. Darum handelt es sich.

Nun muß man dem Kinde beibringen – und da wird man schon eher so vorgehen können –, wie, wenn hier die Erde ist (siehe Zeichnung), die Erde nun etwas auswächst, einen Hügel erzeugt. Aber der Hügel, der wird von den Kräften der Luft und schon von den Kräften der Sonne durchsetzt. Er bleibt nicht mehr Erde. Er wird etwas, was zwischen dem saftigen Pflanzenblatt und auch schließlich der Pflanzenwurzel und der trockenen Erde mitten drinnen steht: er

wird Baumstamm. Und auf der also ausgewachsenen Pflanze wachsen nun erst die einzelnen Pflanzen, die die Äste des Baumes sind. So daß man kennenlernt, wie eigentlich der Baumstamm eine aufsprossende Erde ist.

Man bekommt dadurch nun auch den Begriff davon, wie innig verwandt dasjenige, was ins Holz übergeht, mit dem eigentlichen Erdreiche ist. Und damit das Kind das recht gut begreift, weist man es hin, wie das Holz vermodert, immer erdiger und erdiger wird und schließlich in Staub auseinanderfällt, schon ganz ähnlich der Erde ist, und wie im Grunde genommen aller Erdensand, alles Erdengestein auf diese Weise aus dem, was eigentlich hat Pflanze werden sollen, hervorgegangen ist, wie die Erde im Grunde genommen eine große Pflanze ist, ein Riesenbaum, und alle einzelnen Pflanzen als Äste darauf wachsen. Man bekommt nun für das Kind den möglichen Begriff, daß die Erde eigentlich im ganzen ein lebendes Wesen ist, und daß die Pflanzen zur Erde hinzugehören.

Das ist außerordentlich bedeutsam, daß das Kind in dieser Weise nicht den vertrackten Begriff unserer Geologie und Geognosie bekommt, als ob die Erde nur aus Gestein bestehen würde, und nur die Gesteinskräfte zur Erde gehörten, während doch die Pflanzenwachstumskräfte geradeso zur Erde gehören wie die Gesteinskräfte. Und was das Wichtigste ist: man redet gar nicht von Gestein für sich zunächst. Und man wird merken, daß das Kind in mancher Beziehung sehr neugierig ist. Aber wenn man ihm in dieser Beziehung lebendig, wie aus der Erde hervorgehend, durch die Sonne hervorgezogen, die ganze Pflanzendecke als etwas zur Erde Gehöriges beibringt, dann wird es nicht neugierig dem gegenüber, was die Steine für sich sind. Es interessiert sich noch nicht für das Mineralische. Und es ist das größte Glück, wenn das Kind sich bis zum elften, zwölften Jahre nicht für das tote Mineralische interessiert, sondern wenn es die Vorstellung aufnimmt, daß die Erde ein ganzes lebendes Wesen ist, gewissermaßen nur ein schon im Verbröckeln begriffener Baum, der alle Pflanzen als Äste hervorbringt. Und Sie sehen, man bekommt auf diese Weise außerordentlich gut die Möglichkeit, auch zu den einzelnen Pflanzen überzugehen.

Ich sage zum Beispiel dem Kinde: Nun ja, bei solch einer Pflanze (siehe Zeichnung Seite 161) sucht die Wurzel den Boden, die Blüte wird von der Sonne herausgezogen. – Man nehme nun an, die Wurzel, die an der Pflanze wachsen will, finde nicht recht den Boden, sie findet nur

verkümmerten Boden, und dadurch gibt sich auch die Sonne keine Mühe, die Blüte hervorzubringen. Dann hat man eine Pflanze, welche nicht recht den Boden findet, keine richtige Wurzel treibt, aber auch keine richtige Blüte hervorbringt: man hat einen Pilz.

Und man führt dann das Kind dazu, zu verstehen, wie es nun ist, wenn sich dasjenige, was, wenn es die Erde nicht recht findet, zum Pilz entwickelt, wenn das sich einpflanzen kann in etwas, wo die Erde schon ein wenig Pflanze geworden ist, wenn es sich also, statt sich in den Erdboden einpflanzen zu müssen, einpflanzen kann in den pflanzlich gewordenen Hügel, in den Baumstamm: da wird es Baumflechte, da wird es jene graugrüne Flechte, welche man an der Oberfläche der Bäume findet, ein Parasit.

Man bekommt auf diese Weise die Möglichkeit, aus dem lebendigen Wirken und Weben der Erde heraus selber dasjenige zu ziehen, was sich in allen einzelnen Pflanzen ausdrückt. Dadurch entwickelt man in dem Kinde, wenn man es so lebendig in das Pflanzenwachstum einführt, aus dem Botanischen, aus der Pflanzenkunde heraus die Anschauung von dem Antlitz der Erde.

Das Antlitz der Erde ist anders, wo gelbe, sprossende Pflanzen sind, das Antlitz der Erde ist anders, wo verkümmerte Pflanzen sind. Und man findet von der Pflanzenkunde den Übergang zu etwas anderem, was außerordentlich bedeutsam für die Entwickelung des Kindes wird, wenn es gerade aus der Pflanzenkunde herausgeholt wird: die Geographie. Das Antlitz der Erde den Kindern beizubringen, soll auf diese Weise geschehen, daß man hervorholt die Art und Weise, wie die Erde an ihrer Oberfläche wirken will, aus der Art und Weise, wie sie die Pflanzen an einer bestimmten Oberfläche hervorbringt.

Auf diese Weise entwickelt man in dem Kinde einen lebendigen Intellekt statt eines toten. Und für die Entwickelung dieses lebendigen Intellektes ist die Lebenszeit zwischen dem neunten, zehnten und dem elften, zwölften Lebensjahr die allerbeste. Dadurch, daß man in dieser Weise das Kind hineinführt in das lebendige Weben und Leben der Erde, die aus ihrer inneren Vitalkraft die verschieden gestalteten Pflanzen hervorbringt, bringt man dem Kinde statt toter Begriffe lebendige Begriffe bei, Begriffe, die dieselbe Eigenschaft haben wie ein menschliches Glied. Wenn man noch ein ganz kleines Kind ist, dann muß ein menschliches Glied wachsen. Wir dürfen die Hand nicht in einen eisernen Handschuh einspannen, sie würde nicht wachsen können. Aber die Begriffe, die wir den Kindern beibringen, die sollen möglichst scharfe Konturen haben, sollen Definitionen sein, und das Kind soll immer definieren. Das Schlimmste, was wir dem Kinde beibringen können, sind Definitionen, sind scharf konturierte Begriffe, denn die wachsen nicht; der Mensch aber wächst mit seinem organischen Wesen. Das Kind muß bewegliche Begriffe haben, die, wenn das Kind reifer und reifer wird, ihre Form fortwährend ändern. Wir dürfen uns nicht, wenn wir vierzig Jahre alt geworden sind, bei irgendeinem Begriff, der auftaucht, an das erinnern müssen, was wir mit zehn Jahren gelernt haben, sondern der Begriff muß sich in uns verändert haben, so wie unsere Glieder, unser ganzer Organismus sich organisch auch verändert haben.

Lebendige Begriffe bekommt man aber nur, indem man nicht dasjenige an das Kind heranträgt, was man Wissenschaft nennt, und was heute sich zumeist dadurch auszeichnet, daß man dadurch nichts weiß, diese tote Wissenschaft, die man nun einmal lernen muß, sondern indem man das Kind gerade einführt in das Lebendige im Natürlichen in der Welt. Dadurch bekommt es seine beweglichen Begriffe, und es wird seine Seele wachsen können in einem Körper, der wie die Natur wächst. Dann wird man nicht dasjenige, was so oft die Erziehung bietet, auch bieten: daß man in einen Körper, der naturgemäß wächst, ein Seelisches hineinverpflanzt, das nicht wachsen kann, sondern das tot ist. Für die menschliche Entwickelung taugt es nur, wenn in dem lebendig wachsenden physischen Organismus auch eine lebendig wachsende Seele, ein lebendig wachsendes Seelenleben ist.

Das muß aber auf diese Weise erzeugt werden und kann am besten erzeugt werden, wenn alles Pflanzenleben in innigem Zusammenhang mit der Erdengestaltung angeschaut wird, wenn also Erdenleben und Pflanzenleben dem Kinde als Einheit vorgeführt werden, wenn Erdenerkenntnis Pflanzenerkenntnis ist, und wenn das Kind das Leblose zunächst daran erkennt, daß der Baum vermodert und zu Staub wird, wenn es also das Leblose zunächst als den Überrest des Lebendigen kennenlernt. Wir sollen dem Kinde nur ja nicht Mineralkenntnis beibringen in diesem Lebensalter, von dem ich jetzt spreche, sondern Begriffe, Ideen von dem Lebendigen. Darauf kommt es an.

Wie man die Pflanzenwelt bei dem Unterweisen des Kindes in Zusammenhang bringen soll mit der Erde, so daß gewissermaßen die Pflanzenwelt als etwas erscheint, was aus dem lebendigen Erdenorganismus als dessen letztes Ergebnis nach außen herauswächst, so soll man die gesamte Tierwelt als eine Einheit wiederum heranbringen an den Menschen. Und so stellt man das Kind lebendig in die Natur, in die Welt hinein. Es lernt verstehen, wie der Pflanzenteppich der Erde zu dem Organismus Erde gehört. Es lernt aber auf der anderen Seite auch verstehen, wie alle Tierarten, die über die Erde ausgebreitet sind, in einer gewissen Weise der Weg zum Menschenwachstum sind. Die Pflanzen zur Erde, die Tiere an den Menschen herangeführt, das muß Unterrichtsprinzip werden. Ich kann dies nur prinzipiell rechtfertigen. Es handelt sich darum, daß dann mit wirklich künstlerischem Sinn für die Einzelheiten des Unterrichtes für das zehn-, elf-, zwölfjährige Kind die Unterweisung über die Tierwelt im Detail durchgeführt wird.

Sehen wir uns den Menschen an. Wir wollen, wenn auch in ganz einfacher, vielleicht primitiver Weise schon dem Kinde die Menschenwesenheit vor das Seelenauge führen, und man kann es, wenn man es in der Weise künstlerisch vorbereitet hat, wie es geschildert worden ist. Da wird das Kind, wenn auch in primitiver Weise, unterscheiden lernen, wie der Mensch zu gliedern ist in eine dreifache Organisation. Wir betrachten die Kopforganisation, bei der im wesentlichen die weichen Teile im Inneren sind, wie eine harte Schale insbesondere um das Nervensystem herumwächst, wie also die Kopforganisation in einer gewissen Weise nachbildet die kugelförmige Erde, wie sie im Kosmos drinnen steht, wie diese Kopforganisation im wesentlichen den weichen Innenteil, insbesondere nach dem Gehirn zu, und die harte äußere Schale umfaßt. Man wird möglichst anschaulich künstlerisch das Kind durch alle möglichen Mittel an ein Verstehen der Kopforganisation heranführen, und man wird dann versuchen, ebenso das Kind heranzuführen an das zweite Glied der menschlichen Wesenheit, an alles dasjenige, was zusammenhängt mit dem rhythmischen System des Menschen, was die Atmungsorgane, was die Blutzirkulationsorgane mit dem Herzen umfaßt. Man wird, grob gesprochen, das Kind heranführen an die Brustorganisation, wird – ebenso wie man plastisch-künstlerisch die schalenförmigen Kopfknochen, welche die Weichteile des Gehirnes umschließen, betrachtet – jetzt die sich Glied an Glied heranreihenden Rückgratknochen der Wirbelsäule künstlerisch betrachten, an die sich die Rippen anschließen. Man wird die ganze Brustorganisation mit Einschluß des Atmungs-, des Zirkulationssystems, kurz, der rhythmischen Wesenheit des Menschen in ihrer Eigenart betrachten und wird dann zum dritten Glied der menschlichen Organisation, zur Stoffwechsel-Gliedmaßenorganisation übergehen. Die Gliedmaßen als Bewegungsorgane unterhalten im wesentlichen den Stoffwechsel, indem sie durch ihre Bewegung eigentlich die Verbrennung regulieren. Sie hängen zusammen mit dem Stoffwechsel. Die Gliedmaßen-Stoffwechselorganisation ist eine einheitliche.

So gliedern wir den Menschen zunächst in diese drei Glieder. Und wenn man den nötigen künstlerischen Sinn als Lehrer hat und dabei bildhaft vorgeht, so kann man durchaus diese Anschauung von dem dreigliedrigen Menschen schon dem Kinde beibringen.

Jetzt führt man die Aufmerksamkeit des Kindes auf die in dem Erdendasein ausgebreiteten verschiedenen Tierarten. Man führt das Kind zunächst zu den niederen Tieren, zu denjenigen Tieren besonders, welche Weichteile im Inneren haben, Schalenförmiges nach außen, zu den Schalentieren, zu den niederen Tieren, die eigentlich nur aus einer das Protoplasma umhüllenden Haut bestehen; und man wird dem Kinde beibringen können, daß gerade diese niederen Tiere primitiv die Gestalt der menschlichen Hauptesorganisation an sich tragen.

Unser Haupt ist das aufs höchste ausgestaltete niedere Tier. Wir müssen – wenn wir das menschliche Haupt, namentlich die Nervenorganisation ins Auge fassen – nicht auf die Säugetiere schauen, nicht auf die Affen, sondern wir müssen zurückgehen gerade bis zu den niedersten Tieren. Wir müssen auch in der Erdengeschichte zurückgehen bis in älteste Formationen, wo wir Tiere finden, die gewissermaßen nur ein einfacher Kopf sind. Und so müssen wir die niedere Tierwelt dem Kinde als eine primitive Kopforganisation begreiflich machen. Wir müssen dann die etwas höheren Tiere, die um die Fischklasse herumgruppiert sind, die besonders die Wirbelsäule ausgebildet haben, die «mittleren Tiere» den Kindern begreiflich machen als solche Wesen, die eigentlich nur den rhythmischen Teil des Menschen stark ausgebildet und das andere verkümmert haben. Indem wir das Haupt des Menschen betrachten, finden wir also in der Tierwelt auf primitiver Stufe die entsprechende Organisation bei den niedersten Tieren; wenn wir die menschliche Brustorganisation betrachten, finden wir die Tierart, die um die Fischklasse herum ist als diejenige, welche in einseitiger Weise die rhythmische Organisation äußerlich offenbart. Und gehen wir zu der Stoffwechsel-Gliedmaßenorganisation, dann kommen wir herauf zu den höheren Tieren. Die höheren Tiere bilden besonders die Bewegungsorgane in der mannigfaltigsten Weise aus. Wie schön hat man Gelegenheit, mit künstlerischem Sinn den Bewegungsmechanismus im Pferdefuß zu betrachten, in dem Krallenfuß des Löwen, in dem Fuß, der mehr ausgebildet ist zum Waten beim Sumpftier. Welche Gelegenheiten hat man, von den menschlichen Gliedmaßen aus die einseitige Ausbildung des Affenfußes zu betrachten. Kurz, kommt man zu den höheren Tieren herauf, so fängt man an, das ganze Tier durch besondere Gliederung, durch plastische Ausgestaltung der Bewegungsorgane oder auch der Stoffwechselorgane zu begreifen. Die Raubtierarten unterscheiden sich von den Wiederkäuerarten dadurch, daß bei den Wiederkäuerarten ganz besonders das

Darmsystem zu einer starken Länge ausgebildet ist, während bei den Raubtierarten der Darm kurz ist, dafür aber alles dasjenige, was das Herz und die Blutzirkulation zur Verdauung beitragen, besonders stark und kräftig ausgebildet ist.

Und indem man gerade die höheren Tiere betrachtet, erkennt man, wie einseitig diese höhere Tierorganisation dasjenige gibt, was im Menschen in der Stoffwechsel-Gliedmaßenorganisation ausgebildet ist. Anschaulich kann man da schildern, wie beim Tiere die Kopforganisation eigentlich nur der Vorderteil des Rückgrates ist. Da geht ja das ganze Verdauungssystem beim Tiere in die Kopforganisation hinein. Beim Tier gehört der Kopf wesentlich zu den Verdauungsorganen, zum Magen und Darm. Man kann beim Tiere eigentlich den Kopf nur im Zusammenhange mit Magen und Darm betrachten. Der Mensch setzt gerade dasjenige, was, man möchte sagen, jungfräulich geblieben ist, bloß als Weichteile von Schale umgeben ist, auf diese Stoffwechsel-Gliedmaßenorganisation, die das Tier noch im Kopfe trägt, darauf und erhebt dadurch die menschliche Kopforganisation eben über die Kopforganisation des Tieres, die nur eine Fortsetzung des Stoffwechsel-Gliedmaßensystems ist; während der Mensch mit seiner Kopforganisation zurückgeht zu demjenigen, was in der einfachsten Weise die Organisation selber gibt: Weichteile, umschlossen von schaligen Organen, von schaligen Knochen. Man kann anschaulich entwickeln, wie die Kieferorganisation gewisser Tiere im Grunde genommen am besten betrachtet wird, wenn man den Kiefer, Unterkiefer, Oberkiefer als die vordersten Gliedmaßen betrachtet. So versteht man plastisch am allerbesten den Tierkopf.

Auf diese Weise bekommt man den Menschen als eine Zusammenfassung dreier Systeme: Kopfsystem, Brustsystem, Gliedmaßen-Stoffwechselsystem; die Tierwelt als einseitige Ausbildung entweder des einen oder des anderen Systems. Niedere Tiere, zum Beispiel Schalentiere, entsprechen also dem Kopfsystem; die anderen lassen sich aber auch in einer gewissen Weise dadurch betrachten. Dann Gliedmaßentiere: Säugetiere, Vögel und so weiter. Brusttiere, die also das Brustsystem vorzugsweise ausgebildet haben: Fische, und was ähnlich noch den Fischen ist, die Reptilien und so weiter. Man bekommt das Tier-

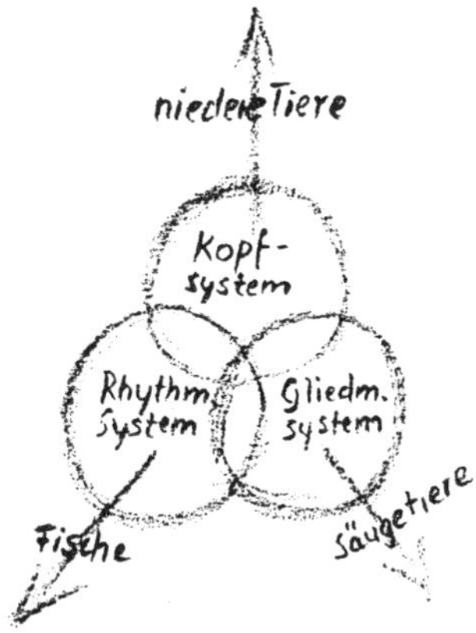


reich als den auseinandergelegten Menschen, als den in fächerförmige Glieder über die Erde ausgebreiteten Menschen. Wie man die Pflanzen mit der Erde zusammenbringt, bringt man die fächerförmig ausgebreiteten Tierarten der Welt mit dem Menschen zusammen, der in der Tat die Zusammenfassung der ganzen Tierwelt ist.

Geht man also zuerst von der physischen Organisation des Menschen aus, bringt man dem Kinde so die dreifache Gliederung des Menschen in einfacher Weise bei, und geht man die Tiere durch, zeigt man, wie die Tiere einseitig nach irgendeiner Richtung dasjenige entwickeln, was beim Menschen in ein Ganzes harmonisch eingegliedert ist: dann kann man finden, wie gewisse Tiere die Brustorgane einseitig entwickeln, andere die Darmorgane einseitig entwickeln, andere die oberen Verdauungsorgane einseitig entwickeln und so weiter; wie bei manchen Tieren, etwa bei den Vögeln, Umgestaltungen gewisser Organe da sind, sogar der Verdauungsorgane in der Kropfbildung der Vögel und dergleichen. Man kann jede Tierart als die einseitige Ausbildung eines menschlichen Organsystems auf diese Weise hinstellen; die ganze Tierwelt als die fächerartige Ausbreitung des Menschenwesens über die Erde; den Menschen als die Zusammenfassung der ganzen Tierwelt.

Bringt man das zustande, versteht das Kind die Tierwelt als den Menschen, der seine einzelnen Organsysteme einseitig ausgebildet hat – das eine Organsystem lebt als diese Tierart, das andere Organsystem als die andere Tierart –, dann kann man, wenn sich das zwölfte Lebensjahr naht, wieder heraufkommen zum Menschen. Denn dann wird das Kind wie selbstverständlich begreifen, wie der Mensch gerade dadurch, daß er seinen Geist in sich trägt, eine symptomatische Einheit, eine künstlerische Zusammenfassung, eine künstlerische Ausgestaltung der einzelnen Menschenfragmente ist, welche die Tiere, die in der Welt verbreitet sind, darstellen. Eine solche künstlerische Zusammenfassung ist der Mensch dadurch, daß er seinen Geist in sich trägt. Dadurch harmonisiert er gegenseitig zu einem Ganzen die niedere Tierorganisation, die er kompliziert umbildet zur Kopforganisation, entsprechend eingliedert in die Brustorganisation, die er entsprechend ausbildet, damit sie zu den anderen Teilen der Organe paßt; er trägt also auch dasjenige, was in der Fischorganisation ist, in sich, und er trägt dasjenige in sich, was in der höheren Tierorganisation ist, aber harmonisch einem Ganzen eingeordnet. Der Mensch stellt sich heraus als die durch den Geist aus einzelnen Fragmenten, die als Tiere über die Welt zerstreut sind, zusammengefaßte totale Wesenheit. Dadurch wird die Tierwelt an den Menschen herangebracht, der Mensch aber zu gleicher Zeit als Geistträger über die Tierwelt erhöht.

Gibt man einen solchen Unterricht, dann wird man sehen, wenn man unbefangene Menschenerkenntnis hat, daß geradeso wie ein solcher Pflanzenkunde-Unterricht auf die lebendige Begriffswelt wirkt und den Menschen in der rechten Weise durch Klugheit in die Welt hineinstellt, durch Klugheit ihn tüchtig macht, so daß er sich mit seinen Begriffen lebendig durch das Leben findet; daß er dadurch, daß er aufnimmt eine solche belebte Anschauung über seine Stellung zur gesamten Tierwelt, besonders seinen Willen kräftigt.

Man muß nur bedenken, daß man ja das, was ich jetzt in zwanzig Minuten zu erörtern habe, durch längere Zeit erörtern wird, daß das von Stufe zu Stufe geht, daß man das Kind allmählich gewöhnt, seine ganze Wesenheit zu vereinigen mit solchen Vorstellungen. Und dadurch saugen sich diese Vorstellungen hinein in die willensgemäße Stellung, die sich der Mensch auf Erden gibt. Der Mensch wird innerlich dem Willen nach stark, wenn er in dieser Weise in seiner eigenen Erkenntnis sich hervorwachsen sieht aus dem Zusammenfließen aller tierischen Fragmente durch den lebendigen Geist, der diese Synthese bewirkt. Das geht über in die Willensbildung der Seele.

Und so wirken wir in einem Unterrichte nicht nur dahin, daß wir dem Menschen Kenntnisse beibringen über die Pflanzen, Kenntnisse beibringen über die Tiere, sondern wir wirken durch unseren Unterricht auf die Charakterbildung, auf die Bildung des ganzen Menschen: indem wir den Menschen heranführen an die Pflanzen und so seine Klugheit in gerechter Weise ausbilden, indem wir den Menschen heranbringen an die Tierwelt und dadurch seinen Willen in gerechter Weise ausbilden.

Dann haben wir es erreicht zwischen dem neunten und zwölften Jahre, daß wir den Menschen mit den anderen Geschöpfen, den Pflanzen und den Tieren der Erde, so in Zusammenhang gebracht haben, daß er in der richtigen Weise durch Klugheit, durch eine gerechte Klugheit, und auf der anderen Seite durch eine entsprechende, ihm seine Stellung in der Welt für sein eigenes Bewußtsein sichernde Willensstärke seinen Weg durch die Welt findet.

Und das sollen wir vor allem durch die Erziehung bewirken: den jungen Menschen sich so entwickeln zu lassen, daß er nach diesen beiden Seiten hin seinen Weg durch die Welt findet. Aus dem Fühlen, das wir entwickelt haben vom siebenten bis zum neunten oder neuneinhalbten Jahre, haben wir herausentwickelt Klugheit und Willensstärke. Und so kommen in der richtigen Weise, was sonst oftmals in ganz unorganischer Weise im Menschen entwickelt wird, Denken, Fühlen und Wollen in das richtige Verhältnis. Im Fühlen wurzelt alles andere. Das muß auch beim Kinde zuerst ergriffen werden, und aus dem Fühlen entwickeln wir im Zusammenhange mit der Welt das Denken an dem, was das Denken niemals tot sein läßt: an der Pflanzenwelt; den Willen an dem, was den Menschen, wenn er richtig betrachtet wird, mit dem Tiere richtig zusammenbringt, aber ihn auch über das Tier erhöht: durch die Tierkunde die Ausbildung des Willens.

So geben wir dem Menschen die richtige Klugheit und den starken Willen ins Leben mit. Und das sollen wir; denn dadurch wird er ein ganzer Mensch, und darauf hat es vor allen Dingen die Erziehung anzulegen.

# ZEHNTER VORTRAG

## Ilkley, 14. August 1923

Eine Ausnahmestellung nimmt in Unterricht und Erziehung Rechnen, Arithmetik und Geometrie, also das Mathematische, ein. Man sollte eigentlich als Lehrer immer ganz genau wissen, was man in der Schule oder überhaupt dem Kinde gegenüber tut, was durch irgendeine Handhabung an dem Kinde geschieht. Nur wenn diese Voraussetzung erfüllt ist, wenn der Lehrer weiß, welche Konsequenz für das Kind das eine oder das andere hat, das er tut, dann kann eigentlich der Unterricht die entsprechende Lebendigkeit haben und auch eine wirkliche Kommunikation zwischen der Seele des Lehrers und des Kindes hervorrufen.

Nun ist der Mensch einmal ein Wesen, das aus Körper, Seele und Geist gegliedert ist und bei dem das Körperliche vom Geistigen gestaltet, geformt wird; so daß der Lehrer immer auch wissen muß, was bei einer körperlichen Gestaltung in der Seele, im Geiste eigentlich vorgeht, und wiederum, welche Folge für den Körper etwas hat, wenn auf den Geist oder auf die Seele gewirkt wird.

Wenn wir dem Kinde etwas beibringen, was auf sein bildhaftes Vorstellen wirkt, also fast alles dasjenige, was wir gestern anführen konnten als Malerisches, Zeichnerisches, das dann zum Schreiben führt, wenn wir dem Kinde etwas wie die Pflanzenkunde in dem Sinne beibringen, wie wir das gestern ausgeführt haben, dann wirkt dies auf das Kind so, daß dabei vorzugsweise dasjenige berücksichtigt wird, was ich auch schon in diesen Vorträgen als ein höheres Glied in der menschlichen Wesenheit, als den Äther- oder Bildekräfteleib charakterisiert habe.

Der Mensch hat ja zunächst seinen physischen Leib. Man nimmt ihn durch gewöhnliche physische Sinneswahrnehmungen eben wahr. Der Mensch hat aber außer diesem physischen Leib eine innere Organisation, die nur wahrgenommen werden kann durch Imagination, durch die imaginative Erkenntnis: einen übersinnlichen Leib, Ätherleib, Bildekräfteleib. Und dann hat der Mensch in sich eine Organisation, welche nur wahrgenommen werden kann durch Inspiration. Man braucht sich dabei, ich sagte es schon einmal, nicht an den Ausdrücken zu stoßen; sie sind eine Terminologie, die man eben brauchen muß. Durch Inspiration bekommt man eine Einsicht in den sogenannten astralischen Leib und in das eigentliche Ich des Menschen, in das eigentliche Selbst des Menschen.

Nun ist die Sache so, daß von der Geburt bis zum Tode der Äther- oder Bildekräfteleib, diese erste übersinnliche Organisation, sich niemals vom physischen Leib trennt. Erst mit dem Tode geschieht das. Im Schlafzustande läßt der Mensch seinen Äther- oder Bildekräfteleib bei dem physischen Leibe zurück. Physischer Körper und Ätherkörper bleiben im Bette liegen, wenn der Mensch schläft; der astralische Leib und die Ich-Organisation gehen beim Einschlafen aus dem physischen Leib und dem Ätherleib heraus und gehen beim Aufwachen wieder in diese hinein.

Wenn wir nun dem Kinde zum Beispiel etwas beibringen aus Rechnen oder Geometrie oder aus denjenigen Gebieten, die ich gestern angeführt habe als zeichnendes Malen, malendes Zeichnen, als Übergang zum Schreiben, so wird durch diesen Unterricht der physische Leib und der Ätherleib beeinflußt. Und wenn wir dem Äther- oder Bildekräfteleib das beibringen, was ich gestern hier skizziert habe, wenn wir ihm etwas beibringen von Rechnen oder Geometrie, so behält er das auch während des Schlafes, so schwingt er auch während des Schlafes fort.

Wenn wir dem Kinde dagegen etwas beibringen von Geschichte oder von jener Tierkunde, von der ich gestern gesprochen habe, so wirkt das nur auf den astralischen Leib und die Ich-Organisation. Das nimmt der Mensch beim Einschlafen aus seinem physischen und Ätherleib heraus mit in die geistige Welt.

Das ist also ein großer Unterschied, ob ich Schreiben oder Pflanzenkunde lehre, das behält die körperliche und die ätherische Organisation im Bette zurück, das schwingt weiter, oder ob ich Geschichte oder Menschenkunde lehre, die nimmt das Ich und der astralische Leib jedesmal beim Schlaf in die geistige Welt mit hinaus. Das bedeutet einen gewaltigen Unterschied in der Wirkung auf den Menschen.

Sie müssen sich klar darüber sein, daß all die bildhaften, imaginativen Eindrücke, die ich auf das Kind mache, sogar während des Schlafes die Tendenz haben, sich zu vervollkommnen, vollkommener zu werden. Dagegen muß dasjenige, was wir zum Beispiel aus Geschichte oder Menschenkunde dem Kinde beibringen, auf die eigentlich seelisch-geistige Organisation wirken, und das hat die Tendenz, während des Schlafens vergessen zu werden, unvollkommener zu werden, blaß zu werden. Es ist daher notwendig, daß wir beim Unterricht darauf Rücksicht nehmen, ob wir einen Stoff haben, der zum Ätherleib und zum physischen Leibe spricht, oder ob wir einen Stoff haben, der zur Ich-Organisation und zur astralischen Organisation spricht.

Diejenigen Dinge nun, die ich gestern angeführt habe als Pflanzenkunde, als dasjenige, was zum Schreiben und Lesen führt, das spricht alles zum physischen Leib und zum Ätherleib. Wir werden noch über den geschichtlichen Unterricht uns zu verständigen haben. Wir haben schon über den tierkundlichen und menschenkundlichen Unterricht Richtlinien gegeben; der spricht zu dem, was aus physischem Leib und Ätherleib herausgeht während des Schlafes. Rechnen, Geometrie spricht zu beiden; das ist das Merkwürdige. Und daher ist wirklich in bezug auf den Unterricht und die Erziehung Rechnen sowohl wie Geometrie, man möchte sagen, wie ein Chamäleon; sie passen sich durch ihre eigene Wesenheit dem Gesamtmenschen an. Und während man bei Pflanzenkunde, Tierkunde, Rücksicht darauf nehmen muß, daß sie in einer gewissen Ausgestaltung, so wie ich das gestern charakterisiert habe, in ein ganz bestimmtes Lebensalter hineinfallen, hat man bei Rechnen und Geometrie darauf zu sehen, daß sie durch das ganze kindliche Lebensalter hindurch getrieben werden, aber entsprechend geändert werden, je nachdem das Lebensalter seine charakteristischen Eigenschaften verändert.

Insbesondere aber hat man darauf zu sehen, daß – ja, es muß das schon gesagt werden – der Äther- oder Bildekräfteleib etwas ist, was mit sich auch fertig wird, auch auskommt, wenn es allein gelassen wird von unserem Ich und unserem astralischen Leib. Der Äther- oder Bildekräfteleib hat durch seine eigene innere Schwingungskraft immer die Tendenz, das was wir ihm beibringen, von selbst zu vervollkommnen, weiterzubilden. In bezug auf astralischen Leib und Ich sind wir dumm. Wir machen dasjenige, was wir in dieser Beziehung als Mensch beigebracht bekommen, unvollkommner. Und so ist es tatsächlich wahr, daß übersinnlich unser Bildekräfteleib vom Einschlafen bis zum Aufwachen dasjenige, was wir ihm als Rechnen beigebracht haben, fortrechnet. Wir sind gar nicht in unserem physischen und Ätherleib drinnen, wenn wir schlafen; aber die rechnen fort, die zeichnen übersinnlich ihre Geometriefiguren fort, vervollkommnen sie. Und wenn wir das wissen und den ganzen Unterricht daraufhin anlegen, so bekommen wir durch einen richtig gearteten Unterricht eine ungeheure Lebendigkeit im ganzen Weben und Wesen des Menschen zustande. Wir müssen nur in entsprechender Weise diesem Äther- oder Bildekräfteleib Gelegenheit geben, die Dinge, die wir ihm beibringen, weiter zu vervollkommnen.

Dazu ist es nötig, daß wir zum Beispiel in der Geometrie nicht mit jenen Abstraktionen, mit jenen intellektualistischen Gestaltungen beginnen, mit denen man gewöhnlich sich denkt, daß die Geometrie anfangen müsse; sondern es ist nötig, daß man mit einer nicht äußerlich gearteten, sondern innerlich gearteten Anschauung beginne, daß man in dem Kinde zum Beispiel einen starken Sinn für Symmetrie erwecke.

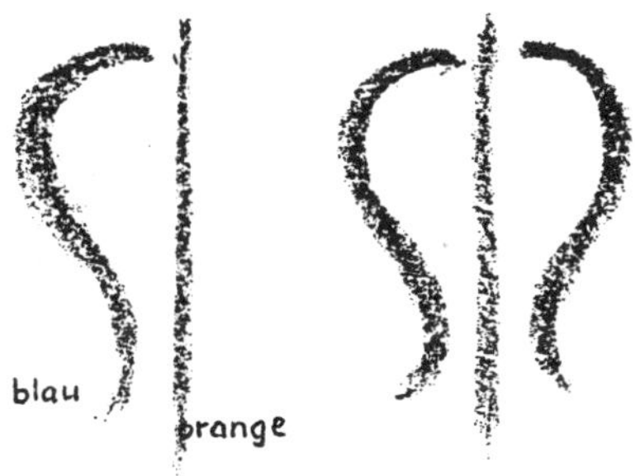


Man kann mit den kleinsten Kindern schon in dieser Beziehung anfangen. Zum Beispiel: man zeichne auf die Tafel irgendeine Figur (blau), mache dem Kinde dann dazu einen solchen Strich (orange) und zeichne ihm dann ein Stückchen des Symmetrischen, und versuche das Kind dazu zu bringen, dies als etwas nicht Vollendetes zu betrachten, als etwas, das erst fertig vorgestellt werden muß. Man versuche mit allen möglichen Mitteln das Kind dazu zu bringen, daß es von sich aus nun die Ergänzung bildet. Auf diese Weise bringt man in das Kind hinein diesen inneren aktiven Drang, unvollendete Dinge fertigzumachen, dadurch überhaupt in sich eine richtige Wirklichkeitsvorstellung auszubilden. Der Lehrer muß dazu Erfindungsgabe haben, aber es ist ja überhaupt gut, wenn der Lehrer die hat: bewegliches, erfindungsreiches Denken, das ist das, was der Lehrer braucht. – Hat der Lehrer durch ein erfindungsreiches, bewegliches Denken eine Zeitlang solche Übungen gemacht, so gehe er zu anderen über. Er zeichne zum Beispiel dem Kinde solch eine Figur auf und versuche, in dem Kinde ein innerliches, raumhaftes Vorstellen von dieser Figur hervorzurufen.

Und dann versuche er den Übergang zu finden, indem er die Figur (orange) so zeichnet, daß das Kind, wenn man das Äußere variiert, dar-

auf kommt, die innere Figur nun auch entsprechend der äußeren Figur zu machen. Hier (bei dem ersten Schema) ist die Linie einfach gewunden; hier bekam sie eine Ausbuchtung. Nun versuche man dem Kinde klarzumachen: wenn es jetzt die innere Figur macht, muß es, damit die innere Symmetrie herauskomme, an die Stelle, wo außen eine Ausbuchtung ist, innen eine Einbuchtung setzen, so daß, wie hier (beim ersten Schema) die einfache Linie der einfachen Linie entspricht, hier der Ausbuchtung eine Einbuchtung entspricht. – Oder man versuche folgendes:

Man versuche dem Kinde diese Figur vorzuzeichnen (die innere) und dann die entsprechende äußere Linie dazu, so daß das eine Figurenharmonie ergibt. Und jetzt versuche man von dieser Figur den Übergang dazu zu finden, diese äußeren Figuren nun hier nicht zusammenlaufen, sondern auseinanderlaufen zu lassen, so daß sie fortlaufen ins

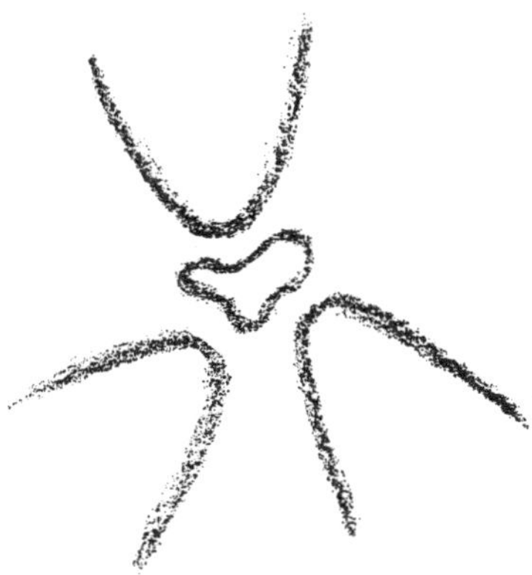

Unbestimmte. Nun bekommt das Kind die Vorstellung, daß einem dieser Punkt davonlaufen will und man mit den Linien nachlaufen muß, daß man gar nicht nachkommen kann, daß dieser Punkt fortgeflogen ist; und es bekommt dann die Vorstellung, daß es die entsprechende Figur auch in entsprechender Weise anordnen muß, daß es, weil dies fortlief, nun dieses besonders einwärts formen muß und dergleichen. Ich kann nur das Prinzipielle hier erklären. Kurz, man bekommt auf diese Weise die Möglichkeit, daß das Kind auch asymmetrische Symmetrien zur Anschauung sich bringt. Und dadurch bereitet man während des Wachens den Äther- oder Bildekräfteleib dazu vor, während des Schlafens fortwährend weiterzuschwingen, aber in diesen Schwingungen das beim Wachen Durchgemachte zu vervollkommnen. Dann wacht der Mensch, das Kind, am Morgen auf in einem innerlich bewegten und organisch bewegten Bildekräfteleib, und damit auch physischen Leib. Das bringt eine ungeheure Lebendigkeit in den Menschen hinein.

Man kann das natürlich nur dadurch erreichen, daß man etwas weiß, wie der Bildekräfteleib wirkt, sonst wird man immer äußerlich mechanisch an dem Kinde herumhantieren.

Derjenige, der ein wirklicher Lehrer ist, nimmt eben nicht bloß das zu Hilfe, was während des Wachens vorgeht für das menschliche Leben, sondern auch dasjenige, was während des Schlafes vorgeht. Man muß sich der Bedeutung entsprechender Tatsachen durchaus klar sein, muß sich erinnern können, wie man zuweilen am Abend schon als Erwachsener nachgedacht hat über irgendein Problem: man konnte es nicht lösen – am Morgen fällt es einem zu. Warum? Weil der Ätheroder Bildekräfteleib die Nacht hindurch für sich gearbeitet hat.

Für manche Dinge ist das Wachleben nicht eine Vervollkommnung, sondern eine Störung. Wir müssen unseren physischen und Ätherleib eine Weile für sich lassen und ihn nicht dumm machen durch unser Ich und durch unseren astralischen Leib. Die Fälle zeigen das, die nun wirklich im Leben vorkommen können, vielfach vorgekommen sind, wo jemand am Abend studiert und studiert und nicht darauf kommt, wie er ein Problem lösen soll. Er wacht am Morgen auf; er ist zwar etwas unruhig, aber er geht an seinen Schreibtisch und siehe, er hat in der Nacht, ohne daß er zum Bewußtsein gekommen ist, das Problem gelöst!

Das sind nicht Fabeln, diese Dinge kommen vor, sind ebenso wie andere Experimente gut ausprobiert. Was ist da geschehen? Da hat der Ätherleib in der Nacht fortgearbeitet; der Mensch ist gar nicht einmal aufgewacht. Nun, das ist abnorm, das ist nicht anzustreben.

Aber das unbewußte Fortschwingen des Äther- oder Bildekräfteleibes, es ist dadurch anzustreben, daß man nicht die Geometrie anfängt mit Dreiecken und so weiter, wo immer schon das Intellektualistische hineinspielt, sondern mit dem anschaulichen Raumvorstellen. In einer ähnlichen Weise muß dann mit dem Rechnen vorgegangen werden.

Sie bekommen eine ausgezeichnete Vorstellung, wie Sie sich in dieser Weise das anschauliche Mathematische zurechtlegen können, so wie es in Arithmetik, Geometrie waltet, wenn Sie die Broschüre studieren, die Dr. *von Baravalle* zur Pädagogik der Physik und Mathematik geschrieben hat.

Sie sehen dort zu gleicher Zeit eine Ausdehnung dieser ganzen Denkweise auf das Physikalische. Und trotzdem es sich zumeist auf höhere Partien des Mathematischen bezieht, wird es, wenn man in seinen Geist eindringt, ein ausgezeichneter Leitfaden sein, um den Unterricht auf diesem Gebiete in einer der menschlichen Organisation entsprechenden Richtung pflegen zu können. Mit diesem Büchelchen ist wohl geradezu eine Art von Ausgangspunkt geschaffen für eine Reform des mathematisch-physikalischen Unterrichts von dem ersten kindlichen Lebensalter bis hinauf zu den höchsten Stufen des Unterrichtes. Man muß dasjenige, was hier in bezug auf das Anschaulich-Räumliche gesagt worden ist, nun auch ausdehnen können auf das Rechnerische. Da handelt es sich namentlich darum, daß alles dasjenige, was in äußerlicher Weise das Rechnen und schon das Zählen an das Kind heranbringt, eigentlich die menschliche Organisation ertötet. Alles dasjenige, was vom Einzelnen ausgeht, Stück an Stück reiht, das ertötet die menschliche Organisation. Dasjenige, was vom Ganzen ausgeht zu den Gliedern, zuerst die Vorstellung des Ganzen hervorruft, dann die der Teile, das belebt die menschliche Organisation. Das ist etwas, was schon beim Zählenlernen in Betracht kommt. Wir lernen die Zahlen in der Regel dadurch, daß wir uns an das ganz Äußerliche, im physisch-sinnlichen Leben Vorsichgehende halten.

Wir lernen zählen, indem wir eins haben; das nennen wir die Einheit. Dann fügen wir dazu zwei, drei, vier, und so geht es fort, wir legen Erbse zu Erbse, und es ist gar keine Vorstellung, keine Idee da, warum das eine zum anderen gelegt wird, was daraus eigentlich wird. Man lernt zählen, indem an die Willkür des Nebeneinanderlegens appelliert wird. Ich weiß wohl, daß in vielfacher Weise diese Willkür variiert wird, allein dasjenige, um was es sich handelt, wird heute noch im allergeringsten Maße irgendwo berücksichtigt: daß von einem Ganzen ausgegangen wird und zu den Teilen, Gliedern, fortgeschritten werde. Die Einheit ist dasjenige, was zunächst vorgestellt werden soll auch vom Kinde als ein Ganzes. Irgend etwas, was es auch ist, ist eine Einheit. Nun, wenn man genötigt ist, die Sache durch Zeichnen zu vergegenwärtigen, muß man eine Linie hinzeichnen; man kann auch einen Apfel benützen, um dasselbe zu machen, was ich jetzt mit der Linie machen werde. Da ist eins, und nun geht man von dem Ganzen zu den Teilen, zu den Gliedern, und jetzt hat man aus eins eine Zwei gemacht.

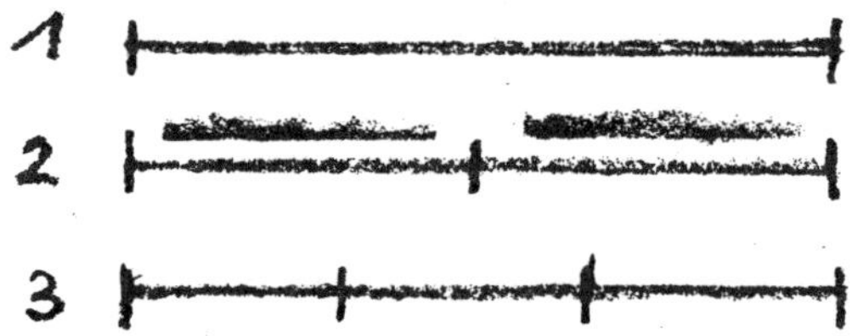


Die Einheit ist geblieben. Die Einheit ist in zwei geteilt worden. Man hat die Einheit «entzwei» geteilt, dadurch ist die Zwei entstanden. Nun geht man weiter, es entsteht durch weitere Gliederung die Drei. Die Einheit bleibt immer als das Umfassende bestehen; und so schreitet man weiter durch die Vier, Fünf, und man kann zugleich durch andere Mittel eine Vorstellung hervorrufen, wie weit man die Dinge zusammenhalten kann, die auf die Zahlen sich beziehen. Man wird dabei die Entdeckung machen, daß eigentlich der Mensch in bezug auf das Anschauliche der Zahl beschränkt ist.

Bei gewissen Völkern der modernen Zivilisation umfaßt man eigentlich nur den überschaulichen Zahlbegriff bis zehn; hier in England, kann man im Geld bis zwölf rechnen. Das ist aber auch etwas, was schon das höchste in dem Überschaulichen darstellt. Dann fängt man ja eigentlich wieder an, dann zählt man eigentlich die Zahlen; man zählt zuerst die Dinge bis zehn, aber dann fängt man an, die Zehn zu zählen: zweimal zehn = zwanzig, dreimal zehn = dreißig. Man bezieht sich da schon gar nicht mehr auf die Dinge, sondern man geht dazu über, die Zahl selbst auf das Rechnen anzuwenden, weil durch den Elementarbegriff schon die Dinge selbst als ein Anschauliches verlangt werden. Und wenn gar das moderne Anschauen so stolz darauf ist, daß wir es in bezug auf das Zählen so weit gebracht haben, während die wilden Völker auf ihre zehn Finger angewiesen sind, so ist es mit dem Stolz gar nicht so weit her, sondern wir zählen bis zehn, weil wir die Glieder spüren, die Gliederung der Hände die darinnen liegt, daß wir symmetrisch die Hände empfinden, die zehn Finger. Dieses Empfinden ist demgemäß auch herausgeholt, ist erlebt, und man muß in dem Kinde den Übergang hervorrufen von dem Ganzen, der Einheit in die Teile als Zahl. Dann wird man leicht jenen anderen Übergang zum Zählen finden können, indem man eines an das andere legt. Man kann ja dann übergehen zu eins, zwei, drei und so weiter. Also das rein additive Zählen, das ist dasjenige, was erst in zweiter Linie kommen darf; denn das ist eine Tätigkeit, die lediglich hier im physischen Raume eine Bedeutung hat, während das Gliedern der Einheit eine solche innere Bedeutung hat, daß es wiederum fortschwingt im ätherischen Leib, auch wenn der Mensch nicht dabei ist. Darauf kommt es an, daß man diese Dinge weiß.

Ebenso handelt es sich darum, daß, wenn wir das Zählen auf diese Weise überwunden haben, wir nun nicht leblos mechanisch zum Addieren übergehen, wo wir dann Addend zu Addend reihen. Das Lebendige kommt in die Sache hinein, wenn wir nicht von den Teilen der Addition ausgehen, sondern von der Summe; wenn wir also eine Anzahl von Dingen, sagen wir, eine Anzahl von Kugeln hinwerfen – nun, im Zählen sind wir so weit, daß wir sagen können, das sind vierzehn Kugeln. Jetzt gliedere ich dieses, indem ich den Begriff des Teiles fortsetze. Ich habe hier fünf, hier vier, hier wiederum fünf; so daß ich die Summe auseinandergeworfen habe in fünf, vier, fünf. Ich gehe also über von der Summe zu den Addenden, von dem Ganzen zu den Teilen, und versuche beim Kinde so vorzugehen, daß ich immer die Summe gewissermaßen hinstelle und das Kind darauf kommen lasse, wie sich die Summe gliedern kann in die einzelnen Addenden.

Also ist es außerordentlich wichtig, daß man, wie man beim Fahren die Pferde nicht beim Schwanze aufzäumt, sondern beim Kopfe, ebenso seelisch mit dem Rechnen vorgehe; daß man tatsächlich von der Summe, die eigentlich in allem immer gegeben ist, von dem Ganzen ausgeht: das ist das Reale. Vierzehn Äpfel, die sind das Reale – nicht die Addenden sind das Reale; die verteilen sich nach den Lebensverhältnissen in der verschiedensten Weise. So daß man also ausgeht von dem, was immer das Ganze ist, und übergeht zu den Teilen. Dann wird man den Weg wiederum zurückfinden zu dem gewöhnlichen Addieren.

Aber man hat eben, wenn man so vorgeht, wenn man vom ganz Lebendigen übergeht zum Teilen, erreicht, daß dasjenige, was zugrunde liegt dem Rechnen, der Bildekräfteleib, der eben lebendige Anregung haben will zum Bilden, in Schwingungen versetzt wird, die er dann vervollkommnend fortsetzt, ohne daß wir dann mit unserem störenden astralischen Leib und der Ich-Organisation dabei zu sein brauchen.

Ebenso wird der Unterricht in einer ganz besonderen Weise belebt, wenn man die anderen Rechnungsarten vom Kopf, wo sie heute vielfach stehen, wiederum auf die Beine stellt; wenn man zum Beispiel darauf hinarbeitet, das Kind dazu zu bringen, daß es sagt: Wenn man sieben hat, wieviel muß man wegnehmen, damit man drei bekommt? – nicht: Was bekommt man, wenn man von sieben vier wegnimmt? –, sondern umgekehrt: Wenn man sieben hat – das ist das Reale – und was man bekommen will, ist wiederum das Reale. Wieviel muß man von sieben wegnehmen, damit man drei bekommt? – Mit dieser Form des Denkens steht man im Leben zunächst drinnen, während man mit der anderen Form in der Abstraktion drinnen steht. So daß man, wenn man in dieser Art verfährt, dann sehr leicht zu dem anderen zurückkehren kann.

In derselben Weise soll man beim Multiplizieren, beim Dividieren vorgehen, nicht fragen: Was entsteht, wenn man zehn in zwei teilt? –, sondern: Wie muß man zehn teilen, damit man fünf bekommt? – Man hat ja das Reale als Gegebenes, und im Leben soll dasjenige herauskommen, was dann eine Bedeutung hat. Zwei Kinder sind da, unter denen sollen zehn Äpfel geteilt werden, jedes soll fünf bekommen: das sind die Realitäten. Was man dazu tun muß, das ist das Abstrakte, das in die Mitte hineinkommt. So sind die Dinge immer unmittelbar dem Leben angepaßt. Gelingt einem dieses, dann ergibt sich, daß wir dasjenige, was wir heute in additiver Weise, in rein äußerlich nebeneinanderfügender Weise vielfach vornehmen und wodurch wir ertötend wirken, gerade im rechnenden Unterricht als Belebendes haben. Und darauf ist zu sehen gerade bei diesem Unterricht, daß wir wirklich auch das Unterbewußte des Menschen, das heißt dasjenige berücksichtigen, was in den Schlaf hineinwirkt und was auch sonst unterbewußt wirkt, wenn der Mensch wach ist. Denn der Mensch denkt ja nicht immer an alles, sondern er denkt an einen kleinen Teil desjenigen, was er seelisch erlebt hat; das andere arbeitet aber immer fort. Gönnen wir es dem Kinde, daß in gesunder Weise sein physischer und sein Ätherleib fortarbeiten. Das können wir aber nur, wenn wir wirklich Spannung, Interesse, Leben hineinbringen gerade in den Rechnungs- und Geometrieunterricht.

Es ist in diesen Tagen einmal gefragt worden, ob es denn gut sei, den Unterricht epochenweise zu erteilen, so wie er in der Waldorfschule erteilt wird. Wenn er richtig erteilt wird, dann ist gerade das epochenweise Erteilen dasjenige, was am allerfruchtbarsten sich erweist. Epochenartiger Unterricht heißt: ich nehme nicht so, daß fortwährend eines das andere beeinträchtigt, etwa von acht bis neun Uhr Rechnen, von neun bis zehn Uhr Geschichte oder Religion oder irgend etwas, was gerade paßt, oder je nachdem der Lehrer in den Stundenplan hineinkommt; sondern ich setze mir drei, vier, fünf Wochen vor, in denen morgens durch zwei Stunden der Hauptunterricht in einem Fach erteilt wird. Es wird immer dasselbe getrieben. Dann wiederum durch fünf bis sechs Wochen im Hauptunterricht irgend etwas, das sich meinetwillen aus dem anderen entwickelt, aber wiederum in diesen zwei Stunden das gleiche. So daß durch Wochen hindurch das Kind auf etwas Bestimmtes konzentriert ist.

Nun entstand die Frage, ob denn dadurch nicht zu viel vergessen werde, ob dadurch nicht die Kinder wiederum das alles aus der Seele herausbekommen, was man in sie hineingebracht hat? Wird aber der Unterricht in der richtigen Weise getrieben, dann arbeitet ja während der Zeit, in welcher ein anderer Gegenstand gegeben wird, der frühere Gegenstand in den unterbewußten Regionen fort. Man muß in einem solchen Epochenunterricht gerade mit dem rechnen, was unbewußt arbeitet; und es gibt nichts Fruchtbareres, als wenn man einen Unterricht, den man durch drei, vier Wochen erteilt hat, in seinen Konsequenzen ruhen läßt, damit er nun ohne Zutun des Menschen weiter im Menschen arbeitet. Dann wird man schon sehen: hat man richtig unterrichtet, und frischt gedächtnismäßig die Sache wieder auf, dann kommt es bei der nächsten Epoche, wo dasselbe Fach getrieben wird, in ganz anderer Weise wieder herauf, als wenn man es eben nicht richtig getrieben hat. Aber mit solchen Dingen rechnet man gar nicht, wenn man den Einwand macht: ob auch die Dinge so richtig getrieben werden, da die Dinge vergessen werden könnten! Der Mensch muß ja so viel mit dem Vergessen rechnen. Denken Sie nur, was wir nicht alles im Kopfe haben müßten, wenn wir nicht richtig vergessen könnten und das Vergessene wiederum heraufbringen könnten! Deshalb muß ein richtiger Unterricht nicht nur mit dem Unterricht, sondern auch mit dem Vergessen richtig rechnen.

Das bedeutet nicht, daß man entzückt darüber zu sein braucht, daß die Kinder vergessen, das besorgen sie schon von selbst; sondern darauf kommt es an, was in die unterbewußten Regionen so hinuntergegangen ist, daß es dann in entsprechender Weise wieder heraufgeholt werden kann. Zu dem ganzen Menschen gehört eben nicht bloß das Bewußte, sondern auch das jeweilig Unbewußte. Und in bezug auf alle diese Dinge muß eben gesagt werden: Der Unterricht und die Erziehung haben nicht nur an den ganzen Menschen zu appellieren, sondern auch an die Teile, an die Glieder des Menschen. – Aber dann ist es auch notwendig, vom Ganzen auszugehen, das Ganze zunächst zu ergreifen und dann die Teile, während man sich sonst um den ganzen Menschen gar nicht kümmert, wenn man im Zählen eins zum anderen legt, wenn man im Zählen Addend zu Addend gibt. An den ganzen Menschen richtet man sich, wenn man die Einheit ins Auge faßt und von da zu den Zahlen übergeht, wenn man die Summe, den Minuenden ins Auge faßt, den Quotienten, das Produkt, und von da zu den Gliedern übergeht.

Insbesondere ist der geschichtliche Unterricht sehr leicht der Gefahr ausgesetzt, daß er zu stark vom Menschen losgelöst werde. Wir haben gesehen, wie es zu einem fruchtbaren Unterricht nötig ist, ein jegliches Ding an seinen richtigen Platz zu stellen. Wir haben gesehen, wie es für die Pflanzenkunde nötig ist, die Pflanze im Zusammenhang mit der Erde zu betrachten, und wie es für die Tierkunde nötig ist, die fächerartig ausgebreiteten Tierarten im Zusammenhange mit dem Menschen zu betrachten. So aber muß auch der Geschichtsunterricht durchaus, ich möchte sagen, menschlich anschaulich bleiben und die Dinge an den Menschen noch heranbringen.

Wenn wir das Kind oder den Schüler und die Schülerin in die Geschichte einführen, handelt es sich darum, daß wir verstehen lernen, daß in der Zeit, in der das Kind sehr wohl ganz lebendig dazu veranlagt ist, die Pflanze im Zusammenhang mit der Erde und die Erde selber als einen Organismus zu betrachten, in der Zeit, in der es noch ganz gut das gesamte Tierreich im Menschen lebendig zusammengefaßt schauen kann, es gerade sogenannte Kausalzusammenhänge in der Geschichte absolut nicht zu fassen in der Lage ist. Wir können noch so schön, wie wir es ja heute besonders gewöhnt sind, die gebräuchlichen Geschichtsbetrachtungen durchnehmen, eine Epoche nach der anderen schildern und immer darstellen, wie das eine aus dem anderen, wie die Wirkung aus der Ursache hervorgeht. Wir können schön schildern in der Kunstgeschichte zum Beispiel den Leonardo, und dann den Michelangelo als Wirkung und so weiter. Von alledem, was heute, ich möchte sagen, unter den Erwachsenen konventionell geworden ist, kausal leitende Motive in der Geschichte zu suchen, von alldem kann der Mensch vor dem zwölften Jahr überhaupt nichts verstehen. Wie eine Art ganz willkürlichen Trommelns oder unmusikalischen Klavierklimperns am Ohre vorbeigeht, so geht eine Geschichtsbetrachtung, welche, wie man sagen kann, kausal das Spätere aus dem Vorigen herleitet, an dem Kinde vorüber. Und es kann das Kind nur durch Zwang dazu veranlaßt werden, eine solche Geschichtsbetrachtung irgendwie in die Seele aufzunehmen. Dann aber wird sie aufgenommen von der Seele, wie vom Magen aufgenommen werden eine Portion Steine, die verschluckt werden müssen. Wir müssen ja durchaus darauf sehen, daß wir seelisch ebensowenig Steine verabreichen statt eines Genießbaren, wie wir dem Magen Steine statt Brot verabreichen dürfen. Darum handelt es sich: tatsächlich lebendig die Geschichte, das geschichtliche Leben an den Menschen heranzubringen. Dazu haben wir vorerst nötig, einen mit dem Menschen verbundenen geschichtlichen Zeitbegriff zu erwecken.

Wenn wir da ein Buch haben über das Altertum, das zweite Buch über das Mittelalter, das dritte über die Neuzeit, wie wenig wird eigentlich darauf gesehen, daß geschichtlicher Zeitbegriff drinnen waltet! Wenn ich aber davon ausgehe, daß ich dem Kinde sage: Du bist jetzt zehn Jahre alt, du hast also schon im Jahre 1913 gelebt. Dein Vater, der ist viel älter als du, der hat schon im Jahre 1890 gelebt, und dessen Vater hat wiederum schon im Jahre 1850 gelebt. Stelle dir also vor, sage ich zu dem Kinde, da stehst du, du gibst deinen Arm nach rückwärts, fassest deinen Vater an den Seiten an, der gibt wiederum seine Arme nach rückwärts und faßt seinen Vater an, deinen Großvater und so weiter, da kommst du bis zum Jahre 1850 zurück. Und dann denkst du dir immer, jeder faßt seinen Vater an! Ungefähr um ein Jahrhundert kommt man immer zurück, wenn man in die dritte, vierte folgende Generation geht, wenn Angehörige von drei oder vier folgenden Generationen ihren Vater oder ihre Mutter anfassen. Wir leben jetzt im 20. Jahrhundert. Wenn wir so die Reihe aufstellen und immer einer den anderen nach rückwärts anfaßt, so kommt man zu den Vorvätern oder Vormüttern zurück. Und kommt man zu dem sechzigsten Vorvater oder zu der sechzigsten Vormutter zurück, stehen also sechzig hintereinander, die gedacht werden nach rückwärts verlaufend in der Zeit – man kann sich in einem großen Saal fast dies vorstellen, wie da sechzig hintereinander stehen –, der Raum verwandelt sich in die Zeit: da hat man in diesem Sechzigsten denjenigen Vorfahren erreicht, der zur Zeit von Christi Geburt gelebt hat.

Man hat auf diese Weise an den Menschen herangebracht – man kann ja, wenn man erfinderisch ist, auch noch andere Mittel finden, aber ich will nur das Prinzip andeuten, daß er nun selber in der Geschichte drinnen steht, und daß diejenigen Menschen, die als Alfred der Große, als Cromwell und so weiter bekannt sind, dann immer so bestimmt werden können, als wenn sie ein Vorfahre wären. Man kann auf diese Weise die ganze Geschichte unmittelbar in das Schulehalten hineinstellen. Es wird an das Kind die Geschichte in einem lebendigen geschichtlichen Zeitbegriffe herangebracht.

Das ist notwendig, daß man auch da die Sache nicht absondert vom Menschen, daß der Mensch nicht glaubt, es stehe die Geschichte in einem Buch oder dergleichen. Es braucht ja nicht gleich so arg zu sein, aber manche haben schon die Vorstellung, die Geschichte stehe eigentlich in einem Buche. Aber es müssen alle Mittel angewendet werden, um die Vorstellung hervorzurufen, daß die Geschichte etwas Lebendiges sei, und daß man selbst drinnen steht in diesem Lebendigen.

Dann handelt es sich darum, daß, wenn man eine Zeitvorstellung in lebendiger Art hervorgerufen hat, man dazu vorschreiten kann, innerlich das Geschichtliche zu beleben, wie man das Rechnerische, das Geometrische dadurch belebt, daß man nicht eine tote Anschauung entwickelt. Es phantasieren alle Leute heute so viel von Anschauung, aber es handelt sich darum, daß man eine lebendige Anschauung entwickeln muß, nicht eine Anschauung erreicht, die auch tot sein kann.

Wenn man jene Symmetrie-Übungen macht, dann lebt in der Anschauung drinnen die Seele: das ist lebendige Anschauung. Wie man da die lebendige Anschauung im Raume und so weiter versuchen muß, so muß man versuchen, für einen gesunden geschichtlichen Unterricht des Kindes zwischen dem neunten und zwölften Lebensjahre dasjenige hineinzubringen, was eben von innen nun beleben kann, nicht vom Räumlichen, sondern von der Seele her, vom Herzen her beleben kann.

Der Geschichtsunterricht muß ganz besonders vom Herzen aus belebt werden. Man stelle daher die Geschichte möglichst ideal in Bildern hin. Figuren, Gestalten sollen dastehen; aber diese Gestalten sollen nicht kalt geschildert werden, sondern immer soll, ohne daß man mit den geschichtlichen Figuren den Unfug treibt, moralische oder religiöse Ermahnungen damit zu geben, dennoch gerade das religiöse Element, das moralische Element, in die lebendige Schilderung der geschichtlichen Gestalten, der geschichtlichen Figuren die Farbe hineinbringen. Das Kind muß vorzugsweise durch die Geschichte in Gefühl und Wille ergriffen werden, das heißt, es muß ein persönliches Verhältnis gewinnen können zu den geschichtlichen Gestalten, auch zu der Schilderung der Lebensweise in einzelnen Epochen der Weltgeschichte.

Man braucht bei der Gestaltung nicht bloß an den Menschen zu denken. Man kann zum Beispiel schildern, wie es, sagen wir, in einer Stadt im 12. Jahrhundert vor sich gegangen ist. Aber dasjenige, was man da schildert, das muß in Gefühl und Wille des Kindes hineingehen. Das Kind muß sich selber drinnen formen in dem, wie es sich drinnen bewegt, wie ihm die Dinge sympathisch und antipathisch werden. Gefühl und Wille müssen erregt werden.

Sie sehen aber, wie gerade in den geschichtlichen Unterricht auf diese Art das künstlerische Element hineinkommen muß. Dieses künstlerische Element kommt in die Dinge dann hinein, wenn der Unterricht, so wie ich es oftmals nenne, ökonomisch erteilt wird.

Ökonomisch wird der Unterricht erteilt, wenn der Lehrer eigentlich die Hauptsache für sich ganz erledigt hat, bis zur Überreife erledigt hat, sobald er das Schulzimmer betritt, wenn er da nicht mehr nötig hat, über irgend etwas nachzudenken, wenn ihm die Lehrstunden durch seine eigene Vorbereitung in plastischer Weise vor der Seele stehen. Ökonomisch erteilt man einen Unterricht, wenn man so vorbereitet ist, daß für den Unterricht selbst nur noch die künstlerische Gestaltung übrigbleibt. Daher ist jede Unterrichtsfrage nicht bloß eine Frage des Interesses, des Fleißes, der Hingebung der Schüler, sondern in erster Linie eine Frage des Interesses, des Fleißes, der Hingebung der Lehrer.

Keine Unterrichtsstunde sollte erteilt werden, die nicht vorher vom Lehrer im Geiste voll erlebt worden ist. Daher muß selbstverständlich das Lehrerkollegium so gestaltet sein, daß für den Lehrer absolut die Zeit vorhanden ist, alles auch für sich voll und intensiv zu erleben, was er dann in die Schule hineinzutragen hat.

Etwas Schreckliches ist es, Lehrer, die noch zu kämpfen haben mit dem Lehrstoff, mit einem Buche vor den Bänken der Schüler herumgehen zu sehen! Wer das furchtbar Unpädagogische dieser Sache nicht empfindet, der weiß eben nicht, was alles unbewußt in den Kinderseelen vor sich geht, und wie dieses Unbewußte eine ungeheure Rolle spielt. Geschichte mit einem Notizbuch in der Schule vorzubringen, das ruft, nicht im Oberbewußtsein, aber im Unterbewußtsein, bei den Kindern ein ganz bestimmtes Urteil hervor. Das ist ein intellektualistisches Urteil, ein Urteil, das auch nicht bewußt wird, aber das in dem Organismus des Menschen tief drinnen sitzt: Warum sollte denn ich das alles wissen? Der weiß es doch auch nicht, oder die weiß es doch auch nicht, die muß es erst ablesen; das kann ich ja später einmal auch tun, ich brauche es nicht erst zu lernen. – Das ist nicht ein in der Form dem Kinde zum Bewußtsein kommendes Urteil, aber die anderen Urteile sind viel wichtiger, die unbewußt im Gemüt und Gefühl drunten sitzen.

Daher handelt es sich darum, daß mit innerer Lebendigkeit und Frische aus dem Menschen selbst heraus der Unterricht gegeben wird, ohne daß der Kampf besteht, wenn man zum Beispiel die geschichtlichen Gestalten hinmalen soll, sich selber erst die Daten zu vergegenwärtigen. Gerade beim geschichtlichen Unterricht ist es notwendig, daß er nicht nur so zum Menschen spricht, wie ich es in bezug auf den historischen Zeitbegriff mit den hintereinandergestellten Generationen gezeigt habe, sondern daß er auch aus dem Menschen unmittelbar elementar hervorquillt, daß nichts Abstraktes wirkt, sondern der Lehrer als Mensch wirke, namentlich im geschichtlichen Unterricht. Und wenn so oft gesagt worden ist, man habe, wenn man unterrichtet, zum ganzen Menschen hin zu wirken, nicht zu einem Teil des Menschen, so handelt es sich darum, daß man vor allen Dingen auch folgendes zu betonen hat: ebenso wichtig, wie immer davon zu sprechen, was das Kind lernen muß, ob das Kind intellektualistisch oder dem Willen nach erzogen werden soll, ebenso notwendig für die Pädagogik ist es, die Frage zu entscheiden: Wie hat der Lehrer zu wirken? Soll der ganze Mensch erzogen werden, so muß der Erzieher ein ganzer Mensch sein, das heißt, nicht ein Mensch, der aus dem mechanischen Gedächtnis heraus schafft und erzieht, oder aus einer mechanistischen Wissenschaft, sondern der aus dem Menschen heraus, aus dem ganzen, vollen Menschen heraus erzieht und unterrichtet. Darauf kommt es an!

# ELFTER VORTRAG

Ilkley, 15. August 1923

Man kann, wie ich glaube, gerade an der Charakteristik, die ich vom naturkundlichen, dem pflanzenkundlichen und dem tierkundlichen Unterricht gegeben habe, durchaus bemerken, wie durch das Waldorfschul-Prinzip versucht wird, den Lehrgang, den Lehrplan ganz den Entwickelungsprinzipien, den Entwickelungskräften des Kindes nach den verschiedenen Lebensaltern anzupassen.

Wir müssen uns darüber klar sein, daß das Kind zwischen dem neunten und zehnten Lebensjahre eben jenen wichtigen Lebensübergang durchmacht, den ich von verschiedenen Seiten aus charakterisiert habe. Heute möchte ich noch insbesondere bemerken, daß in diesem Lebensalter zwischen dem neunten und zehnten Jahre das Kind eigentlich erst anfängt, sich von der Welt zu unterscheiden, daß es also vorher eigentlich in seinen Vorstellungen, in seinen Empfindungen keinen Unterschied macht zwischen den Dingen der Welt und sich selbst. Daher ist es eben nötig, über die Dinge der Welt, über Pflanzen, Tiere, über Berge und Flüsse bis zum neunten Jahre so zu sprechen, daß dieses Sprechen märchenhaft ist, daß es vorzugsweise die Phantasie anspricht; daß Pflanzen, Berge, Quellen reden, so daß dieselbe Wesensart, die das Kind in sich selber erst weiß, ihm gewissermaßen auch aus der äußeren Welt entgegentönt.

Wenn Sie dann hinblicken auf die Art und Weise, wie man nach diesem Lebenspunkte zu Pflanzenkunde und zu Tierkunde übergehen soll, so werden Sie sehen, daß es sich gerade bei dieser Art, das Pflanzenreich, das Tierreich zu betrachten, darum handelt, das Kind da richtig einzuführen, um es in ein entsprechendes Verhältnis zu den Dingen der Welt zu bringen.

Die Pflanze lernt das Kind kennen im Verhältnis zur Erde: so treten dem Kinde durchaus die Pflanzen entgegen. Die Erde wird ein lebendes Wesen, das aus sich die Pflanzen heraustreibt – nur lebendiger, nur gestaltenreicher –, wie das menschliche Haupt durch ein vitales Prinzip die Haare aus sich heraustreibt.

Dadurch ist von vornherein das Kind in dasjenige Verhältnis zur Pflanzenwelt und zur ganzen Erde gesetzt, das sein Inneres, sein Seelen- und auch sein Sinnesleibesleben fördert.

Und wenn wir dann den tierkundlichen Unterricht so geben, daß wir gewissermaßen im Menschen die Zusammenfassung der fächerartig über die Erde ausgebreiteten Tiere sehen, dann setzt sich der Mensch in das richtige Verhältnis zu den anderen, unter ihm stehenden Lebewesen.

Indem wir so den naturkundlichen Unterricht treiben bis zu einem Lebenspunkt, der zwischen dem elften und zwölften Lebensjahre liegt, haben wir es dabei durchaus damit zu tun, daß wir immer das Verhältnis des Menschen zur Welt ins Auge fassen.

Nun kommt dasjenige Lebensalter, bei dem eigentlich das Kind erst das betrachten darf, was in der Welt draußen geschieht, ohne daß es mit dem Menschen etwas zu tun hat. Daher beginnt erst zwischen dem elften und zwölften Jahre die Möglichkeit, das Mineralische, das Gesteinsmäßige im Unterricht zu lehren. Wer vorher das Gesteinsmäßige, das Mineralische anders dem Kinde beibringt, als insofern es sich anlehnt an das Pflanzliche, das aus der Erde, also aus dem Gestein herauswächst, der verdirbt ganz und gar die innere Beweglichkeit des kindlichen Seelenlebens. Was kein Verhältnis zum Menschen hat, das ist mineralisch. Mit dem sollen wir erst beginnen, nachdem das Kind selber sich in die Welt dadurch ordentlich eingelebt hat, daß es dasjenige, was ihm nähersteht, das Pflanzliche und das Tierische, in sein Vorstellen und namentlich in sein Fühlen und auch durch die Tierkunde in sein Wollen aufgenommen hat.

Und dasselbe, was vom Mineralischen gilt, gilt von den Begriffen des Physikalischen und gilt von den Begriffen des Chemischen, und es gilt auch für die sogenannten objektiven Zusammenhänge in der Geschichte und in der Geographie, für alle diejenigen Zusammenhänge, die abgesondert vom Menschen betrachtet werden müssen. Die großen historischen Zusammenhänge, die nicht so betrachtet werden können, wie ich das gestern in bezug auf den Menschen charakterisiert habe, die müssen verschoben werden im Unterricht bis in die Zeit zwischen dem elften und zwölften Lebensjahre. Erst nachher kann mit dem begonnen werden, was den Menschen zunächst eigentlich wenig angeht.

Wir sollten das Kind erst mit dem siebenten Lebensjahre, mit dem Zahnwechsel, in die Schule bekommen, vorher gehört das Kind eigentlich nicht in die Schule. Müssen wir es vorher hereinnehmen, so müssen wir natürlich allerlei Kompromisse schließen. Aber ich will hier das Prinzipielle erklären. Wenn wir das Kind in die Schule hereinbekommen, dann erteilen wir den Unterricht so, daß das Kind noch nicht die Unterscheidungen macht zwischen sich und der Welt. Wenn das Kind das charakterisierte Lebensalter zwischen dem neunten und zehnten Jahr erreicht, führen wir es zu demjenigen, was zum Verstand, aber zum beweglichen, zum lebendigen Verstand gehört: Pflanzenkunde; was zur Stärkung des Willens führt: Tierkunde. Mit dem eigentlichen mineralischen Unterricht, mit dem Unterricht in Physik und Chemie können wir nur auf den Intellekt wirken. Wir brauchen dann, wie ich noch morgen zu erörtern haben werde, zum Ausgleich den Kunstunterricht. Aber wir finden das Kind vom elften oder zwölften Lebensjahr ab reif dazu, dasjenige durch den Intellekt aufzufassen, was erarbeitet werden muß nach den Zusammenhängen von Ursache und Wirkung. Und das muß ja in Physik und Chemie geschehen. Diese Prozesse, die dann auch in astronomische Betrachtungen übergehen müssen, dürfen also nicht früher mit dem Kinde begonnen werden. Wenn wir vorher einfache physikalische Prozesse, wie zum Beispiel die Verbrennung oder chemische Prozesse beschreiben, dann soll das eine bloße bildhafte Beschreibung sein, dann soll das imaginative Element darinnen eine besondere Rolle spielen, nicht der Gedankenzusammenhang von Ursache und Wirkung.

Ursache und Wirkung in ihrer Beziehung soll das Kind im Grunde genommen erst kennenlernen von einem Zeitpunkte an, der zwischen dem elften und zwölften Jahre liegt. Und je weniger man über die sogenannte Kausalität vorher zu dem Kinde spricht, desto besser ist es, desto stärker, desto kräftiger und auch desto inniger wird der Mensch in bezug auf seine Seele, während er vertrocknet in bezug auf seine Seele, tote Begriffe und sogar tote Gefühle in sich aufnimmt, wenn wir mit der Kausalität vor diesem Lebensalter an den Menschen herankommen.

Nun haben wir auf der einen Seite im Waldorfschul-Prinzip durchaus das Ziel, aus dem Menschen heraus den Lehrplan selbst zu schaffen. Sie sehen, wir beachten genau die Lebensepochen, setzen dasjenige in den Klassenunterricht für irgendein Lebensalter, was sich vom Menschen selber ablesen läßt. Auf der anderen Seite haben wir aber auch gar sehr das Ziel, daß der Mensch durch die Schulzeit in der rechten Weise in das soziale Leben hineingesetzt wird, daß er überhaupt in der richtigen Weise in die Welt hineinversetzt werde. Das erreicht man dadurch, daß man nun, wenn das Kind das vierzehnte, fünfzehnte Lebensjahr erreicht, gerade diesen physikalischen, den chemischen Unterricht in einen praktischen Unterricht überführt.

Daher haben wir in den Lehrplan unserer Waldorfschule für diese Lebensjahre solche Dinge aufgenommen, die durchaus den Menschen verständnisvoll in das praktische Leben hineinstellen: Spinnerei, Weberei, mit der Erlernung der entsprechenden Handgriffe. Der Schüler soll wissen, wie gesponnen wird, auch fabrikmäßig gesponnen wird, wie gewebt wird. Er soll die Anfangsgründe auch der chemischen Technologie kennenlernen, Farbenbereitung und dergleichen.

Er soll ferner durchaus einen praktischen Begriff bekommen von dem, was uns fortwährend im Leben umgibt und das heute noch für viele Menschen, weil die Schule nicht die Möglichkeit findet, im rechten Momente überzugehen von dem Menschlichen zu dem Lebensmäßigen und Weltgemäßen, etwas ganz Unbegreifliches, Unfaßbares ist. Für gewisse Dinge des Lebens geht das nicht, ohne daß der Mensch Schaden leidet an seiner ganzen seelischen Entwickelung.

Man denke nur daran, daß ja der Mensch organisch außerordentlich empfindlich ist, wenn, sagen wir, irgendein Stoff in der Luft ist, den er nicht assimilieren kann, den er nicht in sich aufnehmen kann, wenn irgend etwas, das ihm nicht gemäß ist, in der Luft ist.

Nun, im sozialen Leben, im Leben der Welt verhält es sich allerdings anders. Da müssen wir mancherlei Dinge erleben, die uns vielleicht weniger gemäß sind; aber sie werden uns gemäß, wenn wir ein Verhältnis zu ihnen dadurch gewinnen, daß wir im rechten Lebensalter in der richtigen Weise in sie eingeführt werden.

Denken Sie doch, wie viele Leute heute einen Straßenbahnwagen besteigen, ohne zu wissen, wie so etwas in Bewegung gesetzt wird, wie der Mechanismus ist. Ja, es gibt Menschen, die sehen jeden Tag die Eisenbahn an sich vorbeifahren und haben keine Ahnung davon, wie der Mechanismus einer Lokomotive ist. Das heißt aber, der Mensch steht da in der Welt und ist umgeben von lauter Dingen, die aus menschlichem Geiste kommen, die menschlicher Geist geschaffen hat, aber er nimmt nicht teil an diesem menschlichen Geiste.

Damit ist überhaupt der Anfang gemacht mit dem unsozialen Leben, wenn wir dasjenige, was menschlicher Geist geschaffen hat, in unserer Umgebung sein lassen, ohne ein entsprechendes, wenigstens allgemeines Verständnis davon zu haben.

Und so wollen wir im Waldorfschul-Prinzip gerade um das vierzehnte, fünfzehnte Lebensjahr herum den Unterricht einströmen lassen in das Lehren und auch in das Handhaben von durchaus lebenspraktischen Dingen. Und das ist ja zu gleicher Zeit dasjenige Lebensalter, in dem der Mensch durch die Geschlechtsreife durchgeht. Diese Geschlechtsreife wird heute außerordentlich einseitig betrachtet. In Wahrheit bedeutet sie, daß der Mensch überhaupt für die Welt aufgeschlossen wird. Während er bis dahin mehr in sich selber lebte, wird er für die Welt aufgeschlossen, wird veranlagt dazu, für die Dinge der Welt Verständnis zu gewinnen, für den anderen Menschen und für die Dinge der Welt. Daher kommen wir durchaus der menschlichen Natur entgegen, wenn wir vorher den Blick auf dasjenige gewendet haben, was den Menschen mit der Natur verbindet.

Nun beginnen wir aber ganz energisch im vierzehnten, fünfzehnten Jahre den Schüler und die Schülerin zu verbinden mit dem, was menschlicher Geist im weitesten Umfange geschaffen hat. Dadurch stellen wir den Menschen verständnisvoll in das soziale Leben hinein.

Meine sehr verehrten Anwesenden, hätte man ein solches Schulprinzip vor vielleicht sechzig oder siebzig Jahren ins Auge gefaßt, so hätte dasjenige, was man heute soziale Bewegung nennt, eine ganz andere Gestalt im modernen Europa und Amerika bekommen, als es hat. In einer ungeheuren Weise ist die technische Befähigung der Menschheit, die kommerzielle Befähigung der Menschheit gewachsen. Was haben wir alles durchgemacht in den letzten sechzig bis siebzig Jahren! Wir haben die großen technischen Fortschritte durchgemacht, wir haben den Übergang durchgemacht vom Volkshandel zum Welthandel, und wir haben zuletzt den Übergang durchgemacht von Volkswirtschaft zur Weltwirtschaft.

Die äußeren sozialen Verhältnisse sind völlig andere geworden, als sie vor sechzig bis siebzig Jahren waren. Unseren Unterricht aber haben wir so geführt, als ob das alles nicht geschehen wäre. Wir haben es immer versäumt, gerade in dem richtigen Lebensalter, in dem vierzehnten, fünfzehnten Jahre, die Kinder einzuführen in die lebenspraktischen Dinge.

Wir wollen durchaus im Waldorfschul-Prinzip nicht Banausen sein und etwa die in vieler Beziehung ja wohltätige Gymnasialerziehung ganz beseitigen; wir bereiten unsere Schüler, deren Eltern dies wünschen, oder die es selbst haben wollen, auch für die Gymnasiallaufbahn, für die Gymnasial-Abgangsprüfung vor. Aber wir übersehen nicht, daß unsere Zeit ein Verständnis für die heutige Gegenwart fordert. Während die Griechen, die mit all ihrer Bildung dem Leben dienen wollten, ganz gewiß nicht ägyptisch gelernt haben, also etwas, was längst der Vergangenheit angehört hat, führen wir tatsächlich unsere Jungen – und heute machen es die Mädchen nach – ein in eine Welt, die gar nicht die Welt der Gegenwart ist. Kein Wunder, daß die Menschen in der Welt der Gegenwart so wenig zu leben verstehen.

Das Schicksal der Welt ist den Menschen über den Kopf gewachsen, gerade deshalb, weil der Unterricht den Anschluß an die sozialen Umgestaltungen nicht entwickelt hat. Wir wollen im Waldorfschul-Prinzip gerade das befolgen, daß wir die Möglichkeit finden, den Menschen als Menschen voll zu entwickeln, und den Menschen in die Menschheit richtig hineinzustellen.

Vor allen Dingen versuchen wir im Waldorfschul-Prinzip den Menschen so auszubilden, daß er in der rechten Art dasjenige zur Offenbarung bringt, was im ganzen Menschen veranlagt ist, und auf der anderen Seite dasjenige, was ihn richtig in die Welt hineinstellt. Das soll vor allen Dingen angestrebt werden durch die Art und Weise, wie wir in unseren Lehrplan den Sprachunterricht aufnehmen.

Selbstverständlich wird der Unterricht in der Muttersprache in der Art, wie ich es bei den anderen Unterrichtsgegenständen geschildert habe, dem Lebensalter angemessen erteilt; aber das Besondere der Waldorfschule liegt darinnen, daß wir sogleich beginnen, wenn das Kind in die Schule hereinkommt, also im sechsten, siebenten Lebensjahre, mit dem Unterricht in zwei fremden Sprachen, im Französischen und im Englischen.

Dadurch versuchen wir den Kindern für die Zukunft in der Tat dasjenige mitzugeben, was der Mensch für diese Zukunft immer mehr und mehr brauchen wird. Beim Sprachenunterricht muß man ja, wenn man ihn recht menschlich erfassen will, vor allen Dingen berücksichtigen, daß die Sprache sich tief einwurzelt in das ganze menschliche Wesen. Die Sprache, die der Mensch als seine Muttersprache aufnimmt, wurzelt sich ganz tief ein in das Atmungssystem, in das Zirkulationssystem, in den Bau des Gefäßsystems, so daß der Mensch nicht nur nach Geist und Seele, sondern nach Geist und Seele und Körper hingenommen wird von der Art und Weise, wie sich seine Muttersprache in ihm auslebt. Aber wir müssen uns durchaus klar darüber sein, daß die verschiedenen Sprachen in der Welt – bei den primitiven Sprachen ist das ja anschaulich genug, bei den zivilisierten Sprachen verbirgt es sich oftmals, aber es ist doch da – in einer ganz anderen Art den Menschen durchdringen und das Menschliche offenbaren.

Es gibt innerhalb der europäischen Sprachen eine, die geht ganz und gar aus dem Gefühlselemente hervor, hat im Laufe der Zeit sehr stark den Charakter der Intellektualisierung des Gefühlselementes angenommen, aber sie geht aus dem Gefühlselemente hervor, so daß das intellektuelle Element und das Willenselement bei dieser Sprache weniger dem Menschen durch die Sprache schon eingepflanzt werden. Da müssen dann diese anderen Glieder der menschlichen Wesenheit durch das Erlernen anderer Sprachen entwickelt werden.

So haben wir eine Sprache, die ganz besonders herausentwickelt ist aus dem Elemente der plastischen Phantasie, die sozusagen die Dinge in der Lautbildung hinmalt. Dadurch kommt das Kind in eine natürliche, plastisch-bildnerische Kraft im Sprachenlernen hinein.

Eine andere Sprache haben wir innerhalb des zivilisierten Europa, welche vorzugsweise auf das Willenselement hin gerichtet ist; eine Sprache, der man es förmlich anhört in ihrem Tonfall, in ihrer Vokalisierung und Konsonantengestaltung, daß sie ganz auf das Willenselement gerichtet ist, daß der Mensch fortwährend, indem er spricht, sich so verhält, als ob er mit der ausgestoßenen Luft Meereswellen zurückschlagen möchte. Da lebt das Willenselement in der Sprache. – Andere Sprachen sind da, die mehr so aus dem Menschen herauskommen, daß das Gefühlsmäßig-Musikalisch-Phantasiemäßige im Menschen in Anspruch genommen wird. Jede Sprache hat einen besonderen Bezug zum Menschen.

Nun werden Sie sagen, ich sollte für die einzelnen Sprachen, die ich charakterisiert habe, die Namen nennen. Das werde ich mich wohl hüten; denn wir sind heute nicht so weit, daß wir mit derjenigen Objektivität in der zivilisierten Welt uns gegenüberstehen, um ein solches ganz Objektives zu vertragen.

Was ich aber in bezug auf die Charakteristik der Sprachen gesagt habe, macht eben durchaus nötig – wenn wir dem Menschen heute eine rein menschliche, nicht eine spezialisiert menschliche, volksmäßige Bildung und Entwickelung geben wollen –, daß wir tatsächlich in bezug auf das Sprachliche dasjenige, was aus dem Sprachgenius heraus von der einen Sprache her über die menschliche Natur kommt, durch die andere Sprache ausgleichen.

Das hat eben in rein pädagogisch-didaktischer Beziehung die Veranlassung dazu gegeben, daß wir für die kleinsten Kinder in der Waldorfschule schon mit drei Sprachen beginnen; und wir erteilen den Sprachunterricht sogar in einem recht ausgiebigen Maße.

Nun ist es sehr gut, so früh mit dem Sprachunterricht in fremden Sprachen zu beginnen, weil ja bis zu jenem Zeitpunkte, der zwischen dem neunten und zehnten Jahre im menschlichen Leben liegt, das Kind in das schulmäßige Alter herein noch etwas von dem mitträgt, was ich als besonders charakteristisch für das erste Lebensalter des Menschen von der Geburt bis zum Zahnwechsel dargestellt habe. Da ist der Mensch vorzugsweise ein nachahmendes Wesen. Die Muttersprache lernt der Mensch ja ganz und gar nach dem Prinzip der Nachahmung. Ohne daß der Intellekt stark in Anspruch genommen wird, lernt das Kind innerlich dasjenige nachbilden, was es als Sprache hört. Und das Kind hört zugleich mit dem äußerlich Lautlichen, mit dem Tonmäßigen der Sprache durchaus das innerlich-seelisch-musikalische Element der Sprache. Und die erste Sprache, die sich das Kind aneignet, eignet es sich an als – wenn ich mich so ausdrücken darf – feinere Gewohnheit. Es geht alles tief in den ganzen Menschen hinein.

Dann, wenn das Kind mit dem Zahnwechsel in die Schule hereinkommt, sprechen wir auch mit dem Sprachunterricht schon mehr zu dem bloß Seelischen, nicht mehr so stark zu dem Körperlichen. Aber das Kind bringt uns immerhin noch bis zum neunten, zehnten Jahre genügend phantasievolle Imitationsfähigkeit in die Schule herein, so daß wir den Unterricht in der Sprache in der Art lenken können, daß die Sprache von dem ganzen Menschen aufgenommen wird, nicht etwa bloß von den seelisch-geistigen Kräften.

Daher ist es von so ungeheuer tiefgreifender Wichtigkeit, sich ja nicht entgehen zu lassen für den Unterricht in fremden Sprachen das erste, zweite, dritte Volksschuljahr. Nur aus einem didaktisch-pädagogisch-humanen Prinzip heraus ist es also in der Waldorfschule eingeführt worden, den Unterricht in den fremden Sprachen mit dem Eintritte des Kindes in die Elementarschule zu beginnen.

Ich brauche nicht zu erwähnen, daß dieser Unterricht nun gerade im eminentesten Sinne wiederum den Lebensaltern angepaßt wird. In unserer Zeit ist man ja in bezug auf alle Wirklichkeit stark in ein Denkchaos hineingekommen. Man bildet sich ein, man stehe tief in der Wirklichkeit darinnen, weil man materialistisch geworden ist; aber man ist eigentlich in unserer Zeit viel theoretischer. Die stärksten Praktiker, das heißt diejenigen, die sich dafür halten, sind eigentlich in unserer Zeit Theoretiker im eminentesten Sinne. Sie bilden sich ein, irgend etwas sei richtig – nicht ist es so, daß sie dasjenige, was sie aufgenommen haben als das Richtige, auch wirklich aus der Lebenspraxis heraus gestaltet hätten. Und so ist namentlich in pädagogisch-didaktischen Fragen, wenn man auf der einen Seite gesehen hat, wie irgend etwas nicht richtig ist, dann ein unmöglicher Radikalismus nach dem anderen Extrem aufgetaucht.

So haben die Leute gesehen, daß die vorangegangene Zeit den

Sprachunterricht ganz und gar, namentlich im Lateinischen und Griechischen, auf die Grammatik, auf die Sprachregeln aufgebaut hat, und daß dieses den Unterricht veräußerlichte, mechanisierte. Nun ist wiederum das entgegengesetzte Prinzip gekommen, nur weil man nicht konsequent auf die Sachen hinsehen kann. Und wenn man bemerkt, daß das Unheil da ist, dann fällt man ins andere Extrem, weil man glaubt, dadurch das Unheil vermeiden zu können. Und so ist das Prinzip entstanden, überhaupt gar nicht mehr irgend etwas Grammatikalisches zu lehren.

Das ist wiederum unsinnig. Denn das hieße auf einem speziellen Gebiete wiederum nichts Geringeres als: man soll den Menschen nur beim Bewußtsein lassen, nicht zum Selbstbewußtsein kommen lassen. Der Mensch kommt eben zwischen dem neunten und zehnten Jahre vom Bewußtsein zum Selbstbewußtsein. Er unterscheidet sich von der Welt.

Da ist ja auch der Zeitpunkt, wo man – allerdings in leiser Weise – zu grammatikalischen, zu syntaktischen Regeln übergehen kann; denn da kommt der Mensch dazu, nicht nur über die Welt zu denken, sondern über sich selber etwas nachzudenken. Das Nachdenken über sich selbst, das bedeutet bei der Sprache, nicht bloß instinktiv zu sprechen, sondern die Sprache in Regeln vernünftiger Art bringen zu können. Also wiederum: ganz ohne Grammatik zu lernen ist für die Sprache ein Unding. Man bringt dem Menschen nicht jene innere Festigkeit bei, die er braucht fürs Leben, wenn man von aller Regel absieht.

Was aber vor allen Dingen dabei berücksichtigt werden muß, das ist, daß eben erst in jenem Lebenselemente zwischen dem neunten und zehnten Jahre der Mensch dazu kommt, aus dem bloßen Bewußtsein zum Selbstbewußtsein hin zu wollen, daß daher jeder grammatische Unterricht vorher ein Unding ist.

Man muß diesen Übergang zwischen dem neunten und zehnten Lebensjahr finden, um nun auch den ganz und gar nur instinktiv aus der Sache herausgegriffenen Sprachunterricht vernünftig leise in den grammatischen Unterricht überzuführen.

Auch für die Muttersprache muß das so sein. Man verdirbt das Seelenleben des Kindes vollständig, wenn man grammatische oder syntaktische Regeln vor diesem wichtigen Lebensmomente in das Kind hineinpfropft. Bis dahin soll in instinktiv gewohnheitsmäßiger Weise gesprochen werden, wie es einzig und allein durch Nachahmung geschieht. Das Selbstbewußtsein soll das Sprechen einleiten – und in der Regel tritt immer das Selbstbewußtsein mit der Grammatik und Syntax auf – zwischen dem neunten und zehnten Jahre. Wenn Sie das berücksichtigen, werden Sie sehen, wie man gerade im Waldorfschul-Prinzip die zwei oder drei Jahre vor diesem Lebensmomente benützt, um den Sprachunterricht in die richtige Lebensepoche nach der Entwickelung der Menschen hineinzustellen. Und so sehen Sie Stück für Stück, daß die Waldorfschul-Pädagogik den Lehrer lesen lehren will, aber nicht in einem Buche, nicht in einem pädagogischen System, sondern im Menschen.

In diesem wunderbarsten Dokument der Welt, im Menschen, soll der Waldorflehrer lesen lernen. Dasjenige, was ihm diese Lektüre gibt, geht über in allen Enthusiasmus für Unterrichten und Erziehen. Was wirklich so gelesen werden kann, daß es unmittelbar den Menschen nach Leib, Seele und Geist zur allseitigen Tätigkeit aufruft, wie allein man sie als Lehrer braucht, das ist allein im Buche der Welt enthalten. Und alles andere Lernen, alle anderen Bücher, alle anderen Lektüren sollen gerade dem Pädagogen die Möglichkeit geben, in dem großen Buche der Welt zu lesen. Kann er das, dann wird er ein Unterrichtender mit dem nötigen Enthusiasmus, und aus dem Enthusiasmus allein kann diejenige Kraft, die Stärke des Impulses hervorgehen, welche eine Schulklasse beleben kann.

Dieses Allgemein-Menschliche im Unterrichts- und Erziehungswesen, das ich für die verschiedensten Unterrichtszweige charakterisieren mußte, das muß sich im Waldorfschul-Prinzip besonders dadurch ausleben, daß diese Waldorfschule nach keiner Richtung hin eine Schule der religiösen oder philosophischen Überzeugung oder eine Schule einer bestimmten Weltanschauung ist. Und nach dieser Richtung war es ja natürlich notwendig, gerade für ein Schulwesen, das sich aus der Anthroposophie heraus entwickelt hat, darauf hinzuarbeiten, daß nun ja diese Waldorfschule weit, weit davon entfernt sei, etwa eine Anthroposophenschule zu werden oder eine anthroposophische Schule zu sein. Das darf sie ganz gewiß nicht sein. Man möchte sagen: jeden Tag aufs neue strebt man wieder danach, nun ja nicht irgendwie durch den Übereifer eines Lehrers, oder durch die ehrliche Überzeugung, die ja selbstverständlich bei den Waldorfschullehrern für die Anthroposophie vorhanden ist, da sie Anthroposophen sind, irgendwie in eine anthroposophische Einseitigkeit zu verfallen. Der Mensch, nicht der Mensch einer bestimmten Weltanschauung, muß in didaktisch-pädagogischer Beziehung einzig und allein für das Waldorfschul-Prinzip in Frage kommen.

Damit war es geboten, den Religionsgesellschaften gegenüber, ich möchte sagen, eben ein durch die Zeit gefordertes Kompromiß einzugehen, gar nicht auf etwas anderes zunächst zu sehen für die Schüler, als auf das Methodische einer allgemein-menschlichen Erziehung. Der Religionsunterricht wurde zunächst den Religionslehrern ihrer Konfession übergeben. Und so wird der katholische Religionsunterricht in der Waldorfschule von dem katholischen Priester, der evangelische Religionsunterricht von dem evangelischen Pfarrer erteilt.

Aber es gibt eine ganze Menge von Schülern in der Waldorfschule, die, wie man in Mitteleuropa sagt, eben Dissidentenkinder sind, die einfach keinen Religionsunterricht nehmen würden, wenn eben nur katholischer und evangelischer Religionsunterricht da wäre. Dadurch, daß sich die Waldorfschule zunächst aus dem Proletarierstande herausgebildet hat – sie war die Schule eines Industrieunternehmens, sie ist das heute längst nicht mehr, sie ist eine Schule für alle Klassen geworden –, waren anfangs namentlich überwiegend konfessionslose Kinder da. Diese Kinder hätten nun, wie es ja in sehr vielen Schulen Mitteleuropas der Fall ist, gar keinen Religionsunterricht gehabt. So haben wir gerade für diese Kinder, die sonst gar keinen Religionsunterricht gehabt hätten, einen sogenannten freien Religionsunterricht eingeführt.

Dieser freie Religionsunterricht, der ist auch nicht darauf abgestellt, theoretische Anthroposophie in die Waldorfschule hineinzutragen. Das würde ganz falsch sein. Die anthroposophische Überzeugung ist bis heute für Erwachsene ausgebildet, und man spricht ja über Anthroposophie zu Erwachsenen. Man kleidet daher alle Begriffe, alle Empfindungen in dasjenige, was für Erwachsene gut ist. Dasjenige, was in unserer anthroposophischen Literatur für Erwachsene bestimmt ist, einfach zu nehmen und es nun in die Schule hineinzutragen, hieße gerade dem Pädagogisch-Didaktischen im Waldorfschul-Prinzip schnurstracks zuwiderhandeln. Da handelt es sich darum, für diejenigen Kinder, die uns übergeben werden, freiwillig übergeben werden zum freien religiösen Unterricht, nun auch im strengsten Sinne des Wortes wiederum das religiöse Element, und was ihnen als Religionsunterricht zu geben ist, abzulesen von ihrem Lebensalter.

So darf man auch nicht unter dem freien Religionsunterricht der Waldorfschule, der sogar mit einem entsprechenden Kultus verbunden ist, sich etwas vorstellen wie eine in die Schule hineingetragene anthroposophische Weltanschauung. Man wird gerade sehen, daß in diesem freien Religionsunterricht überall dem Lebensalter des Kindes in ausgiebigstem Maße Rechnung getragen wird. Wir können nichts dafür, daß dieser freie Religionsunterricht in der Waldorfschule von den meisten Kindern besucht wird, trotzdem wir es uns zur strengen Regel machen, nur auf Wunsch der Eltern das Kind zu diesem freien Religionsunterricht zuzulassen. Allein es spielt ja dabei doch das pädagogisch-didaktische Element eine außerordentliche Rolle, und da unser freier Religionsunterricht wiederum im strengsten Sinne ein christlicher ist, so schicken diejenigen Eltern, die ihre Kinder christlich erzogen, aber nach dem Schulprinzip, nach der Pädagogik und Didaktik der Waldorfschule unterrichtet und erzogen wissen wollen, uns eben ihre Kinder in den freien Religionsunterricht, der ein durch und durch christlicher ist, der sogar so christlich wirkt, daß die ganze Schule in eine Atmosphäre von Christlichkeit getaucht ist. Feste, Weihnachtsfest, Osterfest, werden bei uns von den Kindern aus dem freien christlichen Religionsunterricht heraus mit einer ganz anderen Innigkeit empfunden, als das sonst bei diesen Festen heute der Fall ist.

Nun handelt es sich darum, daß gerade im Religionsunterricht das Lebensalter des Kindes berücksichtigt werden muß. Gerade da ist es von großem Schaden, wenn irgend etwas zu früh an das Kind herangetragen wird. Deshalb ist unser freier Religionsunterricht so eingerichtet, daß das Kind zunächst zur Erfassung des Allgemein-Göttlichen in der Welt kommt.

Sie erinnern sich, wir unterrichten das Kind zunächst, wenn es in die Schule hereinkommt zwischen dem siebenten und neunten oder zehnten Jahre so, daß wir die Pflanzen sprechen lassen, die Wolken sprechen lassen, die Quellen sprechen lassen. Die ganze Umgebung des Menschenkindes ist belebt. Da läßt sich nun leicht der Unterricht hinführen zu dem die Welt durchlebenden, allgemeinen göttlichen Vaterprinzip. Daß alles seinen Ursprung in einem Göttlichen hat, das läßt sich für das Kind, gerade wenn man den übrigen Unterricht so führt, wie ich es geschildert habe, in einer vorzüglichen Weise hinstellen.

Und so knüpfen wir an dasjenige an, was das Kind weiß, wissen lernt auf märchenhafte Weise, auf phantasiemäßige Weise über die Natur. An das knüpfen wir an, um das Kind zunächst gegenüber allem, was in der Welt geschieht, zu einer gewissen Dankbarkeit zu führen. Dankbarkeit gegenüber allem, was Menschen uns tun, aber gegenüber allem auch, was uns die Natur gewährt, das ist dasjenige, was das religiöse Empfinden auf den richtigen Weg bringt. Überhaupt ist die Erziehung zur Dankbarkeit etwas unendlich Wichtiges und Bedeutungsvolles.

Der Mensch sollte sich dazu entwickeln, wirklich auch ein gewisses Dankesgefühl zu haben, wenn – vielleicht klingt das sogar paradox, und dennoch ist es tief wahr – zur rechten Zeit, wo er dies oder jenes zu tun hat, ihm das geeignete Wetter zuteil wird. Gegenüber dem All, dem Kosmos Dankbarkeit entwickeln zu können, wenn das auch, ich möchte sagen, in einem imaginativen Welterleben nur geschehen kann, das ist dasjenige, was unsere ganze Weltempfindung religiös vertiefen kann.

Zu dieser Dankbarkeit brauchen wir dann die Liebe gegenüber allem. Und wir können wiederum leicht, wenn wir das Kind also bis gegen das neunte, zehnte Jahr hinführen, wie es angedeutet worden ist, in all dem Belebten, das wir dem Kind hinstellen, zugleich etwas für das Kind offenbaren, was das Kind liebgewinnen muß. Liebe zu jeder Blume, Liebe zu jedem Baum, Liebe zu Sonnenschein und Regen, das ist dasjenige, was das Weltempfinden wiederum religiös vertiefen kann.

Wenn wir Dankbarkeit und Liebe in dem Kinde vor dem zehnten Jahre entwickeln, dann können wir auch in der richtigen Weise dasjenige entwickeln, was wir die Pflicht nennen. Die Pflicht durch Gebote zu früh entwickeln, führt zu keiner religiösen Innigkeit. Wir müssen vor allen Dingen in dem Kinde Dankbarkeit und Liebe entwickeln, dann entfalten wir das Kind sowohl ethisch-moralisch in der richtigen Weise wie auch religiös.

Wer im tiefsten Sinne des Wortes das Kind im christlichen Sinne erziehen will, der hat nötig, darauf zu sehen, daß dasjenige, was sich vor die Welt in dem Mysterium von Golgatha hinstellt, in alledem, was an die Persönlichkeit und Gotteswesenhaftigkeit des Christus Jesus geknüpft ist, sich vor dem neunten und zehnten Jahre nicht in der richtigen Weise vor die kindliche Seele hinstellen läßt. Großen Gefahren setzt man das Kind aus, wenn man es nicht vor diesem Lebensmomente in das allgemein Göttliche einführt, ich möchte sagen: in das göttliche Vaterprinzip; ihm zeigt, wie in allem in der Natur das Göttliche lebt, wie in aller Menschenentwickelung das Göttliche lebt, wie überall, wo wir hinschauen, in den Steinen, aber auch in dem Herzen des anderen Menschen, in jeder Tat, die der andere Mensch dem Kinde tut, überall das Göttliche lebt. Dieses allgemein Göttliche, das müssen wir in Dankbarkeit empfinden, in Liebe das Kind fühlen lehren durch die selbstverständliche Autorität des Lehrers. Dann bereiten wir uns vor, zu diesem Mysterium von Golgatha gerade zwischen dem neunten und zehnten Jahre die richtige Stellung bekommen zu können.

Da ist es so unendlich wichtig, das Menschenwesen auch hinsichtlich seiner zeitlichen Entwickelung verstehen zu lernen. Versuchen Sie es nur einmal, sich den Unterschied klarzumachen, der besteht, wenn man dem Kinde irgend etwas vom Neuen Testament beibringen will im siebenten und achten Lebensjahre, oder – nachdem man zunächst aus jedem Naturwesen das Gottesbewußtsein im allgemeinen hat anregen wollen – mit diesem Neuen Testament kommt zwischen dem neunten und zehnten Lebensjahre, um es nachher erst als solches dem Kinde zu entwickeln. Da ist es in der richtigen Weise vorbereitet, da lebt es sich in das ganz überweltlich Große hinein, das im Evangelium enthalten ist. Bringen Sie es ihm vorher bei, dann bleibt es Wort, dann bleibt es starrer nüchterner Begriff, dann ergreift es nicht den ganzen

Menschen, dann laufen Sie Gefahr, daß das Religiöse im Kinde verhärtet, und der Mensch es als verhärtetes Element durch das Leben trägt, nicht in Lebendigkeit als etwas sein ganzes Weltempfinden Durchsetzendes. Man bereitet das Kind im schönsten Maße vor, die Glorie des Christus Jesus in sich aufzunehmen vom neunten, zehnten Jahre an, wenn man es vorher in die allgemeine Göttlichkeit der ganzen Welt hineinführt.

Und das strebt gerade der nun auch auf das rein Menschliche gebaute Religionsunterricht an, den wir als freien christlichen Religionsunterricht in der Waldorfschule erteilen für diejenigen Kinder, deren Eltern dies wünschen, die eigentlich immer mehr werden gegenüber den anderen, und den wir auch in einen gewissen Kultus gekleidet haben. Sonntäglich findet für diese Kinder, die diesem freien Religionsunterricht beiwohnen, eine Kultushandlung statt. Wenn diese Kinder aus der Schule entlassen werden, wird diese Kultushandlung metamorphosiert. Auch eine Kultushandlung, die sogar dem Meßopfer sehr ähnlich ist, aber durchaus dem entsprechenden Lebensalter angemessen ist, ist verbunden mit diesem auf den freien Religionsunterricht gestützten religiösen Leben in der Waldorfschule.

Es war besonders schwierig, dasjenige in das religiöse Element hineinzubringen, was wir in der Waldorfschule ausbilden wollen: das rein menschliche Entwickelungsprinzip. Denn in bezug auf das Religiöse sind ja heute die Menschen noch am wenigsten geneigt, von ihrem Speziellen abzugehen. Man redet vielfach von einem allgemeinmenschlich Religiösen. Das aber ist doch bei dem einzelnen Menschen so gefärbt, wie seine Spezial-Religionsgemeinschaft es ihm färbt. Wenn wir die Aufgabe der Menschheit in die Zukunft hinein richtig verstehen, so wird dieser Aufgabe schon auch im rechten Maße gedient durch diesen freien religiösen Unterricht, mit dem wir in der Waldorfschule eigentlich erst begonnen haben.

Anthroposophie, so wie diese für Erwachsene heute vorgetragen wird, wird ganz gewiß nicht in die Waldorfschule hineingetragen; dagegen dasjenige, wonach der Mensch lechzt: das Ergreifen des Göttlichen – des Göttlichen in der Natur, des Göttlichen in der Menschheitsgeschichte – durch das richtige Einstellen auf das Mysterium von

Golgatha. Das ist es, was im rechten Sinne hineinzutragen auch in den Unterricht wir als unsere Aufgabe betrachten.

Damit erreichen wir es aber auch, daß wir dem ganzen Unterricht dasjenige Kolorit geben können, das er braucht. Ich habe schon gesagt, der Lehrer muß eigentlich dazu kommen, daß alles Unterrichten für ihn eine sittliche, eine religiöse Tat werde, daß er sozusagen in dem Unterrichten selber eine Art Gottesdienst sehe.

Das können wir nur erreichen, wenn wir imstande sind, für diejenigen Menschen, die es heute schon wollen, auch das religiös-sittliche Element in der richtigen Weise in die Schule hineinzustellen. Das haben wir eben, so weit das schon heute gegenüber den sozialen Verhältnissen geht, in bezug auf den Religionsunterricht in der Waldorfschule versucht. Wir haben ganz gewiß damit nicht irgendwie nach einem blind rationalistischen Christentum hinarbeiten wollen, sondern gerade nach dem richtigen Erfassen des Christus-Impulses in der ganzen Erdenentwickelung der Menschheit. Wir haben nichts anderes gewollt damit, als dasjenige dem Menschen zu geben, was er dann noch braucht, wenn er durch allen anderen Unterricht ein ganzer Mensch geworden ist.

Denn, meine sehr verehrten Anwesenden, man kann durch allen anderen Unterricht schon ein ganzer Mensch geworden sein – etwas braucht man dann noch, wenn man auch schon sonst ein ganzer Mensch geworden ist, um diesen ganzen Menschen wiederum in einer allseitigen Weise so in die Welt hineinzustellen, daß er seinem ihm eingeborenen Wesen gemäß in dieser Welt drinnen steht: die religiöse Vertiefung. Den ganzen Menschen erziehen, diesen als ganzen Menschen erzogenen Menschen religiös zu vertiefen, das haben wir als eine der bedeutsamsten Aufgaben des Waldorfschul-Prinzipes zu erfassen gesucht.

# ZWÖLFTER VORTRAG

Ilkley, 16. August 1923

Im Unterricht und in der Erziehung hat man nach zwei Seiten hinzusehen. Die eine Seite ist diejenige, welche sich nach den Gegenständen, Objekten richtet, die man in der Schule zu behandeln hat; die andere Seite aber ist die, welche sich nach dem Kinde selber richtet und in einer, aus wirklicher Menschenbeobachtung hervorgegangenen Weise die einzelnen Fähigkeiten des Kindes entwickelt.

In dieser Beziehung wird, wenn so vorgegangen wird, wie das in den letzten Tagen hier auseinandergesetzt wurde, auch in jedem Lebensalter immer richtig an die richtige kindliche Fähigkeit appelliert. Eine besondere Beachtung aber ist dem Gedächtnis des Kindes, dem Erinnerungsvermögen beizumessen. Wir müssen uns ja klar darüber sein, daß in dieser Beziehung aus einer mangelhaften Menschenkenntnis heraus in früherer Zeit zuviel an Gedächtnisbelastung getan worden ist. Dadurch ist wiederum in einer ähnlichen Weise, wie das gestern schon in einem anderen Falle von mir betont worden ist, das andere Extrem entstanden. Man will das Gedächtnis im neueren Unterricht fast ganz ausschalten.

Beides aber, sowohl die zu geringe wie die zu starke Belastung des Gedächtnisses, ist in der Erziehung vom Übel. Es handelt sich darum, daß in dem kindlichen Lebensalter bis zum Zahnwechsel hin, also gerade bis in diejenige Zeit, in der das Kind in die Schule geschickt wird, das Gedächtnis ganz allein sich selbst überlassen bleiben muß.

In dieser Zeit wirken ja, wie wir gesehen haben, im Einklange miteinander physischer Leib, Äther- oder Bildekräfteleib, astralischer Leib und Ich-Organisation. Und die Art und Weise, wie das Kind nachahmend alles in sich ausbildet, was es unbewußt in seiner Umgebung beobachten kann, wirkt auch so, daß bis in den physischen Leib hinein diejenigen Kräfte sich entwickeln, welche die Gedächtnis-, die Erinnerungskraft am besten zur Entfaltung kommen lassen, so daß man in diesen Jahren eigentlich das Kind mit Bezug auf die Gedächtnisentwickelung ganz sich selbst überlassen muß.

Dagegen vom Zahnwechsel ab, wo das Seelisch-Geistige in einer gewissen Weise vom Leiblichen emanzipiert wird, ist eine regelrechte methodische Behandlung gerade des Gedächtnisses von der allergrößten Wichtigkeit. Denn seien wir uns nur darüber klar: das Gedächtnis muß das ganze Leben des Menschen hindurch den physischen Körper in Anspruch nehmen. Ohne einen allseitig entwickelten physischen Leib ist das Gedächtnis des Menschen irgendwie auch unterbrochen. Man weiß ja auch schon in derjenigen Menschenkunde, die heute an den Laien herandringt, daß diese oder jene Verletzung des Gehirnes sofort irgendwelche Gedächtnisdefekte hervorbringt.

Aber beim Kinde hat man nicht etwa bloß darauf zu sehen, wo sich irgendein Seelisches in die Krankheit hinein entlädt, sondern man hat auch die kleinen intimen Wirkungen des Seelisch-Geistigen auf das Körperliche als Pädagoge stets ins Auge zu fassen. So daß also eine unrichtige Gedächtnisentwickelung bis in den physischen Körper hinein das Kind für das ganze Erdenleben beeinträchtigt.

Nun handelt es sich darum: wie kommen wir zu einer richtigen Gedächtnisentwickelung? Da müssen wir uns vor allen Dingen darüber klar sein, daß abstrakte Begriffe, Begriffe, die rationalistisch, intellektualistisch gebildet werden, das Gedächtnis immer belasten, gerade in dem Lebensalter am meisten belasten, das zwischen dem Zahnwechsel und der Geschlechtsreife liegt, daß Anschauungen, die in der Weise lebendig an das Kind herangebracht werden, wie ich es geschildert habe, plastisch-malerische Anschauungen, die wir im künstlerischen Unterrichtsbetrieb an das Kind heranbringen, auch in lebendiger Weise diejenigen Kräfte aufrufen, die bis in den physischen Körper hinein das Gedächtnis in der richtigen Weise zur Entfaltung kommen lassen. Das ist die beste Unterlage für eine richtige Gedächtnisentwickelung: künstlerisch den ganzen Unterricht zu gestalten gerade im Elementarschulzeitalter.

Aus der Kunst, aus einer richtigen Behandlung der Kunst geht nun aber auch immer die richtige Behandlung der körperlichen Bewegungsfähigkeit hervor. Dann aber, wenn wir das Kind selber sich künstlerisch betätigen lassen, wenn wir in der Lage sind, das Kind selbst künstlerisch in Regsamkeit, in Tätigkeit zu bringen, so daß wir also bei dem, was das Kind tut während des Mallebens, während des Schreiblebens, während des Zeichnenlebens, während des musikalischen Unterrichtes, immer das Körperliche zugleich mit dem Geistigen in Tätigkeit bringen – wie das bei der Eurythmie geschieht, werde ich morgen an der Hand der Figuren hier zu erklären haben –, dann werden wir dasjenige, was von der seelischen Ausbildung in den physischen Leib für das Gedächtnis hineinkommen muß, in der richtigen Weise entwickeln. Wir dürfen auch nicht glauben, daß die völlige Ausschaltung des Gedächtnisses oder die mangelhafte Behandlung des Gedächtnisses irgendwie dem Kinde förderlich sein könnten.

Wenn wir die drei Grundsätze festhalten: Begriffe belasten das Gedächtnis; Anschaulich-Künstlerisches bildet das Gedächtnis; Willensanstrengung, Willensbetätigung befestigt das Gedächtnis –, dann haben wir die drei goldenen Regeln für die Gedächtnisentwickelung.

Wir können diese drei goldenen Regeln ganz besonders dadurch anwenden, daß wir dann den Unterricht in der Naturkunde, in der Geschichte, den wir so leiten, wie ich es in diesen Tagen angedeutet habe, zur Ausbildung des Gedächtnisses benützen. Auch der rechnerische Unterricht ist durchaus zur Ausbildung des Gedächtnisses zu benützen. Es ist das so, daß wir immer beginnen sollen im Rechnen mit dem künstlerischen Verstehen der Dinge, wie es in diesen Tagen gezeigt worden ist.

Aber wenn wir wirklich dafür gesorgt haben, daß das Einfachere, sagen wir, die Zahlen bis zehn oder meinetwillen bis zwanzig in ihrer Handhabung bei den Rechnungsoperationen durchschaut worden sind, dann brauchen wir nicht davor zurückzuschrecken, das übrige gedächtnismäßig an das Kind herankommen zu lassen. Und wir sollen das Kind ebensowenig wie mit Gedächtnismaterial mit zu weit getriebener Anschaulichkeit überlasten. Denn Begriffe, die zu weit ins Komplizierte hineingetrieben werden, die belasten das Gedächtnis. So daß wir gerade in bezug auf die Gedächtnisentwickelung sorgfältig hinschauen müssen, wie es sich bei dem einzelnen Kinde macht.

Und hier sieht man, wie notwendig es ist für den Lehrer und den Erzieher, etwas von der Art und Weise zu verstehen, wie der ganze Mensch für Gesundheits- und für Krankheitstendenzen arbeitet. In dieser Beziehung kann man gerade heute die merkwürdigsten Erfahrungen machen.

Unsere Waldorfschule wurde einmal besucht von einem Herrn, der mit seinem Denken ganz im Unterrichtswesen, im Erziehungswesen drinnen stand. Ich versuchte, ihm den ganzen Geist, aus dem in der Waldorfschule gewirkt wird, auseinanderzusetzen, und als er eine Weile sich das angehört und angesehen hatte, sagte er: Ja, aber dann müßten ja die Lehrer viel von Medizin verstehen! – Er betrachtete es von vornherein als eine Unmöglichkeit, daß die Lehrer so viel von Medizin verstehen könnten, als für den Geist eines solchen Unterrichts nötig ist. Ich sagte zu ihm: Wenn das eben aus der Natur des Menschen hervorgeht, so muß so viel medizinischer Unterricht, als für die Schule eben nötig ist, den Gegenstand jeder Lehrerseminarbildung bilden. – Das ist ganz zweifellos, wir dürfen niemals sagen, wir überlassen dasjenige, was sich auf die Gesundheit bezieht, dem Schularzte.

Ich betrachte es als ein ganz besonderes Glück der Waldorfschule, daß wir den eigentlichen Schularzt im Lehrerkollegium selber drinnen haben, daß er mit im Lehrerkollegium ist. Dr. *Kolisko,* der das Gesundheitliche fachmännisch betreibt, ist Arzt und steht im Lehrerkollegium zugleich lehrend darinnen. So daß in dieser Beziehung alles dasjenige, was sich auf das Körperliche der Kinder bezieht, in völligem Einklange mit allem Unterrichten und Erziehen betrieben werden kann.

Und das ist zum Schluß dasjenige, was notwendig ist: es muß in unsere Lehrerbildung eine Entwickelung hineinkommen, die aufnimmt, was sich auf Gesundheit und Krankheit des Kindes bezieht. Ein Lehrer bemerkt – ich will ein Beispiel anführen –, daß ein Kind immer mehr und mehr blaß wird. Ein anderes Kind verändert seine Farbe dadurch, daß es auffallend gerötet wird. Man bemerkt dann, wenn man richtig beobachtet, daß das gerötete Kind zugleich unruhig, jähzornig wird. Man muß eine solche Erscheinung in der richtigen Weise auf das Geistig-Seelische beziehen können. Man muß wissen, daß das Blaßwerden in abnormer Weise, wenn es sich auch nur in der Tendenz zeigt, von einer zu starken Berücksichtigung des Gedächtnisses herkommt. Das Gedächtnis beim blaßgewordenen Kinde ist zu stark belastet worden. Man muß also Einhalt tun gerade mit der Gedächtnisbelastung. Bei dem geröteten Kinde hat man das Gedächtnis zu wenig in Anspruch genommen. Da muß man dafür sorgen, daß es die Aufgabe bekommt, das oder jenes als Gedächtnisstoff aufzunehmen und wiederum zu zeigen, daß es die Sache behalten hat. Wir müssen also ein Kind, das uns blaß wird, gedächtnismäßig entlasten; ein Kind, das uns gerötet wird, müssen wir gerade nach der Richtung des Gedächtnisses hin sich entfalten lassen.

Nur dadurch, daß wir in einer so eingehenden Weise Seelisch-Geistiges im Einklang mit dem Physischen behandeln können, kommen wir in der rechten Weise an den ganzen Menschen heran. So wird auch der Mensch in unserer Waldorfschule als werdender Mensch, als Kind, nach seinen geistig-seelisch-körperlichen Anlagen, insbesondere nach den Temperamentsanlagen, behandelt.

Wir setzen schon in der Schule die Kinder so, daß sie in der richtigen Weise untereinander ihr cholerisches, ihr sanguinisches, ihr melancholisches oder ihr phlegmatisches Temperament zur Wirkung kommen lassen. Wenn man die Choleriker zusammensetzt, dann schleifen sie sich am allerbesten aneinander ab; ebenso die Melancholiker. Nur muß man in der richtigen Weise diese Temperamente bei den Kindern beobachten können. Diese Temperamentsbehandlung geht dann wiederum bis tief in die körperliche Entwickelung hinein.

Man nehme an, man habe ein sanguinisches Kind, ein Kind, das unaufmerksam ist für dasjenige, was es aufnehmen soll, das dagegen jedem möglichen äußeren Eindruck sogleich hingegeben ist, aber ihn auch sehr schnell wiederum aus seiner Seele verschwinden läßt. Dieses sanguinische Kind können wir dadurch in der richtigen Weise behandeln, daß wir darauf sehen, daß seinen Speisen möglichst Zucker entzogen wird; natürlich nicht in einer ungesunden Weise, aber in dem Maße, in dem wir richtig die Speisen, die wir dem Kinde verabreichen, weniger zuckern, in dem Maße wird auch das Sanguinische zurückgehen und ein harmonischeres Temperament sich an die Stelle setzen.

Haben wir ein melancholisches Kind, ein Kind, das leicht brütet, dann ist das Umgekehrte notwendig: dann müssen wir mehr Süße den Speisen zusetzen.

Auf diese Weise wirkt man hinein bis in die physische Organisation der Leber. Denn je nachdem der Mensch mehr oder weniger Zuckergenuß hat, entwickelt sich die Lebertätigkeit ganz anders. Alles dasjenige, was man im Äußeren tut, wirkt bis tief in die physische Organisation des Menschen hinein.

In dieser Beziehung sehen wir in der Waldorfschule außerordentlich stark darauf, daß ein inniger Kontakt besteht zwischen der Lehrerschaft und den Eltern. Natürlich ist das immer je nach dem Verständnis der Eltern nur bis zu einem gewissen Grade zu erreichen, aber wir sehen darauf, daß es soweit als möglich gehen könne; so daß in der Tat die Eltern sich verständnisvoll an den betreffenden Klassenlehrer wenden, und dieser ihnen auch Auskünfte darüber geben kann, wie individuell, für das Kind angemessen, die Diät zu besorgen ist. Denn das ist etwas, was in derselben Weise wichtig ist wie das, was man im Klassenzimmer tut.

Sie können natürlich nicht einem Kinde, das keine Hände hat, Klavierspielen beibringen. Es handelt sich nicht darum, daß man in materialistischer Weise glaubt, der Körper tue alles. Aber der Körper muß da sein als das geeignete Werkzeug. Und ebenso wie man einem Kinde mit fehlenden Händen nicht das Klavierspiel beibringen kann, ebensowenig kann man einem Kinde, das eine viel zu rege Lebertätigkeit hat, dadurch daß man seelisch nun alles Mögliche tut, was eine abstrakte Pädagogik glaubt tun zu können, die Melancholie wegbringen. Regelt man dagegen in der Diät die Lebertätigkeit durch Versüßen der Speisen, so hat das Kind die Möglichkeit, sich dieses körperlichen Organes als eines rechten Werkzeuges zu bedienen. Dann helfen erst die seelisch-geistigen Anordnungen, die man trifft.

Das ist eben immer zu berücksichtigen, daß man nun glauben kann, mit abstrakten Grundsätzen sehr viel reformierend in das Unterrichts- und Erziehungswesen hineinzuwirken. Was gut ist für den Unterricht, das wissen ja alle Leute; alle Leute wissen, wie man erziehen soll – aber wirklich erziehen zu können, das erfordert eben die Kenntnis des Menschen, die man nur Stück für Stück sich erwerben kann. Daher nützt jenes ausgezeichnete Wissen, wie man erziehen soll, das alle Leute haben – ich will es gar nicht anfechten, gar nicht bekritteln –, eben gar nichts. Und dieses Wissen, das kommt mir in der Regel so vor, als wenn jemand sagt: Ich möchte ein Haus gebaut haben. – Wie wollen Sie das Haus gebaut haben? – Ich will es so gebaut haben, daß es schön ist, daß es wetterbeständig, bequem ist. – Und jetzt soll man das Haus bauen. Ich soll zu einem Menschen gehen, der da weiß, das Haus muß schön, wetterbeständig, bequem sein, er soll es bauen. Das nützt gar nichts, daß man das weiß! Ungefähr soviel weiß man im allgemeinen auch von der allgemeinen Erziehungskunst, und damit will man reformieren.

Man muß zum Baumeister gehen, der im einzelnen weiß, wie der Plan gemacht wird, wie Stein auf Stein gesetzt wird, wie dick ein Balken sein muß, auf dem eine Last ruht. Man muß im einzelnen wissen, wie der Mensch beschaffen ist, nicht im allgemeinen über den Menschen so reden, wie man über ein Haus redet, wenn man sagt: es muß schön, wetterbeständig und bequem sein.

Das ist dasjenige, was zunächst einmal in die allgemeine Zivilisation hinein muß: Erziehungskunst ist etwas, was auch bis in die Einzelheiten hinein eine allerdings vergeistigte, aber doch eine Technik braucht. Wenn das in die allgemeine Zivilisation hineinkommt, dann wird es ein Segen sein für alle die so löblichen, so anerkennenswerten Reformbestrebungen, die gerade auf dem Gebiete des Erziehungs- und Unterrichtswesens sich heute so vielfach geltend machen.

Das Wichtige solcher Prinzipien zeigt sich gerade dann, wenn man auf die durchaus differenzierten Kinderindividualitäten hinschaut. In gewissen Zeiten hat sich ja in der Erziehung durch die Schule das Prinzip herausgebildet, Kinder, die nicht recht mitkamen in der einen oder anderen Klasse, sitzenzulassen, nicht hinaufrücken zu lassen in die nächste Klasse. Für eine Erziehung, die, wie ich auseinandergesetzt habe, so vorgeht, daß für jedes Lebensalter gerade das an das Kind herangebracht werden soll, was diesem Lebensalter entsprechend ist, für eine solche Erziehungskunst muß es eigentlich nach und nach etwas ganz Unmögliches werden, ein Kind in irgendeiner Klasse zurückzulassen; denn dadurch kommt es ja gerade aus dem Gange des Unterrichts und der Erziehung heraus, der dem Alter angemessen ist. In der

Waldorfschule hat eben jede Klasse ihr besonderes Kindesalter. Lasse ich also einen Schüler oder eine Schülerin, die eigentlich aufrücken sollten von der dritten in die vierte Klasse, zurück in der dritten Klasse, dann kommt das Kind in seinem inneren Entwickelungsgang aus seinem Lebensalter heraus. Das ist daher etwas, was wir in der Waldorfschule, soviel es möglich ist, vermeiden. Nur in ganz ausnahmsweisen Fällen kann es bei uns vorkommen, daß irgendein Kind in einer Klasse zurückbleibt. Wir versuchen eben alles zu tun, um jede Kinderindividualität so zu behandeln, daß wir ein solches Zurückbleiben nicht nötig haben.

Dazu ist allerdings ein anderes dann notwendig. Es gibt, wie Sie alle wissen, Kinder, die sich nicht normal entwickeln, die in irgendeiner Weise abnorm sind. Für solche Kinder haben wir nun eine Hilfsklasse errichtet. Diese Hilfsklasse, die ist uns, ich möchte sagen, ganz besonders ans Herz gewachsen. Da sind die intellektuell oder gefühlsmäßig oder willensgemäß schwächeren Kinder untergebracht. Irgendein Kind, das wir nicht haben können in der Klasse wegen seiner Schwäche in bezug auf irgendeine Seelenkraft, das wird dann in dieser Hilfsklasse untergebracht. Und eigentlich gehört es zu den erfreulichen Zuständen in der Waldorfschule, daß im Grunde genommen immer dann, wenn ein Kind aus der Normalklasse in die Hilfsklasse hinübergeführt werden muß, eine Art Wettstreit um das Kind entsteht in der Lehrerschaft, die ja sonst, wie Sie leicht begreifen können aus alledem, was ich auseinandersetzte, in der Waldorfschule nur in der Atmosphäre des tiefsten Friedens lebt; aber dann, wenn ein Kind aus einer Klasse einem Lehrer weggenommen werden soll, dann entsteht ein Wettstreit. Und es ist ein wahrer Ansturm auf unseren, für diese Hilfsklasse so außerordentlich segensreichen Dr. *Schubert,* dem diese Hilfsklasse anvertraut ist. Man will ihm keine Kinder übergeben, denn die Lehrer sind immer unglücklich, wenn ihnen ein Kind für diese Hilfsklasse des Dr. Schubert genommen werden soll. Die Kinder fühlen natürlich das auch als etwas, was ihnen gegen ihre Sympathien geht, wenn sie aus der Normalklasse herausrücken, ihre geliebte Lehrkraft verlassen und in die Hilfsklasse hinüberkommen sollen. Und nun ist es wiederum so segensreich, daß es gar nicht lange dauert, und das Kind, das in diese

Hilfsklasse einrückt, bekommt den gerade für diese Hilfsklasse durch seinen Charakter, seine Temperamentseigenschaften, durch seine Liebefähigkeit so geeigneten Dr. Schubert so ungeheuer lieb, daß es nun wieder aus der Hilfsklasse nicht heraus will. Diese Zustände, die im wesentlichen durchaus die pädagogische Kunst zugleich auf Gesinnung, Liebefähigkeit, auf Hingebung und Opfertätigkeit bauen, sind ganz besonders wichtig da, wo es sich darum handelt, nun in einer solchen abgesonderten Hilfsklasse die Kinder so weit zu bringen, daß sie dann wiederum den Anschluß an ihre altersgemäße Klasse finden können. Und das setzen wir uns gerade durch diese Hilfsklasse ja zur Aufgabe.

Eine wirkliche Menschenerkenntnis zeigt uns das Folgende. Wenn man von geistigen Abnormitäten oder gar geistigen Erkrankungen spricht, so sagt man eigentlich etwas Unsinniges, obwohl ja für den Redegebrauch und für das gewöhnliche Leben selbstverständlich man kein Fanatiker und Pedant zu sein braucht, und solche Ausdrücke durchaus gebraucht werden können. Aber im Grunde genommen werden Geist und auch Seele des Menschen niemals krank, sondern krank ist immer nur dasjenige, was körperliche Grundlage ist und was vom Körper in die Seele dann hinüberspielt. Da man nun den Menschen, insoweit er im Erdendasein lebt, nur so behandeln kann, daß man dem Geistig-Seelischen durch den Körper beikommt, so handelt es sich vor allen Dingen darum, daß man weiß: für eine Behandlung sogenannter abnormer Kinder ist die Schwierigkeit diese, daß der Körper durch seine Abnormität die Unmöglichkeit bewirkt, der Seele und dem Geiste beizukommen.

Sobald wir beim Kinde über den körperlichen oder körperlich-seelischen Defekt hinauskommen, der im Körper liegt, und dem eigentlich Seelischen und Geistigen beikommen, ist in diesem Augenblick auch alles Nötige getan. So daß gerade auf diesem Gebiete immer mehr und mehr dahin gearbeitet werden muß, die feinen, intimen Eigenschaften und Kräfte des Körperlichen kennenzulernen.

Man wird, wenn man sieht, daß ein Kind nicht in normaler Weise begreift, Widerstand entgegensetzt den Verbindungen von Begriffen und Anschauungen, immer den Schluß zu ziehen haben, daß da irgend etwas im Nervensystem nicht in Ordnung ist, und man wird viel mehr erreichen durch die individuelle Behandlung in der Verlangsamung des Unterrichts oder in dem besonderen Anspornen der Willensfunktion oder dergleichen. Im einzelnen Falle ist gerade bei einem abnormen Kinde immer dasjenige, was man tun muß, ganz individuell zu gestalten, und man wird dadurch, daß man nun das Kind individuell behandelt, den Unterricht verlangsamt oder auch mehr Willensmäßiges hineinfügt, wirklich unsäglich Gutes bewirken können. Natürlich muß gerade bei einem solchen Kinde auf die körperliche Erziehung, auf die körperliche Pflege ein ganz besonderes Augenmerk gelenkt werden. Ich will an einem einfachen Beispiel das Prinzipielle einmal erörtern.

Man nehme an, ein Kind zeige sich ungeschickt in der Verbindung von Anschauungen. Man wird außerordentlich viel dadurch erreichen, daß man das Kind zum Beispiel solche Körperübungen machen läßt, die dann den eigenen Körper, das ganze menschliche organische System von der Seele aus in zusammenhängende Bewegung bringen: Greife mit dem dritten Finger deiner rechten Hand das linke Ohrläppchen an! Und man lasse solch eine Übung das Kind schnell ausführen. Dann kann man wechseln dadurch, daß man sagt: Greife mit dem kleinen Finger deiner linken Hand die obere Seite deines Hauptes an! Man kann dann die erste Übung mit der zweiten schnell wechseln. Man lasse in einer solchen Weise den menschlichen Organismus in Bewegung bringen, daß das Kind schnell die Gedanken einfließen lassen muß in die eigenen Bewegungen des menschlichen Organismus. Dann macht man dadurch, daß man auf diese Weise das Nervensystem geschickter macht, das Nervensystem in der richtigen Weise zu einer guten Grundlage auch für dasjenige, was das Kind dann für die Verbindung oder Trennung von Anschauungen, Begriffen aufbringen soll.

In dieser Beziehung macht man die wirklich wunderbarsten Erfahrungen darüber, in welcher Weise aus der Pflege des Körperlichen heraus das Geistige gehoben werden kann. Nehmen wir zum Beispiel an, ein Kind zeige einem den Fehler, daß es immer wieder und wiederum auf bestimmte Dinge zurückkommt. Das merkt man ja als eine besondere seelische Schwäche, wie man es nennt, sehr leicht. Das Kind kann nicht anders als bestimmte Worte wiederholen, auf bestimmte

Begriffe, Anschauungen immer wieder zurückkommen. Die setzen sich fest in seinem Wesen, das Kind kommt nicht davon los. Man schaue dieses Kind an – natürlich sind die Dinge individuell, deshalb ist eine wirkliche Menschenerkenntnis, die individualisieren kann, so notwendig –, es wird in der Regel nicht so stark mit den Zehen, mit dem vorderen Fuß auftreten, sondern zu stark mit der Ferse auftreten. Man lasse nun das Kind solche Bewegungen möglichst so machen, daß das Kind bei jedem Schritte zuerst achtgeben muß, und dieses sich erst ganz langsam in Gewohnheit umwandelt, dann wird man sehen, daß das Kind, wenn es nicht schon zu spät ist – in der Regel ist aber für solche Dinge gerade zwischen dem siebenten und zwölften Jahre außerordentlich viel zu erreichen –, sich gerade in bezug auf solche seelischen Defekte außerordentlich bessert. Man muß nur eben eine Erkenntnis davon haben, wie, sagen wir, eine Bewegung der Finger der rechten Hand wirkt auf den Sprachorganismus, wie eine Bewegung der Finger der linken Hand wirkt auf dasjenige, was vom Denken aus dem Sprachorganismus zu Hilfe kommen kann. Man muß wissen, wie das Auftreten mit den Zehen, das Auftreten mit der Ferse, auf Sprache, auf Denkfähigkeit, namentlich auch auf Willensfähigkeit zurückwirkt. In dieser Beziehung ist ja auch die eurythmische Kunst, indem sie aus dem Normalen heraus gestaltet, für das Abnorme außerordentlich lehrreich, und man bildet dann die eurythmischen Bewegungen – die zunächst für den normalen Menschen selbstverständlich ins Künstlerische hinübergebildet sind – zu therapeutischen Bewegungen um. Die werden herausgeholt aus dem menschlichen Organismus, so daß dadurch angeregt wird vom Körperlichen aus die während der Wachstumsperiode immer noch anzuregende geistig-seelische Fähigkeit. Es ist schon gerade dann so hervorstechend, wie man vor allen Dingen Geist, Seele, Leib im Einklange miteinander beobachten können muß, wenn man es mit der abnormen Seite der Schüler oder Schülerinnen in irgendeinem Teil der Schule zu tun hat.

Gerade mit Bezug auf diesen Teil unserer Schülerschaft wird ja durch den ganz vorzüglichen Lehrgang, den Dr. Schubert auf diesem Gebiete entfaltet, manches ganz Ersprießliche geleistet. Dazu allerdings gehört, gerade um die Dinge individuell zu behandeln, eine außerordentliche Liebefähigkeit und Opferwilligkeit. Gerade in einer Hilfsklasse ist es ja ganz besonders nötig, dies aufzubringen. Und man muß bedenken, daß man, wenn man in dieser Richtung etwas erreichen will, auch wirklich in mancher Beziehung Resignation haben muß. Denn selbstverständlich kann man gerade auf diesem Gebiete nur dasjenige leisten, was man sachgemäß eben aus dem Menschen herausholen kann. Wenn dann doch nur ein Viertel oder die Hälfte von demjenigen gelingt, was eigentlich das Kind zum vollen Normalzustand hinüberbringen könnte, dann sind die Eltern doch nicht ganz zufrieden. Aber das ist ja das Wesentliche in der menschlichen Betätigung, die vom Geiste, vom Spirituellen aus geleitet und gelenkt wird, daß wir, von der äußeren Anerkennung unabhängig, dazu kommen, immer mehr und mehr dasjenige zu fühlen, was die tragende Kraft wird, aus der inneren Verantwortlichkeit heraus die tragende Kraft wird. Die wird Stufe für Stufe erhöht, wenn man tatsächlich eine solche Erziehungskunst zugrunde legen kann, die bis in diese einzelnen Intimitäten des Lebens hinein Geist, Seele und Körper des Kindes in völligem Einklange sieht. Das Sehen, das Wahrnehmen, das Beobachtenkönnen, das ist für den Lehrer das erste; dann prickelt, ich möchte sagen, die Sache selber in seinem ganzen menschlichen Wesen. Er überträgt ganz instinktgemäß künstlerisch dasjenige, was er aus der Menschenbeobachtung herausholen kann, auf die Praxis des Unterrichtes.

Etwas ist von einer ganz besonderen Wichtigkeit in dem Lebensalter, in welchem nach den gestern von mir hier gemachten Ausführungen das Kind herübergeführt werden muß von einer mehr seelisch zu ergreifenden Pflanzen- und Tierkunde zu dem Unterricht, der dann mehr an das menschliche Begriffsvermögen, an den Intellekt appelliert, zu dem Unterricht im Mineralisch-Physikalisch-Chemischen, der, wie ich ausgeführt habe, *ja* nicht zu früh eintreten darf. Wenn wir an das Kind etwas heranbringen müssen, wodurch es lernt: in der Natur ist das Ursache, das Wirkung und so weiter, wenn wir also die Kausalität an das Kind heranbringen, dann ist von besonderer Wichtigkeit in diesem Lebensabschnitte, daß das Kind einen Ausgleich hat für das unorganisch leblose Naturkundliche in dem richtigen Hineinkommen in den künstlerischen Unterricht.

Daß man in diesem Lebensalter in der richtigen Weise die Kunst an das Kind heranbringen kann, dazu ist natürlich notwendig, daß man den ganzen Unterricht vom Anfang an nicht nur künstlerisch einrichtet – darüber habe ich mich ja ausführlich ausgesprochen –, sondern auch der Kunst die rechte Rolle im Unterricht zugestehe. Daß für das Plastisch-Malerische gesorgt wird, ergibt sich ja schon dadurch, daß man aus dem Malerischen das Schreiben herauszuholen hat. Also man beginnt ja nach dem Waldorfschul-Prinzip mit einem malerisch-zeichnerischen Unterricht schon im ganz zarten Kindesalter. Auch das Plastische wird möglichst viel gepflegt, allerdings erst etwa vom neunten, zehnten Jahre an und in primitiver Weise. Aber es wirkt ungeheuer belebend auf das physische Sehvermögen des Kindes, auf die Beseelung des physischen Sehvermögens, daß das Kind auch in das Formen von plastischen Gestalten in der rechten Weise im richtigen Alter eingeführt werde. Die Menschen gehen ja vielfach so durchs Leben: die Dinge und Ereignisse sind um sie herum und viele sehen das Allerwichtigste nicht. Sehen lernen so, daß der Mensch in rechter Weise in der Welt drinnen steht, das muß man ja auch erst lernen. Und für dieses richtige Sehenlernen ist es ganz besonders fruchtbar, die plastische Betätigung, die das Gesehene vom Kopf ableitet, von den Augen in die Fingerbewegung, in die Handbewegung ableitet, beim Kinde möglichst frühzeitig zu pflegen. Das Kind wird dadurch nicht nur in geschmackvoller Weise hinübergeleitet dazu, daß ihm in seiner nächsten Umgebung, ich will sagen, in seiner Zimmereinrichtung und dergleichen nur das Geschmackvolle gefällt, nicht das Geschmacklose, sondern es wird dadurch auch in der richtigen Weise dazu geführt, in der Welt dasjenige zu sehen, was von der Welt vor allen Dingen in Menschenseele und Menschengemüt hereinkommen soll.

Dadurch, daß wir den musikalischen Unterricht aus dem Gesanglichen heraus, aber immer mehr und mehr auch in das Instrumentale hinein in der richtigen Weise leiten, bringen wir es dahin, das Willenselement beim Menschen in der Weise in die Welt hineinzustellen, daß er nun nicht nur an dem Musikunterricht eine künstlerische Ausbildung hat, sondern daß auch sein Menschliches gerade nach der Willens- und Gemütsseite hin durch diesen Musikunterricht in besonderer Art gefördert werden kann.

Dazu ist allerdings notwendig, daß von dem Gesanglichen ausgegangen wird, daß aber möglichst bald übergegangen wird zu dem Ergreifen des Instrumental-Musikalischen, so daß das Kind lernt, das rein Musikalische, Rhythmus, Takt, Melodie, loszulösen von allem übrigen, vom Nachahmerischen der Musik und dergleichen, von allem Malerischen der Musik, und immer mehr und mehr dazu kommt, das rein Musikalische in der Musik zu ergreifen. Gerade dadurch, daß wir in dieser Weise das Kind entsprechend in die Kunst hineinbringen, den Übergang schaffen vom Spiel ins Leben durch die Kunst, sind wir auch in der Lage, dann, wenn es nötig ist, also namentlich zwischen dem elften und zwölften Jahre, beim Kinde in der richtigen Weise den Unterricht für das Kunstverständnis betreiben zu können. Und das ist von einer ganz besonderen Bedeutung für diejenigen Erziehungsprinzipien, die durch die Waldorfschule verwirklicht werden sollen, daß das Kind auch in das entsprechende Kunstverständnis im rechten Lebensalter hineinkommt. In demselben Lebensalter, in dem das Kind begreifen lernen muß: die Natur ist nach abstrakten, durch den Verstand zu begreifenden Naturgesetzen geordnet, in demselben Lebensalter, wo man in der Physik kennenlernen muß, wie Ursache und Wirkung in den einzelnen Fällen zusammenhängen, in demselben Lebensalter sollen wir Kunstverständnis schaffen als das Gegengewicht, sollen in das Verständnis einführen, wie sich die einzelnen Künste in den verschiedenen Epochen der Menschengeschichte entwickelt haben, wie das eine oder das andere Kunstmotiv in diesem oder jenem Zeitalter eingreift. Dadurch erst wird dasjenige in dem Kinde wirklich angeregt, was der Mensch braucht, wenn er zu einer allseitigen Entfaltung seines Wesens kommen will. Dadurch wird auch dasjenige in der richtigen Weise entwickelt, wie ich morgen dann zeigen will, was für den Moralunterricht in ganz besonderer Art notwendig ist.

Dadurch, daß der Mensch Kunstverständnis sich erringt, wird er auch dem Menschen selbst, seinem Nebenmenschen, seinem Mitmenschen in einer ganz anderen Weise gegenüberstehen, als wenn ihm dieses

Kunstverständnis fehlt. Denn, was ist das Wesentliche im Weltverständnis? Daß wir die abstrakten Begriffe im rechten Momente verlassen können, um Einsicht, Verständnis für die Welt gewinnen zu können.

Wenn man Mineralien begreifen will, kann man das nach Ursache und Wirkung. Physikalisches läßt sich so begreifen. Kommt man zu den Pflanzen herauf, dann ist es schon unmöglich, alles durch Logik, durch Verstand, durch Intellekt zu begreifen. Da muß schon das plastische Prinzip im Menschen sich regen, da gehen die Begriffe, die Ideen über in bildhafte Formen. Und alles, was wir an plastischer Geschicklichkeit dem Kinde beibringen, gibt ihm die Befähigung, das Pflanzenwesen seinen Gestaltungen nach zu begreifen. Wollen wir das Tierreich begreifen, wir können es nicht anders, als wenn wir in uns die Verständnisbegriffe durch die moralische Erziehung veranlagen lassen. Dann erst werden in uns diejenigen Kräfte rege, die hinüberschauen können zu dem Aufbauenden, zu dem aus dem Unsichtbaren heraus Aufbauenden des Tieres. Wie wenige Menschen, auch wie wenige Physiologen wissen heute, woher die Gestalt eines Tieres kommt! Die Gestalt eines Tieres kommt nämlich aus der Bildung gerade derjenigen Organe, die beim Menschen nachher Sprachorgane und Gesangsorgane werden. Das ist das Zentrum der Formbildung, der Gestaltbildung des Tieres. Das Tier kommt nicht zur artikulierten Sprache; das Tier kommt auch nur zu jenem Gesang, den wir bei dem Vogel kennen. Aber ebenso wie in Gesang und Sprache die Gestaltung ausströmt und die Luftwellen bildet, wodurch das Hörbare entsteht, ebenso geht dasjenige, was in dem Sprachorganismus, in dem Gesangsorganismus sich aus einem vitalen Prinzip entwickelt, zurück in das Tier. Und derjenige erkennt erst die Tierform, der weiß, wie gewissermaßen «musikalisch» diese Tierform gerade sich aus den später beim Menschen zu den musikalischen Organen metamorphosierten Gliedern herausbildet.

Und wollen wir zum Menschen heraufkommen, dann brauchen wir ein umfassendes Kunstverständnis. Denn alles, was am Menschen ist, ist nur seinem unorganischen Ingredienz nach durch den Verstand begreifbar. Wenn wir im rechten Momente wissen, Vorstellung in künstlerisches Erfassen überzuführen, dann erst haben wir die Möglichkeit eines Menschenverständnisses.

Das aber muß besonders durch den Kunstunterricht erweckt werden. Wenn wir als Lehrer selber, ausgerüstet mit künstlerischem Sinn, im rechten Lebensalter das Kind hinzuführen vermögen vor Leonardos Abendmahl oder vor Raffaels Sixtinische Madonna, wenn wir ihm zeigen können, wie da jede einzelne Gestalt zu der anderen in einem bestimmten Verhältnisse steht, wie aber gerade dasjenige Zeitalter in seiner historischen Entwickelung, in welchem Leonardo oder Raffael gestanden haben, in dieser Weise mit der Farbe verfuhr, in dieser Weise mit der inneren Perspektive verfuhr und so weiter, wenn wir allen übrigen Natur- und Geschichtsunterricht beseelen können durch einen auf das Kunstverständnis führenden Unterricht: dann bringen wir in allen Unterricht das menschliche, das humane Prinzip hinein.

Darauf müssen wir sehen, daß wir nichts, was nötig ist an künstlerischem Sich-Durchdringen bei dem Kinde, diesem Kinde im rechten Lebensalter entziehen. Unsere Zivilisation kann nur dadurch den ihr notwendigen Aufschwung, den Aufstieg erlangen, wenn wir mehr Künstlerisches in die Schule hineinbringen; nicht nur dasjenige, was ich in allen diesen Stunden angedeutet habe: die Durchdringung des gesamten Unterrichts mit einem artistischen, künstlerischen Element, sondern wenn wir auch für alles prosaische Auffassen von Natur und Geschichte ein Gegengewicht schaffen durch ein lebendiges, selber von künstlerischer Schöpferkraft getragenes Unterrichten in Kunstverständnis.

Das ist dasjenige, was wir nun als ein besonderes Ingredienz im Unterricht, in der Erziehungskunst der Waldorfschule auch befolgen wollen, was wir für notwendig halten, weil es einfach wahr ist, was jeder wahre Künstler auch gefühlt hat: daß die Kunst nicht bloß etwas vom Menschen Erfundenes ist, sondern ein Gebiet, in dem der Mensch auf einem anderen Niveau, als durch das sonstige Begreifen, in die Geheimnisse der Natur hineinzuschauen vermag, in die Geheimnisse der ganzen Welt überhaupt hineinzublicken vermag. Erst in dem Momente, wo der Mensch begreifen lernt: die Welt selber ist ein Kunstwerk, wo der Mensch lernt, in alle Natur und alles Naturgeschehen so hineinzuschauen, daß er in der Natur eine schöpferische Künstlerin sieht, erst in dem Momente ist der Mensch auf dem Wege, auch zur religiösen Vertiefung hinaufzudringen. Nicht umsonst sagte der Dichter Mitteleuropas: «Nur durch das Morgenrot des Schönen dringst du in der Erkenntnis Land.» Wahr ist es: wenn wir durch die Kunst den ganzen Menschen ergreifen, bewirken wir in dem Menschen auch wiederum ein entsprechendes Weltverständnis, das auf das Ganze, auf das Totale der Welt geht. Daher sollen wir, soviel es nur möglich ist, zu dem, was nun schon einmal für die Prosakultur und -zivilisation notwendig ist, im Unterricht dasjenige hinzufügen, was rein menschlich ist. Und das kann nicht nur durch einen künstlerischen Unterricht, sondern auch durch eine entsprechende Unterweisung im Kunstverständnis einzig und allein geschehen.

Kunst und Wissenschaft führen dann im rechten Maße, wie wir morgen sehen werden, zur moralischen und zur religiösen Vertiefung. Dafür aber, daß der Mensch in religiöser und moralischer Beziehung vorwärtskomme, muß eben die Vorbereitung geschaffen werden durch die Tatsache, daß der Unterricht wie zu einer Waage wird. Auf der einen Seite liegt alles dasjenige, was in die Prosa des Lebens führt, was den Menschen sozusagen an die Erde bindet; auf der anderen Seite liegt das Gleichgewichtbewirkende alles dessen, was zur Kunst führt, was den Menschen in jedem Augenblicke seines Lebens das, was er in Prosa erarbeiten muß, auch künstlerisch erhöhen und so unmittelbar wiederum in den Geist hineinführen kann.

# DREIZEHNTER VORTRAG

Ilkley, 17. August 1923

Die Waldorfschule ist eine Schule für Knaben und Mädchen, und damit ist zu gleicher Zeit zwei Zielen, wie mir scheint, gedient. Das eine Ziel ist dieses: aus der gesamten menschlichen Wesenheit heraus den Unterricht zu gestalten. Hat man nur Knaben, so muß notwendigerweise nach und nach der Unterricht einseitig werden. Auf der anderen Seite aber kann auch durch das Zusammensein der Knaben und Mädchen das für das soziale Leben notwendige Verständnis von Mensch zu Mensch erzielt werden.

Ein solches Verständnis muß ja insbesondere in unserer Zeit schon aus dem Grunde in der Erziehung berücksichtigt werden, weil ja die Frau in unserer sozialen Ordnung nunmehr sich ihre Stellung schon erstrebt hat oder zu erstreben bemüht ist.

So rechnet also eigentlich die Pädagogik, von der die Waldorfschule ausgeht, auch mit den modernen sozialen Bestrebungen in dieser Beziehung. Dadurch ist manches in der Waldorfschule in Gemeinsamkeit von Knaben und Mädchen zu pflegen, woran sonst das eine oder das andere Geschlecht gar nicht herankommt.

Sie haben ja gesehen, wir legen einen großen Wert darauf, daß das Kind nicht nur nach der Seite des Geistes und der Seele ausgebildet wird, sondern daß es ausgebildet wird als ganzer Mensch nach Geist, Seele und Körper. Deshalb pflegen wir auch die körperliche Betätigung, jene körperliche Betätigung namentlich, durch die der Mensch richtig verständnisvoll ins Leben hineingeführt werden kann.

Und so können Sie bei uns in der Waldorfschule in dem sogenannten Handarbeitsunterricht Knaben und Mädchen strickend und häkelnd nebeneinander sitzen sehen. Daß wir damit nichts Unmenschliches, sondern etwas sehr Menschliches treffen, das können Sie dadurch wahrnehmen, daß tatsächlich mit einer gewissen Begeisterung bei uns die Knaben Strümpfe stricken und auch Strümpfe stopfen lernen. Sie tun das, ohne zu glauben, daß ihre männliche Würde dabei in irgendeiner Weise einen Abbruch erleidet.

Nicht so sehr, um diese verschiedenen Künste den Knaben beizubringen, lassen wir sie pflegen, sondern vor allen Dingen darum, daß nach allen Richtungen hin Verständnis entstehe. Denn das ist ja einer der Hauptschäden unserer gegenwärtigen sozialen Zustände, daß der eine Mensch so wenig versteht, was der andere tut. Wir müssen tatsächlich dazu kommen, nicht als abgesonderte einzelne Menschen oder Gruppen dazustehen, sondern mit vollem Verständnis der eine dem anderen gegenüberzustehen. Und was die Hauptsache ist, eine Pflege solcher Handarbeiten macht den Menschen nach den verschiedensten Richtungen geschickt.

Es sieht ja vielleicht etwas paradox aus, aber dennoch bin ich der Überzeugung, daß niemand ein ordentlicher Philosoph sein kann, der nicht in der Lage ist, wenn es nötig wird, sich auch seine Strümpfe zu stopfen oder seine Kleider auszubessern. Wie soll man denn über die größten Weltgeheimnisse irgend etwas auf vernünftige Art wissen, wenn man nicht im Grunde genommen im Notfalle sich sogar seine Fußbekleidungen machen kann. Man kann ja wahrhaftig nicht mit innigem menschlichem Anteil in die Weltgeheimnisse eindringen wollen, wenn man für das Nächste überhaupt nicht die geringste Geschicklichkeit hat!

Ich weiß, daß das paradox aussieht, aber ich glaube eben, daß sogar ein wenig Verständnis bei einem Philosophen vorhanden sein müsse, wie man Stiefel macht und dergleichen, weil sonst der Philosoph ein Abstraktling wird.

Nun, das sind extreme Fälle, aber ich will durch die extremen Fälle darauf hinweisen, wie das Hinaufsteigen in die höchste Geistigkeit auf der einen Seite, und auch das Hinuntersteigen zu körperlicher Behandlung, körperlicher Pflege, in unserem pädagogischen Prinzip vorhanden sein muß.

Dadurch sind wir aber auch in der Lage, die Kinder von diesem Handarbeitsunterricht zu einem verständnisvollen Treiben eines wirklichen Handfertigkeitsunterrichts zu führen. Im entsprechenden Lebensalter, und zwar ziemlich frühe, führen wir die Kinder dazu, sich Spielsachen zu machen – wie Sie ja hier gesehen haben in der Ausstellung, die wir von den Kinderhandarbeiten machten –, sich Spielsachen selber aus Holz herauszuschneiden und dadurch das Spiel mit dem Künstlerischen zu verbinden.

Es ist tatsächlich ganz demjenigen entsprechend, was aus der menschlichen Natur heraus gefordert wird, wenn man das Spiel allmählich überführt in künstlerisches Gestalten, und dann auch in jenes praktische Gestalten, von dem ich ja schon gesprochen habe. Und es ist außerordentlich interessant, wie eine gewisse Plastik, plastisch-künstlerische Schöpfertätigkeit sich bei den Kindern wie von selbst hinzufindet bei der Zubereitung von Spielsachen.

Und so können wir dann auch das Künstlerische wiederum in das Kunstgewerbliche überführen, so daß die Kinder lernen einfache Werkzeuge machen, einfache Hausgeräte machen, aber auch Sägen, Messer, andere Werkzeuge in der richtigen Art zu Tischler-, zu Schreinerarbeiten zu verwenden. Und mit einer außerordentlichen Begeisterung stehen die Kinder, Knaben und Mädchen, in unserer Werkstätte, fügen mit Begeisterung dem anderen Unterricht dieses Arbeiten mit Messer und Säge und den anderen Instrumenten ein und sind froh, wenn sie dabei Dinge fertig bekommen, welche dann den Charakter des für das Leben Nützlichen und Brauchbaren haben. Auf diese Weise regt man alle Instinkte für das Leben an. Wir sehen dabei, wie auf der einen Seite der Sinn für das Praktische, auf der anderen Seite der Sinn für die Kunst tatsächlich ausgebildet wird.

Ich habe bei der Auseinandersetzung über die einzelnen ausgestellten Dinge ja schon erwähnt, daß es außerordentlich interessant ist, wie die Kinder, nachdem sie dies oder jenes über den menschlichen Organismus gelernt haben – die plastische Formung des Knochensystems, die Formung des Muskelsystems –, in dieser künstlerischen Art also in den Bau und in die Tätigkeit des menschlichen Körpers eingeführt worden sind, wie dann die Kinder, die bei uns eigentlich gerade im Praktischen außerordentlich frei arbeiten und ihrer eigenen Erfindung sich hingeben dürfen, dasjenige, was ihnen da als Gestaltung dieses oder jenes Gliedes am Menschen eingegangen ist, in ihren plastischen Formen wiederum zum Ausdrucke bringen, nicht in sklavischer Nachahmung, sondern im freien Schaffen. Man sieht die merkwürdigsten Formen aus der Seele des Kindes selbst heraus entstehen, je nachdem das Kind über den Menschen oder über die Tiere dies oder jenes, ich möchte sagen, von dem real-künstlerischen Sinne der Natur abzulesen gelernt hat.

Auf diese Weise aber bekommt man bei dem Kinde zustande, daß es immer auch das, was es weiß, als ganzer Mensch weiß. Denken Sie doch nur, daß unsere Zivilisation die Menschen so zubereitet, daß sie eigentlich alles mit dem Kopfe wissen. Da ruhen die Ideen im Kopfe wie auf einem Ruhebette. Sie schlafen, diese Ideen, denn sie «bedeuten» nur etwas; die eine Idee bedeutet dies, die andere bedeutet jenes. Wir tragen die Ideen so wie in Schächtelchen aufgespeichert in uns, und im übrigen ist der Mensch an seinen Ideen gar nicht beteiligt.

Die Kinder in der Waldorfschule, die haben nicht nur eine Idee, sondern sie fühlen jederzeit diese Idee. Diese Idee geht über in ihr ganzes Fühlen. Ihre Seele lebt im Sinne dieser Idee. Die Idee ist nicht ein Begriff, die Idee ist eine plastische Form. Der Ideenzusammenhang wird zuletzt menschliche Gestalt. Und dann geht das alles zuletzt über in den Willen. Das Kind lernt eigentlich alles dasjenige auch machen, was es denken lernt. So daß die Gedanken nicht auf der einen Seite des Menschen sitzen, und der Wille bleibt auf der anderen Seite und ist bloß instinktiv genährt, und der Mensch ist eigentlich so eine Art Wespe! Es gibt ja solche Wespen, die haben einen Kopf und dann einen langen Stachel, und rückwärts sitzt der übrige Leib daran. Diese Wespe ist eigentlich das äußere Symbolum für das Seelisch-Geistige des gegenwärtigen Menschen, zwar nicht in bezug auf das Körperliche, aber in bezug auf das Seelisch-Geistige: auf der einen Seite der Kopf, dann ein langer Stachel, und dann ist erst das andere, das Willensgemäße daran. So daß man, geistig angesehen, die Menschen heute eigentlich merkwürdig sieht: der Kopf, der baumelt eigentlich so da oben herum und weiß mit seinen Ideen nichts anzufangen.

Das ist es, was eben gerade überwunden werden kann, wenn das Kind angeleitet wird, jederzeit fühlend und wollend zu wissen. Die zeitgenössische Pädagogik hat ja natürlich längst bemerkt, daß die Erziehung einseitig intellektuell geworden ist, daß der Kopf da oben herumbaumelt, und da fängt sie dann an, nun wiederum auf der anderen Seite auch das Können auszubilden, und man verlangt heute schon neben den Wissensschulen Könnenschulen. Aber dadurch bringt man die beiden Dinge nicht zusammen. Man bringt die beiden Dinge nur zusammen, wenn das Wissen von selber in das Können übergeht, und das Können zu gleicher Zeit so getrieben wird, daß es überall vom Denken, vom seelischen Erfassen, vom geistigen Miterleben durchzogen ist.

Dadurch sind wir in der Lage, von dieser Erziehungsgrundlage die richtige Brücke wiederum herüberzuschlagen zu der moralisch-religiösen Erziehung. Ich habe ja von der moralisch-religiösen Erziehung bereits gesprochen. Ich will heute nur das hinzufügen, daß alles darauf ankommt, daß wir die sämtlichen Unterrichtsgegenstände und die sämtlichen gymnastischen Übungen so treiben, daß das Kind überall fühlt: das Körperliche ist die Offenbarung eines Geistigen, und das Geistige will überall schöpferisch in das Körperliche übergehen; so daß es sozusagen nirgends getrennt fühlt Geist und Körper.

Wenn das der Fall ist, dann sitzt in der richtigen Weise im Fühlen des Kindes das Moralische und Religiöse. Und darauf ist eben das Hauptaugenmerk zu richten, daß wir nicht durch katechismenartige Gebote zwischen dem Zahnwechsel und der Geschlechtsreife das Kind moralisch und religiös machen wollen, sondern es moralisch und religiös dadurch erziehen, daß wir auf das Gefühl und die Empfindung wirken durch unsere Autorität und – ich habe ja das für dieses Lebensalter auseinandergesetzt – dahin wirken, daß das Kind lerne, Wollust haben am Gutsein, Abscheu haben vor dem Bösen, daß das Kind also lernt, das Gute liebhaben und das Böse nicht liebhaben.

Der Geschichtsunterricht kann so getrieben werden, daß wir die geschichtlichen Größen, die geschichtlichen Menschen und auch die einzelnen Impulse der Zeitalter in solcher Art hinstellen, daß das Kind lebendige moralische und religiöse Sympathien und Antipathien entwickelt. Dann erreichen wir etwas, was außerordentlich wichtig ist.

Wenn das Kind geschlechtsreif geworden ist, das fünfzehnte, sechzehnte Jahr erreicht hat, dann vollzieht sich ja in seinem Inneren jener Umschwung, durch den es von der Hinneigung zum Autoritativen zu seinem Freiheitsgefühl kommt und mit dem Freiheitsgefühl zu seiner Urteilsreife, zu seiner eigenen Einsicht. Da kommt etwas, was in der allerintensivsten Weise für Erziehung und Unterricht berücksichtigt werden muß. Wenn wir bis zur Geschlechtsreife Gefühle erweckt haben für das Gute und Böse, für das Göttliche und Nichtgöttliche, dann kommt das Kind nach der Geschlechtsreife dazu, aus seinem Inneren aufsteigend diese Gefühle zu haben. Sein Verstand, sein Intellekt, seine Einsicht, seine Urteilskraft sind nicht beeinflußt, sondern es kann jetzt frei aus sich heraus urteilen.

Bringen wir dem Kinde von vornherein ein Gebot bei, sagen wir ihm: Du sollst dies tun, das andere lassen –, dann nimmt es dieses Gebot mit ins spätere Alter, und man hat es dann fortwährend zu tun mit dem Urteil: Man darf dies tun, man darf jenes nicht tun. – Es entwickelt sich alles nach dem Konventionellen. Aber der Mensch soll heute nicht mehr im Konventionellen in der Erziehung drinnenstehen, sondern auch über das Moralische, über das Religiöse sein eigenes Urteil haben. Das entwickelt sich auf naturgemäße Weise, wenn wir es nicht zu früh engagieren.

Wir entlassen den Menschen mit dem vierzehnten, fünfzehnten Jahre ins Leben hinaus. Wir stellen ihn dann uns gleich. Er blickt dann zurück auf unsere Autorität, behält uns lieb, wenn wir rechte Lehrer, Erzieher waren; aber er geht zu seinem eigenen Urteil über. Das haben wir nicht gefangen genommen, wenn wir bloß auf das Gefühl gewirkt haben. Und so geben wir dann das Seelisch-Geistige mit dem vierzehnten, fünfzehnten Jahre frei, rechnen damit auch in den sogenannten höheren Klassen, rechnen von da ab mit den Schülern und Schülerinnen so, daß wir an ihre eigene Urteilskraft und Einsicht appellieren. Dieses Entlassen in Freiheit in das Leben, das kann man niemals erreichen, wenn man dogmatisch, gebotsmäßig Moralisches und Religiöses beibringen will, sondern wenn man im entsprechenden Alter zwischen Zahnwechsel und Geschlechtsreife bloß auf Gefühl und Empfindung wirkt. Das ist das einzige, daß man den Menschen so in die Welt stellt, daß er dann auf seine Urteilskraft vertrauen kann.

Und dann erreicht man, daß der Mensch wirklich, weil er so im ganz menschlichen Sinne erzogen worden ist, sich auch als ganzer Mensch fühlen und empfinden lernt. Er kann sich nicht als ganzer Mensch empfinden, wenn er das Unglück hat, daß ihm ein Bein oder ein Arm fehlt; da betrachtet er sich als einen verstümmelten Menschen. Die Kinder, die so erzogen werden, wie es geschildert worden ist, die fangen mit dem vierzehnten, fünfzehnten Jahre an, sich als verstümmelt zu betrachten, wenn sie nicht durchströmt sind von moralischem Urteil und religiösem Gefühl. Sie fühlen dann, da fehlt ihnen etwas als Mensch. Und das ist dasjenige, was wir als bestes religiös-sittliches Erbgut den Menschen mitgeben können, wenn wir sie dazu erziehen, daß sie das Moralische und Religiöse so zu ihrem Menschentum gehörig betrachten, daß sie sich nicht als ganzer Mensch fühlen, wenn sie nicht moralisch durchströmt, religiös durchwärmt sind.

Das kann man aber nur erreichen, wenn man nicht in einem zu frühen Alter mit einem Ideeninhalt des Religiösen und Moralischen kommt, sondern wenn man in dem entsprechenden Alter eben nur auf Empfindung und Gefühl wirkt. Kommt man mit dem Ideeninhalt vor dem zwölften, vor dem vierzehnten Lebensjahre, dann erzieht man Skeptiker, dann erzieht man solche Menschen, die später, statt der gesunden Einsicht gegenüber den anerzogenen Dogmen, Skepsis, zunächst die Skepsis des Gedankens – die macht noch das allerwenigste –, dann aber die Skepsis des Gefühles entwickeln, dadurch wird man ein schlecht fühlender Mensch. Und zuletzt die Skepsis des Willens, dadurch irrt man wirklich moralisch ab.

Es handelt sich also darum, daß wir unsere Kinder nicht zur Skepsis erziehen dadurch, daß wir zu früh in sie dogmatisch Ideale, das Moralisch-Religiöse hineinbringen, sondern daß wir das Moralisch-Religiöse nur in ihr Gefühl hineingießen. Dann werden die Kinder im rechten Lebensalter erweckt zur eigenen freien Religiosität und Sittlichkeit. Die haben sie dann. Und sie fühlen, daß diese sie erst zum ganzen Menschen macht.

Und so ist dieses Hinschauen auf den freien Menschen, auf den Menschen, der weiß, sich seine Richtung im Leben selber zu geben, dasjenige, was wir in der Waldorfschule vor allen Dingen erstreben.

Die Waldorfschule ist ein in sich geschlossener Organismus, und es kann manches gerade bei den Prinzipien, die in dieser Schule herrschend sind, mißverstanden werden, wenn man nicht darauf sieht, wie die Schule als ein ganzer Organismus gedacht ist. Man kann zum Beispiel die Meinung haben, man besuche diese Schule ein, zwei, drei Tage, und man sähe sich an, was während dieser zwei, drei Tage getrieben wird, und man habe genug: man habe gesehen, wie in dieser Waldorfschule unterrichtet wird.

Das ist nicht der Fall. Man hat dann eigentlich nichts Besonderes gesehen. Dasjenige, was man da gesehen hat, ist vergleichbar mit einem Stück, das man aus einem ganzen Bilde herausgeschnitten hat, und nach welchem man nun das ganze Bild beurteilen will.

Denken Sie sich, Sie haben ein großes historisches Bild, schneiden ein Stückchen heraus und zeigen das jemand. Er wird das ganze Bild nach diesem kleinen Stückchen nicht beurteilen können; denn gerade dasjenige, um was es sich bei der Waldorfschule handelt, ist, daß jede einzelne Tätigkeit hineingestellt wird in den Organismus der ganzen Schule. So daß man viel mehr von der Waldorfschule kennenlernt, wenn man eben ihre Prinzipien kennenlernt, ihre ganze Struktur, das ganze organische Zusammenwirken, sagen wir, der achten Klasse mit der vierten Klasse, der ersten mit der zehnten Klasse, als wenn man ein einzelnes herausgeschnittenes Stückchen kennenlernt. Denn die Schulorganisation ist so gedacht, daß eben eine jede einzelne Betätigung in der Zeit an ihrer richtigen Stelle steht und mit dem Ganzen zusammenstimmt. Und von diesem Gesichtspunkte aus sind auch die einzelnen Unterrichtsfächer in die Schule hineingenommen.

Ich möchte dieses Hineinnehmen der einzelnen Unterrichtsfächer in die Schule gerade an der Eurythmie wie in einer episodischen Art jetzt einmal ganz kurz dem Prinzip nach auseinandersetzen.

Für die Schule und ihre Betätigung sollte eigentlich nichts erfunden werden. Wenn man irgendwie – wie es zu stark beim Fröbelschen Kindergarten geschehen ist – besondere Dinge ausdenkt, die für die Kinder gut sind, wenn man Dinge besonders für die Kinder zurichtet und nun sagt: Das gehört zum Erziehen, das muß dem Kinde beigebracht werden –, so vertritt man in der Regel ein falsches Prinzip.

In die Schule soll nichts hineinerfunden werden, sondern im Grunde alles aus dem Leben hineingetragen werden. Der Lehrer soll den freien, unbefangenen Blick ins Leben haben, soll das Leben verstehen, und soll für dieses Leben, das er versteht, die Kinder in der Schule unterrichten und erziehen können. Je mehr der Lehrer mit dem unmittelbaren Leben zusammenhängt, desto besser wird die Schule versorgt sein. Engherzige Lehrer, die nichts vom Leben kennen als nur die Schule, sind daher am allerwenigsten bedeutsam für dasjenige, was eigentlich den Menschen zum Menschen machen kann. Und so haben wir die Eurythmie nicht hineingetragen in die Schule von dem Gedanken aus: man braucht nun gymnastische Übungen für die Schule, man muß etwas Besonderes für die Kinder zubereiten – nein, die Eurythmie ist zunächst überhaupt nicht als Erziehungssache entstanden, die Eurythmie ist aus gewissen Schicksalsfügungen um das Jahr 1912 entstanden, aber zunächst gar nicht als Erziehungsakt, sondern sie ist entstanden aus künstlerischen Intentionen, als Kunst. Und man wird immer für die Eurythmie als Erziehungssache etwas Unvollkommenes denken, wenn man eine besondere Erziehungseurythmie absondert von der künstlerischen Eurythmie.

Mir wäre es daher viel angemessener erschienen, wenn hier bei der Veranstaltung zuerst die künstlerisch-eurythmischen Vorstellungen gegeben worden wären und man daran gesehen hätte, wie Eurythmie als Kunst gedacht ist. Dadurch, daß sie Kunst ist, steht sie im Leben darinnen, und dann überträgt man dasjenige, was im Leben drinnen steht, auf die erzieherischen Formen; so daß man eigentlich erst die Eurythmie bei Kindern beurteilen kann, wenn man sich ein Verständnis dafür erworben hat, was die Eurythmie als Kunst selber einmal sein wird, aber doch vielleicht schon heute etwas mehr ist, als manche glauben.

Eurythmie als Kunst ist eben um 1912 herum entstanden, zunächst auch nur als Kunst getrieben worden, und die Waldorfschule haben wir 1919 eingerichtet. Und weil wir gefunden haben, daß die eurythmische Kunst nun auch in der Kindererziehung Verwendung finden kann, deshalb haben wir die Eurythmie in der Schule eingeführt.

Aber das ist das Sekundäre. Diesen Zusammenhang, den sollte man in allen Dingen sehen, wenn man das Verhältnis der Schule zum Leben ins Auge fassen will. Man sollte ein Verständnis dafür haben, daß man ja auch nicht ein besonderes Malen für die Kinder einzurichten habe; sondern wenn man findet, daß die Kinder ins Malen in irgendeiner Weise hineinwachsen sollen, dann müssen die Prinzipien aus der lebendigen Malkunst heraus, nicht aus einer pädagogisch besonders zurechtgeschusterten Methode gemacht werden. Es muß das wirklich Künstlerische dann in die Schule hineingetragen werden, nicht ein wiederum verstandesmäßig Ausgedachtes. Und gerade an der Eurythmie ist es möglich, das rein Künstlerische der Menschheitszivilisation wiederum einzufügen.

Wie Eurythmie eine bewegte sichtbare Sprache ist, das ist ja auch hier schon wiederholt auseinandergesetzt worden und hat ja den Gegenstand der Einleitungen bei den Aufführungen gebildet. Ich möchte jetzt nur noch einiges hinzufügen, das mehr noch hineinführt in die Beziehung der Eurythmie zum Künstlerischen im allgemeinen anhand der Figuren.

Diese Figuren sind auf Anregung Miss *Maryons* entstanden, aber sind dann durchaus ausgeführt worden nach den Intentionen, die ich selber nach den Gesetzen der Eurythmie für absolut richtig halte.

Ich möchte gerade bei solchen Figuren Ihnen zeigen – Sie haben hier die Versinnlichung des S-Lautes (die in Holz ausgeführte und bemalte Figur für den S-Laut wird gezeigt) –, wie das Eurythmische als Künstlerisches eigentlich gedacht ist. Wenn Sie sich eine solche Figur ansehen, so stellt sie ja einen Menschen dar. Aber derjenige, der im Sinne der heutigen Zivilisation und Konvention darauf ausgeht, das zu sehen, was man einen hübschen Menschen nennt, der sieht da nicht gerade einen hübschen Menschen. Er sieht überhaupt nicht dasjenige, was ihm dann am Menschen gefällt, wenn er auf der Straße einem Menschen begegnet.

Nun, wenn man solche Figuren formt, so hat man vielleicht schon auch einen Geschmack für einen hübschen Menschen, aber es ist just nicht die Aufgabe, an der Formung dieser Figuren den hübschen Menschen zur Ausführung zu bringen, sondern dasjenige, was in der Eurythmie unmittelbar zum Ausdruck kommt: menschliche Bewegung. Und so ist hier von allem abgesehen, was nicht ausmacht die Bewegungsform selber, das Gefühl, das man an dieser Bewegung haben kann, und den Grundcharakter, den diese Bewegung zum Ausdruck bringt, der diese Bewegung durchsetzt.

Wenn Sie singen, dann nehmen Sie dasjenige, was die Seele bewegt, körperlich ganz in den eigenen Organismus hinein. Dann verfließt dasjenige, was am Menschen bewegt ist, ganz innerhalb seiner Haut, und es bleibt die Bewegung ganz unsichtbar, es geht die Bewegung ganz über in den hörbaren Ton.

Das hier ist bewegte Musik. Was die Seele fühlt, löst sich ganz vom Menschen los, wird Bewegung des Menschen im Raume, und an der Gestalt, die diese Bewegung bekommt, drückt sich das Künstlerische aus. Man sieht, was man sonst hört. Man hat daher nur auf dasjenige zu sehen, was Bewegung wird. Daher ist hier abstrahiert von allem übrigen, was der Mensch von Natur hat, einzig und allein auf dasjenige gesehen, was der Mensch im Eurythmisieren wird. Und ich habe es insbesondere dadurch ausgedrückt, daß ich jede Bewegung durch das Ausschneiden im Holze angedeutet habe; das hat dann eine bestimmte Grundfarbe.

Sie finden hier bei den Figuren überall rückwärts angeschrieben, welche Grundfarbe der Bewegung entspricht, Sie finden dann angeschrieben, welche Grundfarbe dem sogenannten Gefühl entspricht. Wenn Sie die Eurythmisierenden auf der Bühne ihre Schleier beherrschen sehen, so ist das ja im wesentlichen eine Fortsetzung der Bewegung. Und das wird sich weiter so ausbilden, daß im entsprechenden Augenblicke immer ein Wehenlassen des Schleiers entsteht, ein Zurücknehmen des Schleiers, ein Abfangen des Schleiers, ein ganzes Gestalten des Schleiers. So sitzt die durch die Gliedmaßen ausgeführte Bewegung in dem, was nun in der Schleierbehandlung das Gefühl ausdrückt. Und wir sehen in dem Umwallen des Schleiers das Gefühl zum Ausdrucke kommen.

Fühlt der Eurythmisierende an der Bewegung, in die er seine Arme, seine Beine hineinbringt, das Richtige, dann wird ganz instinktiv diese gefühlte Bewegung übergehen in die Schleierbehandlung, und er wird das Gefühl, das begleiten soll die Bewegung, in der Schleierbehandlung haben.

Das dritte ist, daß der Eurythmisierende mit seinem Gefühl so weit gehen kann, daß er nun wirklich, wenn er zum Beispiel diese Bewegung macht, I, nach dieser Richtung mit dem Arme leicht ausgreift, so daß er den Arm fühlt als ganz leicht in der Luft schwebend, nicht von innerlicher Kraft durchsetzt. Den anderen Arm fühlt er so, wie wenn er alle Kraft der Muskeln anfeuern würde und dick in den Arm hineinstecken würde. Das ist ein Arm, der mit Leichtigkeit gehoben wird (rechter Arm), das ist ein Arm (linker Arm), in dem man in seinen Muskeln fortwährend etwas wie ein leises Stechen fühlt, der gespannt ist. Dadurch kommt Charakter in die Bewegung hinein. Dieses Hineinbringen von Charakter in die Bewegung, die überträgt sich dann auf den Zuschauer. Der Zuschauer fühlt dann schon mit.

Da fragen die Leute nun bei diesen Figuren: wo ist hier das Gesicht und wo der Hinterkopf? Das geht einen in der Eurythmie gar nichts an. Es kann ja bei der Eurythmie unter Umständen auch so sein, daß man ein bißchen entflammt ist für ein hübsches Gesicht, welches da in der Eurythmie begriffen ist. Aber das gehört nicht zur Gesinnung der Eurythmie. Dieses Gesicht, das da aussieht, als ob es von Ihnen nach links wäre, ist eigentlich gerade nach vorn gerichtet, und diese Farbe ist gerade als Charakterisierung angebracht, weil der Eurythmisierende sein rechtes Haupt fühlen soll wie leicht durchwellt von eurythmischer Kraft, sein linkes Haupt gespannt durchzogen von innerer Kraft, so daß sich asymmetrisch hier gewissermaßen sein Haupt aufplustert und er hier gespannt sich fühlt. Dadurch wird der richtige Charakter hineingebracht. Hier an diesen Figuren ist gerade das ausgedrückt, was man im Eurythmisieren sehen soll. Und das sollte eigentlich in allem Künstlerischen sein. Man sollte von dem Stofflichen, von dem Inhaltlichen, von dem Prosaischen absehen können und auf das Künstlerische, Poetische übergehen können. Ein schönes Mädchengesicht ist beim Eurythmisieren wie Prosa. Dasjenige, was sie zustandebringt, daß sie die rechte Seite des Hauptes leicht von Kraft durchzogen hat, die linke Seite gespannt hat, das ist dasjenige, was eigentlich die eurythmische Schönheit gibt. Und so könnte man sich denken, daß auch ein ganz häßliches Gesicht eurythmisch außerordentlich schön würde, und ein ganz schönes Gesicht, verzeihen Sie, eurythmisch ganz häßlich wirken könnte.

Also gerade bei diesem Eurythmischen hat man das im eminentesten Sinne zu sehen, was ja – jeder Künstler wird mir darin recht geben –

für alle Kunst gilt. Der ist nicht bloß ein großer Künstler, der ein schönes Mädchengesicht ansprechend malen kann, sondern der wirkliche Maler muß unter Umständen auch ein altes, verdorrtes, runzeliges Gesicht so malen, daß es in der Kunst schön wirken kann. Das muß aller Kunst zugrunde liegen.

Das wollte ich noch zu der Eurythmie hinzufügen, die in den Vorstellungen hier gegeben worden ist. Ich möchte nur noch sagen, daß die Eurythmie deshalb hineingenommen worden ist in Unterricht und Erziehung, weil sie zu der äußeren Gymnastik ein ganz wunderbares Gegenstück abgibt. Nehmen Sie das, was man in Deutschland Turnen nennt. Die körperlichen Übungen werden durchaus, wie erwähnt, in unserer Waldorfschule genügend gepflegt, aber wenn Sie diese äußere Gymnastik nehmen, so werden Sie die Formen dieser Gymnastik so ausgebildet sehen, daß der Mensch gewissermaßen bei jeder Übung, die er vollführt, den Raum zuerst empfindet, die Raumrichtung. Und die Raumrichtung ist eigentlich zuerst da. Der Mensch fühlt also die Raumrichtung und legt nun seinen Arm in diese Raumrichtung hinein. Es gibt sich also der Mensch turnend gymnastisch an den Raum hin.

Das ist die Art und Weise, wie man allein in gesunder Weise gymnastische Übungen finden kann. Der Raum ist nach allen Seiten bestimmt. Unsere abstrakte Raumanschauung, die sieht drei aufeinanderstehende senkrechte Raumrichtungen, die man gar nicht unterscheiden kann. Die gibt es nur in der Geometrie. In Wirklichkeit haben wir oben den Kopf, unten die Beine: das ist oben und unten. Dann haben wir links und rechts. Wir leben in dieser Richtung drinnen, wenn wir die Arme ausstrecken. Da handelt es sich gar nicht darum, wo die absolute Richtung ist: daß wir uns drehen können, darin liegt alles. Und dann haben wir vorne und hinten. Und darauf sind alle übrigen Raumrichtungen orientiert. Sie strecken sich und brechen sich und schieben sich zurück. Und findet man auf diese Weise den Raum, dann findet man die gesunde Bewegung für Turnen und Gymnastik. Da gibt sich der Mensch an den Raum hin.

Wenn er eurythmisiert, dann ist der Charakter der Bewegung aus dem menschlichen Organismus herausgeholt. Dann ist die Frage diese: Was erlebt die Seele, wenn sie diese Bewegung macht, wenn sie jene

Bewegung macht? – Dadurch kommen ja die einzelnen Laute in der Eurythmie gerade zustande. Was kommt zustande, wenn Sie Ihre Kraft in die Glieder hineingießen? Während wir durch die äußerlich gymnastischen Übungen den Menschen in den Raum sich hineinlegen lassen, lassen wir den Menschen in der Eurythmie seiner Wesenheit gemäß nach außen die Bewegung so ausführen, wie sie der Organismus selber fordert. Das Innere nach außen sich bewegen lassen, das ist das Wesen des Eurythmischen. Das Äußere vom Menschen ausfüllen, so daß der Mensch sich verbindet mit der Außenwelt, das ist das Wesen der Gymnastik.

Will man ganze Menschen erziehen, so kann man gerade dieses Gymnastische vom anderen Pole ausgehen lassen, von dem, wo die Bewegung des Menschen ganz aus dem Inneren geholt wird in der Eurythmie. Aber jedenfalls muß das Eurythmische immer, wenn es im Unterricht verwendet wird, herausgeholt sein aus dem künstlerisch Erfaßten der Eurythmie.

Meine Überzeugung ist, daß die besten Gymnastiklehrer diejenigen sind, die ihre Gymnastik an der Kunst gelernt haben. Die Griechen haben die Anregungen und Impulse zu ihrer Schulgymnastik, zu ihren Olympischen Spielen von der Kunst geholt. Und wenn man die Konsequenzen des Auseinandergesetzten voll einhält, alles im Schulmäßigen aus dem Künstlerischen herauszuholen, dann wird man dasjenige, was ich an dem Beispiel der Eurythmie gezeigt habe, schon auch für die anderen Zweige des Lebens finden. Man wird nicht etwas Besonderes für den Unterricht erfinden, sondern das Leben in die Schule hineintragen wollen. Dann wird das Leben in der sozialen Ordnung auch wieder aus der Schule herauswachsen können.

In dem Organismus, wie ich ihn geschildert habe, den eine Schule bilden soll, steht jedes einzelne organisch eingegliedert darin, und alle die verschiedenen Fäden von Tätigkeiten, welche ausgeübt werden müssen, damit der ganze Organismus der Waldorfschule lebt, laufen zusammen in den Lehrerkonferenzen, die möglichst oft stattfinden. Und bei einer größeren Anzahl solcher Lehrerkonferenzen im Laufe des Jahres bin ich ja selbst anwesend.

Diese Lehrerkonferenzen sind nicht nur etwa dazu bestimmt, um den Schülern Zeugnisse vorzubereiten, um sich über die Verwaltungsangelegenheiten der Schule zu beraten und dergleichen, oder über die Strafen, die für die Schüler angesetzt werden sollen, wenn sie dies oder jenes verbrochen haben und dergleichen, sondern diese Schulkonferenzen sind eigentlich die fortlaufende lebendige Hochschule für das Lehrerkollegium. Sie sind das fortdauernde Seminar.

Das sind sie dadurch, daß für den Lehrer wiederum jede einzelne Erfahrung, die er in der Schule macht, ein Gegenstand für seinen eigenen Unterricht, für seine eigene Erziehung wird. Und in der Tat, wer in dieser Weise, indem er lehrt, indem er erzieht, zu gleicher Zeit auf der einen Seite tiefste psychologische Einsicht in die unmittelbare Praxis aus der Handhabung des Unterrichts und der Erziehung, wie andererseits aus der besonderen Eigentümlichkeit – den Charakteren, den Temperamenten der Kinder –, wer eine solche Selbsterziehung, einen solchen Unterricht für sich selber herausholt aus der Praxis des Unterrichtens, der wird fortwährend Neues finden. Neues für sich, Neues für das ganze Lehrerkollegium, mit dem alle die Erfahrungen, alle die Erkenntnisse, die gewonnen werden in der Handhabung des Unterrichts, in den Konferenzen ausgetauscht werden sollen. So daß das Lehrerkollegium wirklich innerlich geistig-seelisch ein Ganzes ist, daß jeder weiß, was der andere macht, was der andere für Erfahrungen gemacht hat, inwiefern der andere weitergekommen ist durch dasjenige, was er in der Klasse mit den Kindern erlebt hat.

So gestaltet sich das Lehrerkollegium wirklich zu einem Zentralorgan, von dem das ganze Blut der Unterrichtspraxis ausgehen kann, und der Lehrer hält sich dadurch frisch und lebendig.

Die beste Wirkung wird vermutlich sein, daß durch solche Konferenzen, durch solches Konferenzleben die Lehrer fortwährend eben in innerer Lebendigkeit verbleiben, nicht eigentlich in Wirklichkeit seelisch und geistig alt werden; denn das muß ja der Lehrer gerade erstreben: seelisch und geistig jung zu bleiben. Das kann aber nur dann geschehen, wenn ein wirklich geistig-seelisches Lebensblut zu einem Zentralorgan hinfließt, wie das menschliche Blut zum Herzen und von da wiederum ausfließt. Das ist konzentriert als ein geistig-seelisches

Kräftesystem in demjenigen, was gesucht wird in der Waldorfschule als das Leben in den Lehrerkonferenzen, die allwöchentlich und eben, wie gesagt, auch von Zeit zu Zeit in meiner Gegenwart abgehalten werden.

Ich möchte nur ein Kleines andeuten, das aber bedeutsam ist. Wir haben, sagte ich, in den Klassen Knaben und Mädchen durcheinander. Da wir natürlich die Kinder aus dem Leben hereinbekommen, haben wir solche Klassen, wo die Mädchen in der Majorität sind, andere Klassen, wo die Knaben in der Majorität sind, andere, wo sich die Zahl der Knaben und der Mädchen die Waage hält, und man kann ganz absehen von dem, was da äußerlich vor sich geht: ein Rationalist, ein Intellektualist wird kommen und wird solche Dinge auf rationalistische, intellektualistische Weise sich erklären; aber das trifft gewöhnlich nicht das, was das eigentliche Leben ausmacht. Unterrichtet man in einer Klasse, wo die Mädchen in der Majorität sind, so ist es darinnen ganz anders als in einer Klasse, wo Mädchen und Knaben in gleicher Zahl oder die Knaben in der Majorität sind. Die Klassen bekommen nicht durch dasjenige, was die Knaben mit den Mädchen sogar vielleicht auch an allerlei kleinen Nichtsnutzigkeiten treiben, ihr Gepräge, sondern einfach durch Imponderabilien, durch Dinge, die sich der äußeren intellektualistischen Beobachtung ganz entziehen, bekommen die Klassen durch die Majorität des einen oder anderen Geschlechts ihr besonderes Gepräge. Und da sind die allerinteressantesten Erkenntnisse zu gewinnen, wenn man auf diese Weise auch das ganze unwägbare imponderable Leben der Klasse fortdauernd studiert. Man stellt sich natürlich nicht als ein Lehrer in die Klasse hinein, der sich eben hinstellt und dann etwas zurücktritt und mit verschränkten Armen jetzt seine Schüler studiert. Wenn der Lehrer mit der nötigen Lebendigkeit und Hingabe an das Schülerwesen unterrichtet, dann wird er einfach dadurch, daß er auch durch den Schlaf in der richtigen Weise das durchgebracht hat, am nächsten Vormittag mit sehr bedeutsamen Erkenntnissen über dasjenige, was gestern sich in der Schule zugetragen hat, aufwachen, aufstehen; das kann er sich dann zum Bewußtsein bringen in verhältnismäßig kurzer Zeit, es wird das alles wie selbstverständlich gehen, was in einer solchen Weise geschehen soll.

Und ebenso wie nach dem Zentrum hin die Lehrerkonferenz uns ein Wesentliches ist, so ist uns nach der Peripherie hin dasjenige, was wir in den Elternabenden haben, etwas außerordentlich Wichtiges. Wir versuchen wenigstens von Monat zu Monat, jedenfalls aber von Zeit zu Zeit Elternabende zu veranstalten. Da versuchen wir, die Eltern zu versammeln, die Kinder in unserer Schule haben, und die eben kommen können, und da wird von den Lehrern für die Eltern dasjenige auseinandergesetzt, was eine Verbindung schaffen kann zwischen der Schuljugend und den Elternhäusern. Und gerade auf dieses dem ganzen Schulwesen entgegenkommende Verständnis von seiten der Eltern rechnen wir so stark. Da wir nicht aus Verordnungen, aus Programmen heraus, sondern aus dem Lebendigen heraus unterrichten und erziehen, können wir uns auch nicht sagen: du hast deinen Lehrplan, der dir von dieser oder jener Intelligenz vorgeschrieben ist, beobachtet, also hast du das Richtige getan. Wir müssen wiederum lernen, das Richtige zu fühlen im lebendigen Verkehr mit denjenigen, die als Eltern, als die Verantwortlichen, uns ihre Kinder in die Schule hineingebracht haben. Und an diesem Echo, das da an den Elternabenden den Lehrern wiederum entgegenkommt, belebt sich auch von der anderen Seite her das, was der Lehrer braucht, was der Lehrer namentlich dazu braucht, um immer selber innerlich lebendig zu bleiben.

Ein Lebewesen lebt nicht allein dadurch, daß es in einer Haut eingeschlossen ist. Der Mensch ist auch nicht dasjenige, was da in dem Rauminhalte steckt, der in die Haut eingeschlossen ist. Wir tragen in jedem Augenblicke eine bestimmte Luftmenge in uns; die war vorher draußen, sie gehörte der ganzen Atmosphäre an. Wir werden bald wiederum die Luft, die wir in uns haben, ausgeatmet haben; sie wird wiederum in der ganzen Atmosphäre wirken. Ein Lebewesen gehört der ganzen Welt an und ist nicht denkbar ohne die ganze Welt, ist nur ein Glied in dem Universum. So ist es aber auch mit dem Menschen in bezug auf das gesamte Wesen und Leben überhaupt. Der Mensch ist nicht ein einzelnes Wesen innerhalb der sozialen Ordnung, sondern er ist ganz eingeordnet in diese soziale Ordnung. Er kann nicht leben, ohne daß er mit dem Äußeren der sozialen Ordnung ebenso in Verbindung steht wie mit Luft und Wasser, wie dasjenige, was vom physischen menschlichen Wesen in die Haut eingeschlossen ist. Und um zu erfahren, daß in dieser Beziehung die Schule außerordentlich Wichtiges in der Gegenwart zu tun hat, dazu braucht man gar nicht so sehr weit zu gehen. Ich versuche immer, die Dinge, die charakterisieren sollen, nicht aus ausgedachten weiten Ideengängen herzuholen, sondern ich versuche, sie vom allernächsten Schritt zu nehmen.

Da ging ich vor ein paar Tagen in das Nebenzimmer im College hinein und fand da drinnen Berichte von den Sonntagsschulleitern. Der erste Satz erzählt gleich: Bei der jährlichen Versammlung der Sonntagsschul-Union hat einer der Chairmen, der ein sehr bedeutender Mensch ist, gesagt, daß sich diese Leitungen der Sonntagsschulen allmählich hinentwickelt hätten zu einer außerordentlichen Exklusivität, zu einem Absondern von dem übrigen religiösen Leben, daß man viel zu wenig wisse von dem übrigen religiösen Leben.

Sehen Sie, ich habe das nur von dem Tisch da drinnen genommen im Nebenzimmer, und es ist gleich ein lebendiges Symptom für dasjenige, was wir für die innere Belebung unserer gegenwärtigen Zivilisation brauchen. Ich hätte ebensogut an einen anderen Tisch gehen können und dort etwas wegnehmen oder auf der Straße mir etwas geben lassen können, man wird überall finden: dasjenige, was dem Menschen heute nicht anerzogen wird, das ist die Weite des Horizontes für das Leben, das volle Verständnis für das Leben. Das ist es, was wir gerade bei den Waldorfschullehrern haben müssen, was wir dann übertragen müssen von dem Lehrer eben auf die Schüler, so daß tatsächlich gerade durch Erziehung und Unterricht das Leben immer mehr und mehr zu Weiten der Interessen getrieben wird.

Wie kapselt sich heute jeder ein! Wie ist das Fachmannsystem ausgebildet! Man schämt sich, irgend etwas zu wissen, was nicht gerade in der Einkapselung des Faches ist. Da muß man zu dem Sachverständigen gehen.

Die Sache, um die es sich handelt, ist diese, daß die Menschen weitherzig werden, daß sie mit ihrem Herzen Anteil nehmen können an der Gesamtzivilisation. Das ist etwas, was durch die Prinzipien derjenigen Pädagogik, die hier vertreten wird, hineinzubringen versucht wird zuerst in die Lehrerschaft – denn zuerst hat es sich bei der Waldorfschule um die Erziehung der Lehrerschaft gehandelt – und auf dem Umwege durch die Lehrerschaft in die Schülerschaft. Und die Schülerschaft, das ist unsere große Hoffnung, unser Ziel, an das wir bei jeder einzelnen Maßnahme denken, die Schülerschaft soll es in rechtmäßiger Weise in das Leben hinaustragen.

Das, meine sehr verehrten Anwesenden, ist, ich möchte sagen, die Gesinnung, die derjenigen Pädagogik zugrunde liegt, von der ich vor Ihnen nun auch hier sprechen durfte. Diese Erziehung ist einzig und allein darauf gerichtet, dasjenige, was als Maßnahme da sein soll in Erziehung und Unterricht, aus dem Menschen selber herauszuholen, so daß der ganze Mensch nach Leib, Seele und Geist voll zur Entwickelung komme; auf der anderen Seite aber den Menschen so in das Leben hineinzustellen, daß er als Kind wiederum nach Leib, Seele und Geist, nach dem Religiösen, nach dem Ethischen, nach dem Künstlerischen, nach dem Erkenntnisleben hin gewachsen ist und sich diejenigen Tugenden entwickeln kann, durch die der Mensch seinem Mitmenschen am meisten nützlich und fruchtbar werden kann. Dadurch allein ist der Mensch ja ein wirklich richtig Erzogener, daß er seinen Mitmenschen am besten nach seinen Kräften dienen kann. Darauf muß im Grunde genommen jedes Erziehungsideal gerichtet sein. Daß ich über ein solches Erziehungsideal sprechen durfte, dafür bin ich den Veranstaltern hier außerordentlich dankbar.

Sie werden gesehen haben, daß es sich wahrhaftig, wenn auch das Waldorfschul-Prinzip einem ganz bestimmten Sprachgebiete entstammt, dabei durchaus nicht um etwas Nationales handelt, sondern um etwas im besten Sinne Internationales, weil Allgemein-Menschliches. Nicht den Angehörigen irgendeiner Klasse, nicht den Angehörigen irgendeiner Nation, nicht den Angehörigen überhaupt irgendeiner Einkapselung, sondern den Menschen mit den breitesten, herzhaftesten menschlichen Interessen wollen wir erziehen. Deshalb durfte das Gefühl, die Empfindung da sein, daß man, wenn auch diese Erziehung zunächst in einem bestimmten Sprachgebiete ausgebildet ist, auch in einem anderen Sprachgebiete über diese Erziehung, die ja durchaus in diesem Sinne international ist, sprechen darf.

Um so größer war dann meine Befriedigung, als ich sehen konnte, daß sich in Anlehnung an dasjenige, was in diesen Konferenzen besprochen worden ist, ein Komitee gebildet hat, welches durch Begründung einer Schule dieses Waldorfschul-Prinzip auch hierher in tatkräftiger Weise übertragen will.

Nun, wir können, wenn wir heute an die Gründung solcher Schulen herangehen, dennoch nichts anderes machen, als was auch der Waldorfschule Schicksal war: wir können nur sozusagen Modelle, Musterschulen schaffen. Denn erst wenn das, was diesem Schulwesen zugrunde liegt, in den breitesten Kreisen der öffentlichen Meinung eingesehen wird, dann kann ja erst dasjenige, was hier als Impuls gegeben wird, in der richtigen Weise fruchtbar werden.

Ich erinnere mich aus meiner Jugend, wie ich einmal in einem Witzblatte einiges gelesen habe, worin man sich lustig machte über Architektenpläne – ich habe ja schon gestern etwas Ähnliches erwähnt. Das Witzblatt, das zu Leuten, die etwas banausisch denken, sprechen wollte – denn es hatte in diesen Kreisen seine Abonnenten –, das sagte: Man sollte sich doch nicht an einen Architekten wenden, der da alles Mögliche zeichnen und im einzelnen berechnen wolle, auch künstlerisch die Dinge zusammensetzen wolle, sondern man solle sich an einen einfachen Maurer wenden, der einfach Ziegel auf Ziegel setze. – Nun ja, diese Gesinnung, die herrscht gerade in bezug auf das Erziehungs- und Unterrichtswesen noch in zahlreichem Maße. Man findet dasjenige, was der Architekt hier macht, leicht abstrus gegenüber dem Maurer, der die Ziegel setzt, und man möchte gern, daß nur Ziegel auf Ziegel gelegt würde, daß nicht eingegangen wird auf dasjenige, was nun dem Bau wirklich zugrunde liegen muß.

Daß aber gerade innerhalb dieses Kreises ein so schönes Verständnis und Interesse vorhanden war, dafür bin ich außerordentlich dankbar. Vorzugsweise aber möchte ich Miß Beverley und ihren Mitarbeitern aufs herzlichste danken. Danken möchte ich auch den lieben Waldorfschullehrern und den anderen Freunden, die mitgekommen sind zu dieser Veranstaltung, und die in einer so schönen, wirklich tief anerkennenswerten Weise bei diesen Konferenzen gewirkt haben, danken auch allen denjenigen, die künstlerisch in diesen Tagen mitgewirkt haben. Danken möchte ich allen denjenigen, die in irgendeiner Weise etwas beigetragen haben zum Zustandekommen dieser Konferenz, die hoffentlich durch das Komitee recht fruchtbar werden wird; danken Ihnen allen für Ihre Aufmerksamkeit und für das Interesse, das Sie der Sache entgegengebracht haben.

Je weiter wir in der Verbreiterung dieses Interesses kommen, desto mehr werden wir auch dem Schulwesen, dem Unterrichtswesen, dem Erziehungswesen dienen können. Und daß Ihnen das auf dem Herzen liegt, haben Sie ja durch Ihre lebendige Anteilnahme in diesen Tagen gezeigt. Mit diesen Worten möchte ich diese Vorträge, die ich hier wirklich nicht bloß aus dem Intellekt heraus, sondern aus dem wahren Anteil für alles, was der Erziehung zugrunde liegt, gehalten habe, mit einem Abschiedsgruß beschließen.

*Nach der Übersetzung:*

Noch ein letztes Wort: Es ist ja während des ganzen Konferenzverlaufes ganz gewiß jedem der Teilnehmer ersichtlich geworden, mit welch ungeheurer Hingebung und auch mit welcher Kraft, die Sache zu lösen, Mr. George Kaufmann sich dem Übersetzen der Vorträge hingegeben hat. Auch bei früheren Vorträgen ist es mir immer so gegangen, daß Mr. Kaufmann wirklich alles so übersetzt hat, daß er die Intentionen in einer seltenen Weise so getroffen hat, daß die Vorträge ohne seine Übersetzung ja gar nicht sein könnten; aber nur immer diese letzten Worte, die ich ausgesprochen habe auch schon in Oxford, die hat er merkwürdigerweise immer nicht mitübersetzt. Daher möchte ich unseren Freund Mr. Collison bitten, daß er mit einem möglichst lauten Organ mitteilt, wie ich aus tiefstem Herzen heraus Mr. Kaufmann den wohlverdienten Dank für seine so außerordentlich bedeutsam geleisteten Dienste als Übersetzer hiermit am Schlusse zum Ausdruck bringe.

Abschiedsansprache

## VIERZEHNTER VORTRAG

Ilkley, 17. August 1923

Dasjenige, was ich als Dank empfinde für das Komitee, für Miß Beverley und für Sie alle, die Sie Ihr Interesse unserer Sache während dieser vierzehn Tage gewidmet haben, habe ich bereits heute morgen ausgesprochen, und Sie können versichert sein, daß dieses Dankesgefühl in wärmster Weise als ein Andenken mich begleiten wird.

Ich möchte nur einige Worte zu dem noch hinzufügen, was ich mir schon in den vergangenen Tagen von den verschiedensten Gesichtspunkten aus zu sagen erlaubte. Die meisten von Ihnen kennen ja gut den Zusammenhang zwischen dem, was als pädagogische Prinzipien die Waldorfschul-Bewegung durchdringt, und dem, was als Anthroposophie durch die anthroposophische Bewegung geht; und vielleicht gerade über diesen Zusammenhang darf ich am Schlusse dieser Veranstaltung noch ein paar Worte sagen.

Die Welt hat von der anthroposophischen Bewegung eigentlich im Grunde genommen heute noch eine mißverständliche Meinung; und das kommt vielleicht davon her, daß ein Wunsch, den ich wirklich, so paradox er klingt, als einen innigen Wunsch habe, nicht eigentlich erfüllt werden kann. Denn so wahr es ist, daß die Waldorfschul-Bewegung herausgewachsen ist aus der anthroposophischen Bewegung, so wahr ist es, daß ich es am liebsten hätte, wenn wir der anthroposophischen Bewegung jede Woche einen anderen Namen geben könnten. Ich weiß, es würde eine furchtbare Unordnung geben, aber dennoch, es wäre mir das allerliebste. Denn Namen schaden gerade in unserer Zeit außerordentlich viel. Nun, allerdings, wenn man bedenkt, daß immer die Köpfe der Briefbögen dann jede Woche umgedruckt werden müßten, daß irgend jemand einen Brief bekäme mit der Aufschrift des Namens der vorigen Woche der Anthroposophischen Gesellschaft, die es schon gar nicht mehr gibt – man kann sich vorstellen, was für eine Unordnung in den Köpfen der Menschen dadurch entstehen würde! Aber es wäre das dennoch für die anthroposophische Bewegung etwas außerordentlich Gutes, wenn sie gar keinen ständigen Namen hätte; denn dieser Name führt eigentlich dazu, daß sich ein großer Teil der Menschheit heute noch bloß mit dem Namen befaßt und gar nicht auf die Sache eingeht.

So kann man finden, daß die Leute zunächst ein griechisches Wörterbuch nachschlagen, und da auf irgendeine Weise in ihrer Landessprache einen Ausdruck sich bilden für «Anthroposophie». Und dann machen sie sich ihre eigene «Anthroposophie», und nach dieser eigenen «Anthroposophie» werden wir eigentlich in der Welt besprochen. Das ist die Meinung über uns, die sich die Leute bilden nach dem, was sie sich gerade dem Namen nach geformt haben. Da denken sie: sie können sich dasjenige ersparen kennenzulernen, was eigentlich Anthroposophie wirklich ist. – Jetzt ist ja der Büchertisch am Eingang des Saales schon fort, aber es ist wahr, ich schauderte ja selbst jeden Tag, wenn ich hereinkam und die Flut von Literatur sah – ich wäre froh, wenn es weniger gäbe –, aber jedenfalls, Anthroposophie muß man kennenlernen, indem man an die Sache herangeht. Man kann nicht bloß an den Namen herangehen. Deshalb wäre es so gut, wenn wir gar keinen Namen zu haben brauchten.

Nun, das geht ja nicht! Aber ich denke, wenn solch ein Kursus über irgendein praktisches Gebiet, über eine praktische Auswirkung der Anthroposophie stattfindet, wie dieser war, so kann man schon sehen, wie wenig Anthroposophie danach strebt, sektiererisch zu sein, wie wenig Anthroposophie danach strebt, den Menschen irgendwelche Dogmen an den Kopf zu werfen und dergleichen; sondern es handelt sich bei der Anthroposophie wirklich nur darum, die Realitäten der Welt ihrer wahren Wesenheit nach kennenzulernen. Und will man an der Fortentwickelung der Welt irgendwie teilnehmen, dann handelt es sich schon darum, daß man wirklich hineinsieht in den Gang der Ereignisse.

Es ist in gewisser Beziehung so trostlos, daß heute sehr wenig Neigung dazu besteht, in den Weltengang der Ereignisse hineinzuschauen, und Anthroposophie ist eigentlich diejenige Bewegung, die sich das ganz zur Aufgabe macht. Daher kann man auch, wenn von irgendeinem speziellen Zweige die Rede ist, wie es hier für die Pädagogik der Fall war, immer über die Dinge sprechen, ohne von bestimmten Programmpunkten und dergleichen auszugehen.

Und auch bei der Einrichtung der Waldorfschule hat uns eigentlich das vorgeleuchtet, ich habe es ja erwähnt, nicht mit dem starren Dogmatismus, den man bei der Anthroposophie zu finden glaubt, nun irgend etwas in die Schule hineinzutragen, sondern soviel als möglich gerade nichts von dem in die Schule hineinzutragen, was man für Erwachsene als Anthroposophie gibt; lediglich die Anthroposophie so zu haben, daß sie in einem wird die Kraft, den Menschen ganz unbefangen zu erkennen, alles unbefangen in der Welt anzuschauen, um dann auch alles durch die Tat unbefangen angreifen zu können.

Ich habe einmal vor ganz kurzer Zeit eine merkwürdige tadelnde Kritik gelesen; solche gibt es furchtbar viele, und ich will nicht von den Kritiken sprechen, die wir erfahren. Da steht, daß ich das Bestreben hätte, unbefangen zu sein, und es schien dies ein herber Vorwurf, der mir gemacht werden müsse, daß ich in allen Dingen immer strebte, unbefangen zu sein. Ich dachte, das wäre gerade in unserer heutigen Zeit eine allgemeine Menschenpflicht, insbesondere auf geistigem Gebiete; aber das ist etwas, was einem heute als ein ganz herber Vorwurf gemacht werden kann.

Nun, ich glaube allerdings, daß gerade das Pädagogische ein leichtes Verständnis abgeben kann zwischen dem Kontinent und England, und wenn ich darauf sehe, mit wie gutem Verständnisse Sie, meine sehr verehrten Anwesenden, diesen Vorträgen entgegengekommen sind, so betrachte ich das nach dieser Richtung als ein außerordentlich günstiges Symptom. Man sagt so gern äußerlich abstrakt, wenn man seine Zeit charakterisieren will, die Phrase: Wir leben in einer Übergangszeit. Jede Zeit ist eine Übergangszeit, nämlich immer von der vorhergehenden zur nachfolgenden; es kommt nur darauf an, was übergeht. Nun aber, in der Gegenwart zeigen uns die verschiedensten Symptome, wie wir in der Tat in einem wichtigen Übergange begriffen sind.

Ich kann diesen Übergang hier vielleicht am besten dadurch charakterisieren, daß wir für einen kurzen Augenblick zurückschauen, wie die geistige Entwickelung etwa hier in England war im 12., 13. Jahrhundert, ja noch im Anfange des 14. Jahrhunderts. Im Anfange des 14.

Jahrhunderts noch sprach ja hier jeder, der Bildung erworben haben wollte, in französischer Sprache. Die englische Sprache bestand in Dialekten, die nicht den Übergang fanden in die allgemeine Volksbildung. Und die Wissenschaft sprach lateinisch.

Will man zum Beispiel aus dem 14. Jahrhundert, um 1364, sich gut unterrichten, wie das Unterrichtswesen hierzulande beschaffen war, so kann man das aus dem damals erschienenen «Polychronicon» von *Higden*; aber es ist lateinisch geschrieben, und es wird einem klargemacht, daß eigentlich die wirkliche Menschenbildung hierzulande nur in lateinischer Sprache zu finden sei.

Aber während dieses Buch geschrieben wurde und während also von der Bildung hier lateinisch gesprochen wurde, bildeten sich allmählich die Schulen, in denen die Volkssprache, wie auch in anderen Gegenden Europas, Eingang fand in das Unterrichtswesen, in die Erziehung, in den Unterricht. Und wir sehen, wie in Winchester, in Oxford Schulen errichtet werden, die nun schon der Landessprache sich bedienen. Es erscheint uns hier gerade in der zweiten Hälfte des 14. Jahrhunderts jener außerordentlich wichtige Übergang von der lateinischen Sprache, die international ist, zu der Landessprache.

Ähnliche Übergänge finden sich früher oder später auch in anderen Gegenden der zivilisierten Welt. Wir stehen da vor einer sehr wichtigen Erscheinung.

Aber hier in England kann man sie abfangen in der zweiten Hälfte des 14. Jahrhunderts. Denn als Higden 1364 sein Buch schreibt, kann er noch mitteilen, daß überall die lateinische Sprache das Verständigungsmittel ist für Erziehung und Unterricht. Als dann ein gewisser *Trevisa* 1387 das Buch ins Englische übersetzt, da kann er schon sagen, daß die englische Sprache in die Schule hereingekommen ist; so daß man hier gerade jenen Übergang sieht von der internationalen lateinischen Sprache, in der man sich über Erziehung und Unterricht über die ganze gebildete Welt hin verständigte, zu der Zeit, in der die Volkssprache von dem Niveau des Dialektes hinaufrückt, um innerhalb des einzelnen Volkes nun das Verständigungsmittel für Erziehung und Unterricht zu werden. Und damit ist ein wichtiger Übergang geschaffen.

In der anthroposophischen Weltanschauung können wir ihn bezeichnen als den Übergang von der Verstandes- oder Gemütsseele zu der Bewußtseinsseele; denn das ist das Eigentümliche der neueren Zivilisation, daß der Übergang stattfindet von der Verstandes- oder Gemütsseele, in welcher der Mensch mehr noch sich fühlt als ein Glied der Welt, zu der Bewußtseinsseele, wo er so recht seiner Freiheit, seiner inneren Entschlußfähigkeit, seiner inneren Aktivität sich bewußt werden soll. Allein damit ist ein weltgeschichtlicher Prozeß eingeleitet, in dem wir noch mitten drinnen stehen.

Nicht sogleich ist dasjenige, was durch das Aufkommen der Volkssprachen geschehen ist, auch in die Seelen, in die Herzen der Menschen eingezogen; sondern zunächst ist auch hier in England die Renaissancebewegung, die sogenannte humanistische Bewegung vom Süden nach diesem Norden heraufgekommen. Wir sehen, daß diese humanistische Bewegung zunächst zwar hintrachtet nach dem, was man die Bewußtseinsseele des Menschen nennen kann, aber gar nicht hineinkommt in das verstehende Erfassen der Bewußtseinsseele beim Menschen, daher geltend macht, daß man, um überhaupt Mensch zu sein, vor allen Dingen die humanistisch-klassische Bildung aufnehmen müsse.

In diesem Kampfe um menschliche Freiheit, um menschliche innere Aktivität leben die Jahrhunderte bis zum heutigen. Aber immer mehr und mehr stellt sich dasjenige heraus, was die Menschheit, die zivilisierte Menschheit braucht. Wenn wir zurückgehen in das Zeitalter, das vor dem Drange nach der Bewußtseinsseele liegt, da war es eine Sprache selber, die das Internationale bewirkte, die bewirkte, daß sich die gebildeten Menschen aller Länder verständigten. Es war die Sprache das Internationale.

Diese Sprache – und hier in England kann man den Übergang geradezu in der zweiten Hälfte des 14. Jahrhunderts abfangen – konnte fortan nicht mehr das internationale Verständigungsmittel sein. Der Mensch wollte aus einem tieferen Inneren heraus seine innere Aktivität entfalten. Er griff zu den Volkssprachen. Das machte immer mehr und mehr notwendig, daß die Verständigung auf einem höheren Niveau eintritt als durch die Sprache.

Wir brauchen etwas, was als Geistiges nicht mehr bloß aus den Sprachen kommt, sondern auf eine viel unmittelbarere Art aus der

Seele erwächst. Wenn wir in historischer Beziehung, für den gegenwärtigen historischen Augenblick die Anthroposophie im richtigen Sinne erfassen wollen, so besteht sie darin, über die ganze Welt hin etwas wie ein internationales Verständigungsmittel zu finden, ein Verständigungsmittel, durch welches sich Mensch zu Mensch findet, ein Verständigungsmittel, welches gleichsam ein Niveau höher liegt als die Sprache.

Die Sprache erfaßt das, was von Mensch zu Mensch spielt, im Laute, der vermittelt wird durch die Luft. Im Grunde genommen bewegen wir uns mit der Sprache in der sinnlichen Welt. Verstehen wir uns durch tiefere Elemente der Seele, verstehen wir uns durch die gefühlsgetragenen, durch die herzdurchwärmten Gedanken über die Sprachen hinaus, dann haben wir wiederum ein internationales Verständigungsmittel. Aber wir müssen eben auch ein Herz haben für dieses internationale Verständigungsmittel. Wir müssen den Weg zum Geiste des Menschen über die Sprache hinweg finden.

Das bedeutet aber zugleich neben allem übrigen Weltanschaulichen, neben allem Pädagogischen, neben Religiösem, neben Künstlerischem für die anthroposophische Bewegung im gegenwärtigen historischen Augenblicke: zu suchen gewissermaßen nach einer Sprache der Gedanken.

Die gewöhnliche Lautsprache bewegt sich in der Luft, sie lebt noch im sinnlichen Elemente. Die Sprache, die angestrebt wird durch die Anthroposophie, wird sich bewegen – mehr als bildlich ist das gemeint – im reinen Elemente des Lichtes, das von Seele zu Seele, von Herz zu Herz geht.

Und die moderne Zivilisation wird ein solches Verständigungsmittel brauchen. Sie wird es nicht nur für die Dinge der höheren Bildung, sie wird es brauchen auch für die Dinge des täglichen Lebens.

Zwar werden, bevor man dieses einsieht, noch viele Kongresse gehalten werden, die nicht auf diesem Standpunkte stehen. Doch hat man ja in der letzten Zeit nicht gerade viel von der Fruchtbarkeit solcher Kongresse für das allgemeine Heil der Menschheit wahrnehmen können. Aber für das wahre allgemeine Heil der Menschheit, das nur aus der gegenseitigen Verständigung hervorgehen kann, möchte gerade die anthroposophische Bewegung eintreten. Deshalb, weil dies der Fall ist, versuchen wir in solcher Weise den historischen Augenblick wiederum zu erfassen, auf daß wir wiederum eine Menschheit werden können, aber allerdings eine Menschheit mit der voll bewußten Seele, wie sie einst auf einer anderen Stufe der menschlichen Entwickelung da war, als das internationale Verständigungsmittel die lateinische Sprache war.

Damals die lateinische Sprache; jetzt allgemein-menschliche Ideen, durch welche der Mensch den Menschen über die ganze Erde hin eigentlich finden kann.

Im äußeren Praktischen ist mit der Weltwirtschaft der Körper schon geschaffen gewesen. Allein dieser Körper hat noch nicht Seele und Geist. Was in der Welt leben will, braucht aber nicht bloß Körper, braucht Seele und Geist. Zu dem Körper, der über die ganze zivilisierte Welt hin in der Weltwirtschaft, in den anderen praktischen Betätigungen sich gebildet hat, möchte Anthroposophie in richtiger, wahrer Weise Seele und Geist zu diesem Leibe sein. Sie verschmäht es nicht, sich zu befassen mit den allerpraktischsten Lebenszweigen, möchte aber auch in diese allerpraktischsten Lebenszweige hineingeheimnissen, was einzig und allein zu dem wirklichen Fortschritt der wirklichen Weiterentwickelung der Menschheit dienen kann.

Dafür, meine sehr verehrten Anwesenden, daß man auf einem speziellen Gebiete, auf dem pädagogischen Gebiete hier hat verstehen wollen, wie in dieser Art ein pädagogisches Streben fußt auf der anthroposophischen Bewegung als einer Erfassung gerade des gegenwärtigen historischen Augenblickes der Menschheit – dafür, daß man das hat verstehen wollen, daß man Interesse gehabt hat für diejenige Nuance, die ich gerade diesmal in die Vorträge hineinzubringen versucht habe, die historische Charakteristik auch desjenigen, was mit dieser Pädagogik gewollt wird, dafür bin ich so unendlich dankbar. Und ich danke namentlich für die herzlichen Gefühle, welche gerade diesem Kursus entgegengebracht worden sind, der herausheben wollte dasjenige, was aus dem gegenwärtigen menschlichen Augenblicke mit der Waldorfschul-Pädagogik angestrebt wurde im Fortschritte der Menschheitszivilisation.

Ich habe die Waldorfschul-Pädagogik als dasjenige darstellen wollen, was in freier Weise hindeutet auf die tiefsten Bedürfnisse der Menschheit in der Gegenwart. Daß Sie dem haben Verständnis entgegenbringen wollen, das werde ich als ein gutes Angedenken gerade an diesen Kursus sehr, sehr in meinem Herzen und in meiner Seele bewahren.

# ANHANG

## Aus der Diskussion vom 6. August 1923

Frage: Wie wollte der Grieche den Menschen zu einer gewissen Vollkommenheit bringen?

*Dr. Steiner:* Auf die gestellte Frage möchte ich folgendes sagen: Es ist sehr leicht ein Mißverständnis möglich, wenn Verhältnisse geschildert werden, die dem gegenwärtigen Leben so fern sind. Ich habe mir ja natürlich Mühe gegeben, heute morgen die Dinge so fundamental als möglich zu schildern. Aber es ist durchaus eben zuzugeben, daß sehr leicht bei der Schilderung solch fernabliegender Verhältnisse eben Mißverständnisse sich ergeben. Man hat ja so sehr die Neigung, die abgelaufenen Zeitalter nach dem gegenwärtigen zu beurteilen. Die Menschen stellen sich immer vor, die Seelen und die Menschen im allgemeinen wären eigentlich immer so gewesen, wie sie jetzt sind, soweit man in der Geschichte zurückgehen kann; nur, an einem bestimmten Punkte recht unbestimmt weit zurück, da wird dann haltgemacht, und da geht es plötzlich über in das Menschlich-Animalische. Man hat also irgendwo am Ausgangspunkt der Entwickelung den tierischen Menschen. Den schildert man ähnlich der Tierheit von heute. Dann stellt man sich so ungefähr die Geschichte in der Art verlaufend vor, daß die menschlichen Seelen, der Mensch im ganzen so gewesen sind, wie die heutigen sind. Das ist aber nicht der Fall, sondern die menschliche Seelenentwickelung hat ungeheure Differenzierungen durchgemacht, und mit demjenigen, was man heute über den Menschen vorstellen kann, was man selbst als Mensch in sich mit dem gewöhnlichen Bewußtsein erlebt, kommt man höchstens zurück bis zum 4. nachchristlichen Jahrhundert. Dann beginnt die menschliche Seele so verschieden zu sein, daß man sie eben innerlich schauen muß in ihrer Verschiedenheit von der heutigen.

Die griechische Seele, der griechische Mensch war eben durchaus verschieden von dem heutigen. Und deshalb muß es durchaus auch aufrechterhalten werden, daß solch eine Erziehung, wie sie übrigens nicht Kindern, sondern älteren Jünglingen gegeben wurde, von *Plato* und *Aristoteles*, daß die viel mehr auf die Pflege des Körperlichen abzielte als dasjenige, was heute den kleinsten Kindern bei uns zugemutet wird in dieser Beziehung. Man muß, wenn man so etwas beurteilen will, sich schon klar darüber sein, daß ja einfach der Wortinhalt in Griechenland etwas anderes bedeutet hat, als er heute bedeutet. Wenn heute der Mensch spricht von Ideen, Idealen, dann meint er eigentlich etwas durchaus Abstraktes, etwas ganz Gedankliches, Begriffliches. Wenn Plato von Ideen sprach, war das so nicht der Fall. Wenn Plato von Ideen sprach, war dies etwas Anschauliches, etwas Konkretes. Und die heutigen Plato-Leser haben eigentlich eine ganz falsche Vorstellung, wenn sie den Plato übersetzen in die gewöhnliche begriffliche Sprache. Um den Plato wirklich zu verstehen, muß man ein viel anschaulicheres, ich möchte sagen, körperhaft-anschauliches Vorstellungsvermögen entwickeln, als man das heute eigentlich in der Lage ist. So daß man sagen kann, die Griechen waren in bezug auf ihre Kindererziehung durchaus auf dasjenige bedacht, was ich heute morgen geschildert habe. Nur waren sie sich klar darüber, daß durch diese körperliche Erziehung zu gleicher Zeit die Seelenpflege herauskam. Und auch Plato, und namentlich Aristoteles haben nicht so geteilt: hier das Körperliche, dort das Seelische, wie wir das heute tun. Für Aristoteles zum Beispiel war der ganze menschliche Körper dasjenige, was von dem Seelischen durchkraftet ist. Jedes einzelne Glied des menschlichen Körpers war zu gleicher Zeit ein Seelisches. Daher spricht ja Aristoteles nicht in einer solchen abgezogenen Weise von dem Seelischen wie wir heute, sondern er spricht von der Form des Materiellen, von demjenigen, was gewissermaßen als der innere Künstler arbeitet und wirkt in dem Materiellen, dem Stofflichen, dem Körperlichen.

Also es handelt sich durchaus darum, daß wir nicht bei der Beurteilung fernabliegender Zeitepochen uns mißverstehen dadurch, daß wir die heutigen Begriffe in diese Zeitepochen hineintragen. Das heutige Plato-Lesen, das heutige Aristoteles-Lesen ist in der Regel schon ein Verabstrahieren der alten Meister. Es beginnt erst in der Mitte des Mittelalters, möchte ich sagen, diejenige Zeit, wo man Plato und Aristoteles so aufgefaßt hat, namentlich Aristoteles, wie das heute noch üblich ist; während man sehr darauf achten sollte, daß ja Plato zum Beispiel dasjenige, was er gegeben hat, selbst in unmittelbar vollmenschlicher Weise vorgetragen hat. Er wollte gar nicht so Theorien, Satz für Satz entwickeln, wie wir heute; er wollte die Leute miteinander sprechen lassen, er wollte menschliche Kräfte aufeinanderprallen lassen. Man sieht durch die Gespräche des Plato, ob der eine, der irgendeine Anschauung vertritt, etwas korpulent ist oder schmächtig, ob er blaß ist, oder ob er Pausbacken hat. Das alles ist in voller Körperlichkeit selbst in den Plato-Gesprächen dazu vorzustellen, sonst kommt man mit ihnen nicht zurecht. Das Seelische lebt eben bei den Griechen durchaus in der Offenbarung des Körperlichen, und man stellt sich dasjenige, was in Griechenland geschehen ist, nur richtig vor, wenn man die Vorstellung eben hat: alles Seelische lebt sich körperlich aus. Also die Meinung, als ob Plato und Aristoteles im Widerspruche stünden mit dem, was ich heute morgen gesagt habe, ist durchaus eben nicht berechtigt.

## Aus der Diskussion vom 7. August 1923

Die Fragen bezogen sich auf die Erziehung ganz junger Kinder, Kindergarten, Schulgesetze usw. im Anschluß an den Vortrag von Fräulein Dr. C. von Heydebrand.

*Dr. Steiner:* Ich will zunächst nur ein paar Worte sagen in bezug auf die Frage der Erziehung ganz junger Kinder. Es ist ja wohl nicht nötig, daß ich darüber heute sehr viel sage, denn der Gegenstand wird selbstverständlich im Laufe der Vorträge berührt werden, und es ist besser, diese im wesentlichen pädagogisch-methodischen Fragen im Zusammenhang zu behandeln. Ich möchte nur soviel sagen: Die Erziehung der ganz jungen Kinder bis zum siebenten Jahre ist natürlich etwas, das demjenigen, der sich eine solche Aufgabe stellt, wie die mit der Waldorfschule ist, außerordentlich große Sorge macht. Wir haben durch äußere Umstände veranlaßt mit dem Alter begonnen, das man in Deutschland das schulpflichtige Alter nennt, also mit einer Schule für Kinder von sechs oder sieben Jahren an. Und ich muß gestehen, wenn man versucht, aus solchen Fundamenten heraus etwas zum Fortschritt der Pädagogik zu tun, wie es bei der Waldorfschule geschehen ist, dann bedeutet das eine außerordentlich weitgehende Arbeit. Wir haben mit acht Klassen zunächst begonnen, mit Kindern zwischen dem sechsten und vierzehnten Lebensjahre, haben dann seit dem Jahre 1919 immer eine Klasse hinzugefügt, so daß wir jetzt bereits zwölf Klassen haben. Wir haben also Kinder zwischen dem sechsten und siebzehnten, achtzehnten Lebensjahre, wollen die Kinder so weit bringen – ja, man darf bei uns nicht mehr Kinder sagen in diesem Lebensalter –, also sagen wir, wir wollen die jungen Damen und Herren so weit bringen, daß sie zu einer Universität oder sonstigen Hochschule kommen können. Diese Aufgabe mußten wir uns in den letzten vier bis fünf Jahren setzen. Es war wirklich eine Aufgabe, die reichlich die Zeit in Anspruch nahm. Denn dasjenige, was man so mitteilen kann in einer Rede über diese Dinge, sind ja doch eigentlich mehr oder weniger allgemeine Grundsätze. Dasjenige, worauf es ankommt, ist die Praxis jedes Tages, jeder Stunde gerade beim Unterrichten und Erziehen, und da ist manchmal wirklich außerordentlich viel zu tun. Es ist mehrmals auch schon die Frage nach einem Kindergarten aufgetaucht. Ich mußte bis jetzt, wo jedes Jahr eine neue Klasse eingerichtet worden ist, die Frage des Kindergartens einfach aus dem Grunde zurückstellen, weil es gar nicht möglich gewesen wäre, das pädagogische Problem zu bewältigen, immer eine neue Klasse, also eine neunte, zehnte, elfte, zwölfte Klasse richtig pädagogisch einzurichten und noch nach vorne auch zu gehen. Man soll sich nur ja nicht vorstellen, daß man irgend etwas eben leisten kann mit allgemeinen laienhaften Grundsätzen, sondern gerade je weiter man zurückgeht im Lebensalter, desto schwieriger werden die pädagogischen Aufgaben. Die Bewältigung der ersten vier Klassen ist weit schwieriger als die Bewältigung der neunten bis zur zwölften Klasse. Und geht man gar zurück bis zu der Erziehung der Jüngsten, so muß man folgendes bedenken: Will man dafür irgend etwas schulmäßig einrichten, dann ist das von einer ungeheuren pädagogischen Schwierigkeit, denn man kann ja eigentlich nur etwas schaffen, was nicht organisch ist. Man muß eine Art Surrogat schaffen. Denn eigentlich gehört die Erziehung des Kindes bis zum sechsten oder siebenten Lebensjahr durchaus ins Elternhaus. Da sind die Bemerkungen, die der Herr vorhin gemacht hat, außerordentlich richtig. Sie stellen im eminentesten Sinne dasjenige dar, was heute die pädagogische Frage verbindet mit einer großen sozialen Frage. Da segeln wir dann sofort hinein in eine überaus weite soziale Frage bei der Erziehung der kleinen Kinder, denn da beginnt die Frage eine Frage der sozialen Lage der Eltern und so weiter zu sein. So daß also dieses Problem nicht allein pädagogisch gelöst werden kann, sondern es mündet durchaus ein in ein soziales Problem.

Was aber nun die andere, damit verknüpfte Frage betrifft, daß man ja natürlich nicht bloße Musterkinder hat, sondern auch Kinder, die unter Umständen, so wie man es beurteilt, recht schlimme Eigenschaften in sich haben, so möchte ich das Folgende bemerken. Gewiß, man bekommt ja die Kinder mit diesen schlimmen Eigenschaften in die Schule herein, aber da hat man eben gerade seine Menschenkenntnis, seine wirkliche methodische Menschenkenntnis in Kraft zu setzen. Sie müssen nur bedenken, eine sogenannte schlimme Eigenschaft eines Kindes, die sich herausgebildet hat, sagen wir bis zum siebenten Jahre, ist nicht immer im absoluten Sinne ein schlimme Eigenschaft. Gar manche vielleicht bis zur Genialität reichende Fähigkeit im späteren Lebensalter führt ganz organisch zurück zu einer sogenannten schlimmen Eigenschaft, die man hatte mit zwei, drei, vier Jahren. Eine Eigenschaft, ich will gleich eine der schlimmsten Eigenschaften nennen, die Grausamkeit, die beim Kinde hervortreten kann, diese Grausamkeit, die man bemerkt, wenn man das Kind in die Schule hereinbekommt, die kann man in der Tat zwischen dem siebenten und vierzehnten Jahre nach der einen oder nach der anderen Richtung bewältigen, wenn man pädagogisch tüchtig genug ist dazu. Diejenigen Impulse des Menschen, die in der Grausamkeit liegen, können unter Umständen so gewendet werden, daß sie die Antriebe zu etwas Allerbestem werden. Gerade da handelt es sich darum, jene Kunst üben zu können, die mit den Eigenschaften, welche das Kind entwickelt von der Geburt bis zum siebenten Lebensjahre, das eine oder das andere machen kann. Man kann sogenannte schlimme Eigenschaften, wenn ich mich so ausdrücken darf, umbiegen, so daß sie gerade Energie, bestimmt gerichtete Energie und so weiter geben.

Nur das will ich im Augenblick bemerken, denn wie gesagt, über das, was eigentlich in Betracht kommt für das Kind von der Geburt bis zum siebenten Lebensjahr, will ich dann im Zusammenhang meiner Vorträge sprechen.

Das andere, was ich noch berühren möchte, ist die Frage, wie es steht mit unseren Beziehungen zu den Behörden, zu der Schulaufsicht? Da darf ja wohl gesagt werden, daß es eigentlich schon eine tiefere Bedeutung hat, daß die Waldorfschule gerade in Württemberg ist; denn Württemberg hatte, bevor die neuen Einrichtungen getroffen worden sind – die wurden ja erst getroffen durch die Nationalversammlung nach der Begründung der Waldorfschule –, Württemberg hatte ein ganz selten freies Schulgesetz, was in den wenigsten Gegenden, die sich sonst, äußerlich betrachtet, viel liberaler ausnehmen, noch möglich war. Es war so, daß ich zum Beispiel persönlich einfach die Lehrer nach meinem persönlichen Urteil anstellen konnte, unbesehen daraufhin, ob sie irgendein staatliches Examen hatten oder nicht. Das war nur durch das freie Schulgesetz in Württemberg möglich. Es ist in der Tat, ich möchte sagen, ein Ausschnitt in der Welt dagewesen in Württemberg, indem man eine im eminentesten Sinne freie Schule eben hinstellen konnte. Denn was die allgemeine staatliche Unterstellung betrifft, so konnte folgendes gemacht werden, und in dieser Beziehung kam uns tatsächlich mit tiefem Verständnis die württembergische Behörde entgegen: zugrunde liegen mußte die Erkenntnis des Menschen. Meine Vorträge in den nächsten Tagen werden zeigen, wie eine wirkliche Menschenerkenntnis vom Menschen den Lehrplan ablesen läßt. Man weiß einfach, je nachdem der Mensch sich entwickelt, im siebenten, achten Jahre und so weiter, ich möchte sagen nicht nur von Jahr zu Jahr, sondern von Monat zu Monat dasjenige, was man an den Menschen heranbringen kann.

Nun, mit dem stimmt ja der äußere Lehrplan meistens nicht; aber ich konnte nun die Möglichkeit gewinnen, der württembergischen Schulbehörde ein Memorandum vorzulegen gleich bei der Gründungsversammlung der Waldorfschule. In diesem Memorandum führte ich aus, daß man natürlich einen bestimmten Spielraum haben muß, innerhalb dessen man ganz und gar nur sich richtet nach dem, was man aus der Menschennatur heraus methodisch für richtig hält. Und so sagte ich: ich möchte haben von dem Eintritt in die Schule bis zum neunten Lebensjahre, für die drei ersten Klassen freien Spielraum, den Lehrplan einzurichten und die Methoden wie sie sind; aber daß nun mit dem neunten Lebensjahr das Kind in der Lage ist, in die vierte Klasse einer jeden anderen Schule überzutreten. Dann wiederum ist ein freier Spielraum nötig zwischen dem neunten und zwölften Lebensjahre; dazwischen kann in den Klassen die Einteilung gemacht werden, wie wir es für richtig halten. Mit dem zwölften Jahre kann das Kind wiederum übertreten in die entsprechende Klasse einer gewöhnlichen Schule. Und so auch mit dem vollendeten vierzehnten Jahre. Und von da ab ist dann keine staatliche Aufsicht mehr, sondern nur die äußere Forderung, daß, wenn die betreffenden Leute in die Hochschule eintreten, sie ihr Examen machen müssen. So konnte von allem Anfang an durchaus ein Modus gefunden werden – allerdings ein Kompromiß, aber wo gibt es heute etwas anderes als Kompromisse? Nicht mit Kompromissen wird man erst arbeiten können, wenn ein allgemeines Verständnis für die Waldorfschule gefunden sein wird. Also es ist durchaus möglich gewesen, einen möglichst großen Spielraum zu gewinnen gegenüber den Behörden.

Im übrigen kann nur gesagt werden, daß ich eigentlich mit all der Art und Weise, wie die Behörden inspizierend und so weiter uns entgegengekommen sind, außerordentlich zufrieden sein kann. Ich könnte eigentlich nichts Besseres nach dieser Richtung wünschen. Die Waldorfschule konnte sich bisher gegenüber den bestehenden Schulbehörden in außerordentlich freier Weise entwickeln.

Es wird Schwierigkeiten geben, wenn die jungen Menschen übertreten sollen in die Hochschule; da müssen sie eben ihre Examina bestehen, und das weiß man ja, wie es bei Prüfungen eben sein kann, wieviel da von dem sogenannten Glück und so weiter abhängen kann. Aber die Waldorfschule konnte sich durchaus als eine freie Schule nach dieser Richtung hin entwickeln, und man kann sagen, daß ein bestimmtes großes Interesse ihr eigentlich gerade von den Schulbehörden entgegengebracht wurde. Wir dürfen uns also nach dieser Richtung eigentlich durchaus nicht beklagen. Das muß betont werden. Nur selbstverständlich, es droht uns ja das, daß, je weiter die Menschheit im Fortschritt vorrückt, nach dem Stile, der nun einmal jetzt in dem Chaos Sitte geworden ist, daß unfreiere Zustände kommen, in die wir hineinsegeln. Also es kann ja natürlich durchaus unter dem kommenden neuen Grundschulgesetz sein, daß uns einmal Schwierigkeiten gemacht werden. Bis jetzt war das durchaus nicht der Fall.

Das ist dasjenige, was ich gerade mit Bezug auf unser Verhältnis zu den gesetzlichen Behörden, das also vorläufig das denkbar beste ist, doch sagen möchte.

## *Zur Ausstellung von künstlerischen und kunstgewerblichen Arbeiten der Waldorfschüler*

### 8. August 1923

Gestatten Sie, daß ich nur einige Worte voraussende zu der Besichtigung, der Sie sich heute hingeben wollen von demjenigen, was an künstlerischen, kunstgewerblichen Arbeiten unsere Schüler in der Waldorfschule leisten müssen. Zunächst handelt es sich darum, zu bemerken, daß, wie ich ja des weiteren noch ausführen werde in den Vorträgen, der Unterricht für unsere Kinder auch im Schreiben und Lesen aus dem Künstlerischen hervorgeholt werden soll. Es handelt sich darum, daß in einer wirklich dem Menschen angemessenen Pädagogik eine Klippe, ein Abgrund überwunden werden muß, der gerade besteht mit Bezug auf die sozusagen lebenswichtigsten Unterrichtsfächer: Schreiben, Lesen. Wenn wir in irgendeiner Zivilisation dasjenige betrachten, was die Lettern, die Buchstaben sind, die gelernt werden müssen zum Schreiben und zum Lesen, so müssen wir uns doch sagen, daß in diesen Buchstaben, in alledem, was der Mensch aufs Papier bringen muß, nichts ist, was in einer ursprünglichen, elementaren Beziehung zum Menschen steht. Es ist im Laufe der Zeit dasjenige, was

Schrift ist zum Beispiel, durchaus etwas Konventionelles geworden. Das war es nicht ursprünglich. Wir brauchen nur daran zu denken, wie aus der bildhaften Anschauung, aus der Imagination die Bilderschrift alter Völker hervorgegangen ist. Wir brauchen nur daran zu denken, wie die Keilschrift aus den Willensimpulsen der menschlichen Bewegungsglieder hervorgegangen ist und so weiter, und wir werden sehen, daß in jenen alten Zeiten, in denen die Zivilisation noch nicht so bis zum Konventionellen vorgerückt war, ein Abgrund, wie er heute besteht, zwischen dem, was der Mensch fixieren muß, wenn er schreibt, und dem, was er erlebt, nicht bestanden hat. Diesen Abgrund müssen wir für unsere Kinder wiederum überwinden. Denn das Kind findet schlechterdings keinen Zusammenhang zwischen dem, was es in seiner Seele erlebt hat, und dem, was es dann aufs Papier bringen soll als A, als B und so weiter. Das Kind weiß nicht warum, und es wird ihm, weil es nicht weiß, warum es solche geheimnisvolle Zeichen machen soll, der Unterricht selbstverständlich langweilig und unsympathisch erscheinen.

Das alles wird überwunden, wenn man das Schreiben herausholt aus dem Malen – dem zeichnenden Malen, dem malenden Zeichnen –, wenn man das Kind zunächst überhaupt nicht an konventionell Buchstäbliches heranführt, sondern wenn man das Kind an Malerisches heranführt, und zwar an Malerisches, das möglichst demjenigen entspricht, was das Kind in seiner Seele erleben kann.

Nun kann man ja, wie die Erfahrung zeigt, das Kind gut Formen erleben lassen; aber weckender, aufweckender für die Seele ist es, wenn das Kind Farben erlebt. Und so scheuen wir nicht davor zurück, die kleinsten Kinder damit beginnen zu lassen, aus dem Farbigen heraus irgendwie Formen zu schaffen.

Das Kind bekommt merkwürdig schnell einen Sinn für die Behandlung der Farben, bekommt auch merkwürdig schnell für die Harmonisierung, die Nebeneinanderstellung der Farben einen Sinn. Und Sie sehen hier an den verschiedenen Proben kindlicher Malerei, wie versucht worden ist, einfach dadurch, daß das Kind die Farben erlebt, den malerischen Sinn, das künstlerische Empfinden aus der Seele des Kindes herauszuholen. Es ist sehr leicht, das Kind dahin zu bringen, daß man es irgendwie eine Farbfläche auftragen läßt, dann einfach in die Nachbarschaft hinbringen läßt andere Farben, die damit harmonieren. So daß man zunächst nur das Farberleben auf dem Papier hat, daß man zunächst nur, sagen wir, das Gelb neben dem Rot, neben dem Violett erleben läßt. Es werden dann, wenn das Kind in dieser Weise die Farbe erlebt, von selbst Formen; es wird von selbst Figurales. Die Farbe fordert Figurales. Und wenn man dann weiter das Farberleben treiben will, so kann man mit verhältnismäßig noch nicht sehr alten Kindern schon das folgende versuchen: Man läßt, sagen wir, solch eine gelbe Fläche machen (es wird an die Tafel gemalt), die andere Farbe in Harmonie dazu, und dann sage ich dem Kinde: jetzt werde ich, statt daß ich hier (innen) gelb mache, nun blau machen . . . und das Kind hat nun die anderen Farben alle in der entsprechenden Weise aufs Papier zu bringen. So daß es also, wenn es hier (innen) nun blau hat statt gelb, alle anderen Farben ändern muß, aber so, daß alle anderen Farben in einer ebensolchen Harmonie zu dem Blau stehen wie hier zu dem Gelb. Das ist etwas, was in einer ungeheuer starken Weise das ganze innere Erleben des Kindes mit sich reißt. Das Kind wird innerlich lebendig. Das Kind bekommt ein Verhältnis zur Welt dadurch. Und manche Lehrkräfte verbinden dann den ganzen Menschen im Kinde mit dem, was sie da aufs Papier bringen lassen.

Es ist durchaus bei uns in der Waldorfschule eine auf der einen Seite bestimmte Pädagogik, auf der anderen Seite aber haben wir die möglichste Freiheit. Wir haben für die meisten Klassen Parallelklassen: 1. Klasse A, 1. Klasse B, 2. Klasse A, 2. Klasse B und so weiter, weil wir ja im Laufe der Zeit sehr viel Schüler bekommen haben. Wenn Sie nun in die 1. Klasse B gehen, so ist sie nicht etwa eine Kopie der 1. Klasse A, sondern Sie können da erleben, daß die Lehrkraft in der 1. Klasse B ganz anders vorgeht als die Lehrkraft in Klasse A. Es ist unser ganzer Lehrplan nur etwas dem Geiste nach Bestimmtes; während in bezug auf die einzelne Handlung man denkbar größte Freiheit hat. Also bei uns wird nicht durch irgend etwas Programmäßiges oder dergleichen das Lehrplanmäßige gegeben oder gar beschränkt. Sagen wir zum Beispiel, Sie können bei uns folgendes finden: Irgendeine Lehrkraft macht einen Kinderreigen, ordnet die Kinder zu einem Reigen an. Sie bewegen sich in einer bestimmten Weise; da kommen die Kinder mit dem ganzen Menschen in eine Raumform hinein. Sie machen selber diese Raumform, aber sie sehen auch die Nachbarn und die anderen Kinder im Verhältnisse zu sich in einer solchen Raumform drinnen. Nun haben sie sich in einer solchen Raumform bewegt. Jetzt läßt man sie niedersitzen, und sie bringen diese Raumform nunmehr auf das Papier als bloße Form oder Malerei.

Bedenken Sie, was da geschehen ist: da hat der ganze Mensch, auch mit seinen Beinen, mit seinen Füßen, die Raumform erlebt; dann bildet er sie auf dem Papier zeichnerisch: das ganze geht aus dem ganzen Menschen in die Finger über. Man beschäftigt wirklich seelisch-geistig-körperlich den ganzen Menschen. Es wird nicht abstrakt gelehrt: du sollst mit deinen Fingern das A machen, sondern man lasse laufen dasjenige, was er zunächst selber als ganzer Mensch ausführt, in die Finger hinein. Das alles belebt und bewegt innerlich das Kind, und man kann dann aus den reinen zeichnerisch-malerischen Formen die Buchstaben entstehen lassen.

Denken Sie zum Beispiel, ich versuche das Kind einen Fisch malen zu lassen, da mache ich solch eine Form (es wird gezeichnet), zuletzt eine Flosse so, eine Flosse hier, das Kind stilisiert malerisch den Fisch. Jetzt gehe ich über zu dem Worte Fisch, und das Kind hat den Einklang dessen, was es im Beginne des Wortes Fisch hat, mit dem, was es aufgemalt hat. Nun kann ich entstehen lassen den Buchstaben, der das Wort Fisch beginnt, aus der gemalten Form. So ungefähr ist ja auch die Bilderschrift in die Buchstabenform übergegangen. Ich habe aber nicht Geschichte getrieben, um auf eine einzelne Form zu kommen, ich habe einfach die Phantasie des Kindes walten lassen. Es kommt nicht darauf an, daß man das historisch richtig macht, sondern daß man das richtig macht, was sich im kindlichen Organismus geltend machen soll. Und so arbeitet man – das wird bei uns systematisch getrieben, das, was die Kinder als okkulte Zeichen, zu denen sie kein Verhältnis haben, als Buchstabenformen sich aneignen sollen, das arbeitet man heraus aus dem Malerischen, aus dem Zeichnerischen, und auf diese Weise hat man eine menschliche Erziehung.

Sie sehen also, daß die Kinder aufsteigen in dem Ergreifen der Farben, in dem Herausholen der Form aus der Farbe zu ganz komplizierten Dingen. Und es ist dann interessant, wenn man die Kinder übergehen läßt von dem Malerischen zu dem Plastischen. Sie haben hier allerlei Photographien von Plastiken, es sind aber auch Plastiken da, Sie haben hier plastische Formen. Die Kinder arbeiten das durchaus aus der Phantasie heraus, und es ist interessant, wenn man durchgenommen hat bildhaft mit den Kindern, sagen wir, Menschenkunde, wenn man ihnen erklärt hat Formen von Knochen, Formen von Muskeln, wenn man also alles dies mit den Kindern so besprochen hat, daß man es wirklich in lebendiger Anschaulichkeit hat, und die Kinder arbeiten dann im plastischen Formen, dann werden diese Formen ganz von selber dem ähnlich, was man durchgenommen hat. Man kann ganz genau verfolgen, wie der innere Seelengang der Kinder in den Formen zum Ausdruck kommt, wie sie ganz aus sich selbst heraus schaffen. Man muß nur immer als Lehrer dahinterstehen und sozusagen unmerklich die ganze Sache dirigieren. So werden dann aus den malerischen die plastischen Formen, und die Kinder gehen sehr gern über, ich möchte sagen, aus dem rein absichtslosen Schaffen, das einen spielerisch-künstlerischen Charakter hat, zu dem, was aufs Zweckmäßige, aufs Nützliche geht. Man kommt sehr leicht auf diese Weise hinüber aus dem Spielerisch-Künstlerischen in das Kunstgewerbliche, in die Anfertigung von allerlei Dingen, die nützlich sind. Nur muß man einen solchen Unterricht, ich möchte sagen, mit einem ernsten Humor durchführen. Man muß die Kinder namentlich dazu bringen, daß sie Dinge, die ganz aus ihrer eigenen Phantasie entspringen, zum Beispiel Spielzeuge, machen (Dr. Steiner zeigt eine Holzpuppe). Ich glaube, das sind Dinge, die eigentlich jeden Künstler ansprechen müssen, eher als manches Kunstwerk in Ausstellungen. Das nächste: eine Stoffpuppe. Solche Dinge sind ja entzückend; das machen ganz junge Kinder; sie lernen dabei den Anfang zum Nützlichen, wie Sie sehen; sie nähen das selbst.

Nun aber, besondere Freude macht den Kindern dasjenige, was sie gewissermaßen ins Novellistische, ins Bewegliche hineinbringen können, und da sind sie sehr erfinderisch. Diese Dinge, die dann sinnvoll sich bewegen (ein Hase), die machen sie mit großer Hingabe. Da ist es ganz besonders interessant, wie die Kinder erfinderisch werden an diesem beweglichen Spielzeug. Je spaßiger die Viecher sind, die da ausgeführt werden (Storch) desto mehr macht es den Kindern Freude. Die Kinder haben sehr gern den Unterschied eines sich stolz freuenden Tieres, eines melancholisch aussehenden wie dieser Rabe. Daß die Kinder aus dem steifen Geformten in das Bewegliche hineingehen, das ist etwas, was ungeheuer stark anregt innerlich, herausholt aus dem schlafenden Organismus die wachende Seele, sie herausruft.

Sehen Sie, das ist etwas, was, wenn das Kind es fertig hat, es selbst ungeheuer erfreut (eine Ente); sie ist so gemacht, daß sie den Schnabel bewegt; das ist ja für das Kind entzückend. So bekommt das Kind wirklich ein inneres Gefühl für dasjenige, was lebt.

Dann gehen wir ja auch dazu über, daß die Kinder wirklich dasjenige lernen, was für das Leben eine Bedeutung für sie hat. Da handelt es sich nun darum, daß man wirkliches Formgefühl, wirklichen Künstlersinn bei den Kindern entwickelt (Sofakissen). Es ist ja so sehr häufig üblich, daß solche Kissen nicht so gemacht werden, daß man ihnen ansieht, wozu sie dienen, wie sie im Leben drinnenstehen. Bei uns wird großer Wert darauf gelegt, daß man den Dingen ansieht, wozu sie im Leben dienen (eine Decke). Da liegt das Ding auf; da braucht es keine Verzierung. Wir haben darauf gesehen, daß die Sachen so gearbeitet werden, je nach dem Zweck, zu dem das Ding bestimmt ist. *So* muß die Verzierung angebracht sein zum Sofakissen. In dieser Beziehung arbeiten die Kinder mancherlei aus dem Leben heraus. Da kann man sich darauflegen (in der Mitte); hier legt man sich nicht darauf – das muß das Kind verstehen.

Ein Teewärmer. Das wird über die Teekanne übergestülpt, und das muß eben auf beiden Seiten gleich sein. Das muß man alles sinngemäß aus dem Leben heraus formen lassen. So wird dann das Kind übergeführt zu demjenigen, was kunstgewerblich ist, was also als Schönes Bedeutung hat (eine Tasche), herübergeführt aus dem Formerleben, dem Zeichnen in das praktische Handhaben des Kunstgewerblichen. Die Motive werden unter Umständen auch zuerst gemalt und gezeichnet, und das Kind merkt dann, wie man alles anders behandeln muß, wenn man mit der Farbe auf dem Papier streicht, oder wenn man mit dem Faden auf dem Stoff arbeitet. Die verschiedene Art, das Material zu respektieren, das läßt sich ganz wunderbar bei diesen Sachen herausarbeiten. Und Übergänge sind ja sehr schön zu schaffen, nicht wahr, das, was bloß zur Freude, zum Entzücken da ist (bewegliches Holzspielzeug), geht eben dann in das Allernützlichste über, in dem, was dann zum Beispiel als Kochlöffel auch gearbeitet wird. Das ist dasjenige, was die Kinder immer mit gleicher Hingebung ausführen.

Wir haben es auch schon dahin gebracht, daß unsere Kinder Buchbinderarbeiten machen, daß unsere Kinder Bücher einbinden lernen, kleine Kartons, kleine Schachteln machen lernen. Das ist etwas, was in einer ungeheuren Weise die Geschicklichkeit und auch den Lebenssinn anspornt. Solche Dinge, wie mein Notizbuch (Dr. Steiner zeigt es), solche Dinge werden zum Beispiel gearbeitet in dem Buchbinderei-Handarbeitsunterricht. Es wird von den größeren Kindern auch Gartenarbeit geleistet. Der ganze Lehrgang wird von der Lehrerin selber gemacht.

Und so wird eben überall versucht, den künstlerischen Sinn nach der einen Seite zur Ausbildung zu bringen, aber das auch wirklich überzuleiten ins praktische Leben. Man kann ja gerade auf diese Weise erreichen, daß die Kinder wirklich ganz tiefinnerlich dabei sind bei diesen Dingen. Man sieht, wie die Kinder erfinderisch werden, wie sie froh sind, wenn ihnen das oder jenes gerade auf diesem Gebiete der Handarbeiten einfällt, und man erreicht dadurch wirklich eine ungeheure Belebung des Unterrichtes. Es ist interessant, wie disziplinierend auch dieses nach dem Künstlerischen hinübergerichtete Treiben des Unterrichtes ist. Es ist sehr interessant zu sehen manchmal, wenn Knaben und sogar auch Mädchen im intellektualistischen Unterricht nicht recht mitwollen, da werden sie nichtsnutzig, da treiben sie allerlei törichte Dinge, und da wird dann Klage geführt von dem Lehrer, der den mehr intellektualistischen Unterricht geben muß. Diejenigen Lehrer, die dann den plastischen Unterricht geben oder überhaupt nach dem Künstlerischen hinüber wirken, die sind dann gerade mit solchen Kindern, über die sonst geklagt wird, oftmals außerordentlich zufrieden, sind sogar erstaunt darüber, wie begabt da die Kinder sich zeigen. Aber man muß das nicht als ein bloßes Aperçu hinnehmen, sondern es hat eine ganz tiefe pädagogische Bedeutung. Man kann auf diese Weise auch wiederum die Begabung für das, was zum Beispiel der Mensch an Intellektualistischem haben will oder haben muß fürs Leben, wecken. Man muß eben alle einzelnen Unterrichtsfächer miteinander harmonisieren. Und wenn man einen Sinn dafür hat, das herauszuholen, was im Menschen veranlagt ist, dann bekommt man diese Dinge, die nun wirklich das Kind so erziehen, daß das Kind dann für das ganze Leben etwas hat, wenn es zurückschaut auf seinen Unterricht. Und das ist ja das Schönste, was man im Leben haben kann, wenn man auf die Schule zurückschaut wie auf ein verlorenes Paradies. Und das ist auch dasjenige, was man erreichen muß. Man kann es nicht anders erreichen, als indem man die Kinder in das Künstlerische einführt. Derjenige, der unbefangen auf die Dinge hinschaut, der muß sagen: Man glaubt gewöhnlich gar nicht, wie intensiv gerade das Kind zwischen dem siebenten und vierzehnten Jahre nach der Hinorientierung des Spielerischen nach dem Künstlerischen verlangt, wie das in der menschlichen Natur liegt, und wie es die größte Wohltat ist für das ganze Leben des Menschen, wenn man den künstlerischen Sinn in diesem Lebensalter nicht vernachlässigt. Es ist nicht nötig, daß man dabei irgendwie ästhetisierend verfährt, die Kinder zu allerlei künstlerischen Dilettanten macht, sondern es ist durchaus möglich, daß man das, was man da künstlerisch mit den Kindern pflegt, immer hinüberleitet zu demjenigen, was dann als Grundlage des Lebens dienen muß. Und so wird bei uns das Künstlerische dadurch namentlich gepflegt, daß es zum treibenden Impuls des ganzen Unterrichtes besonders auch bei den kleinen Kindern gemacht wird. Die Phantasie wird auf diese Weise hervorgeholt. Das Kind wird erfinderisch, indem es malen muß, plastisch tätig sein muß. Dasjenige, was da aus dem Kinde herausgeholt wird, das regt es wieder an zum Verständnis des Dichterischen und so weiter. Durch diese Harmonisierung und, ich möchte sagen, Totalisierung, daß man wirklich den Unterricht hinbringt bis zu dem Künstlerischen, dadurch schließt man wirklich den Unterricht als etwas wirklich Organisches auf und zusammen.

Das ist dasjenige, was ich mit ein paar Worten heute, weil die Ausstellung einmal da ist, sagen wollte. Es wird ja auch in den Vorträgen noch einmal im Zusammenhange erörtert werden.

## Aus der Diskussion vom 16. August 1923

Es wird gefragt, ob nicht doch der griechisch-lateinische Unterricht durchaus notwendig sei.

*Dr. Steiner:* Mr. C. scheint eine gewisse Sorge zu haben, daß durch die Worte, die ich vor einigen Tagen gesprochen habe, die griechische Kultur und Zivilisation der Menschheit verlorengehen könnte. Nun ist ja dagegen zunächst bloß das Tatsächliche zu stellen, daß wir in unserer Waldorfschule tatsächlich griechischen und lateinischen Unterricht soweit geben, als diejenigen Schüler es nötig haben, die das Gymnasial-Abiturium ablegen müssen. Wir haben allerdings die Einrichtung, daß der griechische und lateinische Unterricht zunächst bei uns nicht obligatorisch erteilt wird, sondern für diejenigen Schüler, die ihn selbst wünschen, oder deren Eltern ihn verlangen. Es ist ja bis jetzt durchaus eine sehr starke Frage nach diesem griechischen und lateinischen Unterricht, und wir werden eine Anzahl von Schülern und Schülerinnen zum erstenmal nächste Ostern zum Gymnasial-Abiturium führen; so daß also durchaus bei uns zunächst gesorgt ist für diese Erteilung des griechisch-lateinischen Unterrichts wie an anderen Gymnasien.

Meine Bemerkung, die ich vor einigen Tagen machte, bezog sich eigentlich nicht darauf, daß wir den griechischen und lateinischen Sprachunterricht durchaus ausmerzen wollen, sondern darauf, daß im Gymnasialunterricht zu stark nach der Richtung hin tendiert wird, daß die Schüler weniger das Leben, die lebendige Zivilisation der Gegenwart kennenlernen, sondern mehr sich hineinvertiefen in etwas, was nicht mehr gegenwärtig ist, was Vergangenheit ist. Es ist gar nicht zu leugnen, daß Gründe bestehen, wichtige Gründe, um den griechischen und lateinischen Unterricht, insbesondere den griechischen, durchaus aufrechtzuerhalten. Der eine Grund ist der, daß es in unserer ja immerhin einfach materialistischen Gegenwart sehr gut ist, wenn in einem gewissen Lebensalter die Kinder herausgerissen werden aus einem Ergreifen des unmittelbaren Materialismus der Gegenwart und zu dem hingeführt werden, was schon dadurch wenigstens idealistisch ist, daß es jenen Übergang nicht durchgemacht hat, den ja alles durchmacht, wenn es, ich möchte sagen, durch die Historie geht. Das ist der eine gewichtige Grund. Es spricht allerdings dagegen, daß die Leute, die das Gymnasium absolviert haben, trotzdem auch noch Materialisten geworden sind, und unsere materialistische Kultur durchaus getragen wird zum großen Teil von Absolventen der Gymnasialstudien. Aber wie gesagt, es kann dieser Grund als ein gewichtiger immerhin angeführt werden.

Das andere ist etwas, das, ich möchte sagen, mit unserem ganzen historischen Leben zusammenhängt. Wir sind nun einmal darauf angewiesen, dasjenige, was gelebt hat namentlich innerhalb der griechischen Kultur – bei der römischen Kultur ist das sogar weniger der Fall –, in unsere Gegenwart bis zu einem gewissen Grade herüberzunehmen. Die Griechen waren das nicht in derselben Weise, weil sie noch sehr viel spirituelles Leben hatten, wie ich es ja in den Vorträgen auseinandergesetzt habe. Sie hatten noch viel Spirituelles in ihrer eigenen Kultur. Wir haben eine Zivilisation, die im Grunde genommen seit langer Zeit keine neuen Seeleninhalte hervorgebracht hat. Wir müssen in dieser Beziehung nur gegen uns selber ehrlich sein und uns klar sein darüber, daß wir großartige, gewaltige Fortschritte gemacht haben in bezug auf die Bezwingung der äußeren Naturkräfte, daß wir aber heute eigentlich noch arbeiten – mehr als wir glauben – mit denjenigen Begriffen, mit denjenigen seelischen Zusammenhängen, die aus Griechenland herübergekommen sind. Und wir würden für viele unserer Seeleninhalte das Verständnis verlieren, wenn wir nicht mehr anknüpfen könnten an das Griechische. Von Mitteleuropa kommend, braucht man ja nur daran zu erinnern, daß Goethe geradezu es nicht aushalten konnte, eine bloße europäische Kultur des 18. Jahrhunderts in sich aufzunehmen, daß er krank wurde an der Sehnsucht, die antike Kultur wirklich in sich aufzunehmen, das Griechentum in sich lebendig zu machen.

Aber allerdings, eines scheint mir aus einer wirklichen Menschenerkenntnis hervorzugehen: daß wir ebenso notwendig haben, unsere Jugend einzuführen in die unmittelbaren Bedürfnisse der Gegenwart, daß wir über der Gymnasialerziehung nicht vergessen dürfen das Einführen in das praktische Leben der gegenwärtigen Zivilisation, wie ich es auch in diesen Tagen immer wieder auseinandergesetzt habe. Und da glaube ich allerdings, daß eine Selektion starker Art notwendig sein wird, stärkerer Art, als sie in der Gegenwart gerade für die lateinischen und griechischen Studien üblich ist. Wir werden allerdings für alle europäischen Sprachen das Griechentum, die griechische Kultur und Zivilisation nicht verlieren, wenn wir, aber nur die fähigsten Menschen, einführen in griechische und lateinische Sprache, und diese fähigsten Menschen aus einem wirklichen Erfassen des Griechentums – zu dem noch viel anderes gehört als das Erfassen der griechischen Sprache, wie sie am Gymnasium gelehrt wird –, wenn sie aus einem solchen Erfassen heraus das Griechentum wiedererstehen lassen gerade in der modernen Form, aus dem modernen Leben heraus. Und da kommt man gerade auf diesem Boden zu ganz merkwürdigen Aperçus. Wir haben versucht, Mannigfaltiges aus dem gegenwärtigen Dichterischen heraus, sagen wir, durch Eurythmie, vor die Welt hinzustellen. Es ist auch die Sehnsucht entstanden, innerhalb des deutschen Sprachgebietes, den Schülern vorzuführen in Eurythmie Griechisches; das könnte man natürlich sehr leicht heute; aber in deutscher Sprache Äschylos vorzuführen, das ist heute unmöglich, weil eben noch nicht jenes geistige Erfassen des Griechentums bei den Übersetzern des Äschylos da ist. Und dazu hat uns eigentlich das Gymnasialstudium des Griechentums in der ganzen Zivilisation bis jetzt furchtbar wenig geholfen. Und gerade wenn in dieser Beziehung eine bessere Selektion geschieht, so daß tatsächlich nur diejenigen jungen Leute an das Griechisch-Lernen herangeführt werden, die dann aus einem gewissen Genius heraus das Griechentum wirklich auferstehen lassen können, so wird in der modernen Zivilisation das erneuerte Griechentum, das von einzelnen Menschen erneuerte, in einer ganz anderen Weise wirklich an die Seelen der Menschen herangelangen können, als das eigentlich bis jetzt trotz der vielen Gymnasien der Fall ist. Ich glaube also nicht, daß, wenn wir den griechischen und lateinischen Unterricht nur soweit betreiben als es nötig ist, dadurch in der Gegenwart die griechische Zivilisation und Kunst verloren gehen könne. Es muß ja doch schließlich dahin kommen, daß die großen Impulse gerade für die höchsten Dinge des geistigen Lebens von einzelnen Menschen gegeben werden. Und es wird wahrscheinlich besser sein, wenn diese Impulse von solchen Menschen gegeben werden, die wirklich nun als einzelne eindringen, dann aber auch sie so geben werden, daß diese Impulse eben in die moderne Sprache hineindringen, daß sie durch die modernen Sprachen in einer der Gegenwart gemäßen Form wiedergegeben werden.

Also, wie gesagt, ängstlich braucht man nicht zu sein, daß durch die Waldorfschule, durch das Waldorfschul-Prinzip irgend etwas getan werden soll, um die griechische Kultur, das griechische Kunstleben etwa der Menschheit zu nehmen, sondern es darf der Glaube bestehen, und der Glaube ist berechtigt, daß gerade dadurch, daß wir die zu diesem Studium fähigsten Leute durch eine soziale Selektion auswählen, oder dadurch, daß, wenn wir sehen, daß eine ganz besondere Befähigung vorhanden ist, wir den jungen Leuten den Rat geben, Griechisch und Latein zu lernen, daß dadurch in einer wirklich tiefen, echten, wahren Weise die griechische Kultur und Zivilisation erhalten werde. Das Historische soll durchaus der Menschheit nicht verlorengehen. Wir glauben zum Beispiel auch, daß durch unsere Methode junge Leute in einer lebendigen Weise herangeführt werden zum Christentum, zum Mysterium von Golgatha, trotzdem wir nicht darauf sehen, das alles ihnen auszuführen, was die dogmatische Theologie hervorgebracht hat, trotzdem wir darauf nicht sehen –, daß dadurch das lebendige Christentum, das lebendige Gegenüberstehen dem Mysterium von Golgatha nicht verlorengeht. Und so glaube ich, daß wir auch lebendiger zum Griechentum führen können, wie wir lebendig zum Christentum führen können, wenn wir den Ballast gerade weglassen, wenn wir ökonomisch auch auf diesem Gebiet verfahren. Und deshalb bitte ich, nach dieser Richtung sich zu beruhigen. Wir werden in der Pflege des Banausentums ganz gewiß nicht irgendwie etwas Hervorragendes leisten wollen.

## *Einleitende Worte zu einer Eurythmievorstellung*

14. August 1923 (Autoreferat)

Eurythmie soll eine Kunst sein, deren Ausdrucksmittel gestaltete Bewegungsformen des menschlichen Organismus an sich und im Raume sowie bewegte Menschengruppen sind. Es handelt sich aber dabei nicht um mimische Gebärden und auch nicht um Tanzbewegungen, sondern um eine wirkliche, sichtbare Sprache oder einen sichtbaren Gesang. Beim Sprechen und Singen wird durch die menschlichen Organe der Luftstrom in einer gewissen Weise geformt. Studiert man in geistig-lebendiger Anschauung die Bildung des Tones, des Vokals, des Konsonanten, des Satzbaues, der Versbildung und so weiter, so kann man sich ganz bestimmte Vorstellungen bilden, welche plastischen Formen bei den entsprechenden Sprach- oder Gesangsoffenbarungen entstehen. Diese lassen sich nun durch den menschlichen Organismus, besonders durch die ausdrucksvollsten Organe, durch Arme und Hände, nachbilden. Man schafft dadurch die Möglichkeit, daß, was beim Singen, Sprechen *gehört* wird, *gesehen* werden kann.

Weil die Arme und Hände die ausdrucksvollsten Organe sind, besteht die Eurythmie in erster Linie in den gestalteten Bewegungen dieser Organe; es kommen dann die Bewegungsformen der anderen Organe unterstützend hinzu wie bei der gewöhnlichen Sprache das Mienenspiel und die gewöhnliche Gebärde. Man wird sich den Unterschied der Eurythmie von dem Tanz besonders dadurch klarmachen können, daß man auf die eurythmische Begleitung eines Musikstückes sieht. Dabei ist, was wie Tanz erscheint, nur die Nebensache; die Hauptsache ist der sichtbare Gesang, der durch Arme und Hände zustande kommt.

Man soll nicht glauben, daß eine einzige Bewegungsform der Eurythmie willkürlich ist. In einem bestimmten Augenblicke muß als Ausdruck eines Musikalischen oder eines Dichterischen eine bestimmte Bewegungsform erzeugt werden, wie im Singen ein bestimmter Ton, oder in der Sprache ein bestimmter Laut. Der Mensch ist dann ebenso gebunden in der Bewegungssprache der Eurythmie, wie er im Singen oder Sprechen an Ton und Laut gebunden ist. Er ist aber ebenso frei in der schönen, kunstvollen Gestaltung der eurythmischen Bewegungsformen, wie er dies bei der Sprache oder dem Gesange ist.

Man ist dadurch in der Lage, ein Musikstück, das gespielt wird, eurythmisch, in einem sichtbaren Gesange, oder eine rezitierte oder deklamierte Dichtung in einer sichtbaren Sprache zugleich darzustellen. Und da Sprache und Musik aus dem ganzen Menschen stammen, so erscheint ihr innerer Gehalt erst recht anschaulich, wenn zu dem hörbaren die sichtbare Offenbarung hinzukommt. Denn eigentlich bewegt alles Gesungene und Gesprochene den ganzen Menschen; im gewöhnlichen Leben wird die Tendenz zur Bewegung nur zurückgehalten und in den Sprach- und Gesangsorganen lokalisiert. Die Eurythmie bringt nur zur Offenbarung, was in diesen menschlichen Lebensäußerungen als Tendenz zur Bewegung stets veranlagt ist, aber in der Anlage verborgen bleibt. – Man erhält dadurch, daß zur instrumentalen Musikdarbietung und zur Rezitation oder Deklamation eurythmisiert wird, eine Art orchestralen Zusammenwirkens des Hörbaren und Sichtbaren.

Für die Rezitation und Deklamation, die im Zusammenhange mit der Eurythmie zur Darstellung kommen, ist zu beachten, daß diese in einer wirklich künstlerischen Gestaltung des Sprachlichen auftreten müssen, Rezitatoren oder Deklamatoren, die nur den Prosainhalt der Dichtung pointieren, können in der Eurythmie nicht mitwirken. Wahre künstlerische Dichtung entsteht nur durch die imaginative oder musikalische Gestaltung der Sprache. Der Prosainhalt ist nicht das Künstlerische; sondern nur der Stoff, an dem sich das Bildhafte der Sprache oder auch Takt, Rhythmus, Versbau und so weiter offenbaren sollen. Jede dichterische Sprache ist schon eine verborgene Eurythmie. Der Rezitator und Deklamator muß durch das Malerische, Plastische oder Musikalische der Sprache das aus der Dichtung herausholen, was der Dichter in sie hineingelegt hat. Diese Art der Rezitations- und Deklamationskunst hat Frau Dr. Steiner seit Jahren besonders ausgebildet. Nur eine solche Sprachkunst kann zusammen mit der Eurythmie auftreten, weil nur dann der Rezitator in Tongestaltung und Tonplastik das für das Ohr bietet, was der Eurythmist für das Auge darstellt.

Durch ein solches Zusammenwirken wird aber erst vor die Seele des Zuhörers und Zuschauers gebracht, was wirklich in der Dichtung lebt.

Die Eurythmie ist nicht für ein mittelbares Verständnis des Intellektes, sondern für die unmittelbare Wahrnehmung veranlagt. Der Eurythmist muß die sichtbare Sprache Form für Form lernen, wie der Mensch sprechen lernen muß. Aber die Wirkung der von Musik oder Sprache begleiteten Eurythmie ist eine solche, die unmittelbar durch die bloße Anschauung empfunden wird. Sie wirkt wie das Musikalische auch auf den Menschen, der die Formen nicht selbst gelernt hat. Denn sie ist eine natürliche, eine elementare Offenbarung des menschlichen Wesens, während die Sprache immer etwas Konventionelles hat.

Die Eurythmie ist in der Gegenwart so entstanden, wie, zu ihren entsprechenden Zeitepochen, alle Künste entstanden sind. Diese gingen daraus hervor, daß man einen Seeleninhalt durch entsprechende Kunstmittel zur Offenbarung brachte. Wenn man dazu gekommen war, gewisse Kunstmittel so zu beherrschen, daß man in ihnen zur sinnlichen Offenbarung bringen konnte, was die Seele erlebt, dann entstand eine Kunst. Die Eurythmie entsteht nun dadurch, daß man das edelste an Kunstmitteln, den menschlichen Organismus, diesen Mikrokosmos, selbst als Werkzeug gebrauchen lernt. Dies geschieht in der mimischen sowohl wie in der Tanzkunst nur in bezug auf Teile des menschlichen Organismus. Die Eurythmie bedient sich aber des ganzen Menschen als ihres Ausdrucksmittels. Doch muß immer vor einer solchen Darbietung gegenwärtig noch an die Nachsicht der Zuschauer appelliert werden. Jede Kunst mußte einmal ein Anfangsstadium durchmachen. Das muß auch die Eurythmie. Sie ist im Beginne ihrer Entwickelung. Aber weil sie sich des vollkommensten Instrumentes bedient, das denkbar ist, muß sie unbegrenzte Entwickelungsmöglichkeiten in sich haben. Der menschliche Organismus ist dieses vollkommenste Instrument; er ist in Wirklichkeit der Mikrokosmos, der alle Weltgeheimnisse und Weltgesetze konzentriert in sich enthält. Bringt man durch eurythmische Bewegungsgestaltungen das zur Offenbarung, was sein Wesen umfassend veranlagt enthält als eine Sprache, die körperlich das ganze Erleben der Seele erscheinen läßt, so muß man dadurch umfassend die Weltgeheimnisse künstlerisch zur Darstellung kommen lassen können.

Was gegenwärtig Eurythmie schon bieten kann, ist erst ein Anfang dessen, was nach der angedeuteten Richtung in ihren Möglichkeiten liegt. Aber weil sie sich der Ausdrucksmittel bedient, die eine solche Beziehung zu Welt- und Menschenwesen haben können, darf man hoffen, daß sie in ihrer weiteren Entwickelung als vollberechtigte Kunst neben den anderen sich erweisen werde.

# HINWEISE

Die in diesem Band enthaltenen Vorträge wurden im Rahmen einer Holiday Conference, veranstaltet von der «Educational Union for the Realisation of Spiritual Values», in Ilkley/ England gehalten. Die Tagung stand ganz im Zeichen der Darstellungen Rudolf Steiners. Auf dem Programm standen ferner Eurythmie-Demonstrationen, eine Ausstellung von Schülerarbeiten sowie Diskussionen. In ihrem Einladungsschreiben würdigten die Veranstalter das Wirken Rudolf Steiners und die Erfolge der Waldorfschule in Stuttgart und unterstrichen die Bedeutung dieses pädagogischen Impulses mit dem Hinweis auf Veranstaltungen ähnlicher Art wie die zu Weihnachten 1921 in Dornach (siehe GA Bibl.-Nr. 303), an der Pädagogen aus zahlreichen Ländern teilgenommen hatten, und den Kongreß «Spiritual Values in Education and Social Life» vom Sommer 1922 in Oxford (siehe GA Bibl.-Nr. 305). Der Kurs in Ilkley richtete sich an Lehrer, Erzieher und Sozialarbeiter, denen ein erster und zugleich umfassender Einblick in die Menschenkunde Rudolf Steiners und die auf sie aufbauende Methodik und Didaktik gegeben werden sollte.

*Zu den Textunterlagen:* Sämtliche Vorträge, Diskussionen und Ansprachen wurden von Helene Finckh mitstenographiert und in Klartext übertragen. Für die Aufnahme der Vorträge in die Gesamtausgabe wurde dieser Text mit dem Originalstenogramm verglichen. Wesentliche Textänderungen sind in den Hinweisen vermerkt.

*Die Zeichnungen* wurden nach Skizzen der Stenographin angefertigt.

*Der Titel des Bandes* stammt von Rudolf Steiner. Auch die Überschriften zu den vier Teilen des Vortragszyklus wurden von ihm formuliert. Im Programm selbst ist der erste Vortrag als «Special Adress» aufgeführt. Die Numerierung der Vorträge beginnt dort erst mit dem 6. August. Teil I umfaßt laut Programm die Vorträge vom 6. bis 9., Teil II die vom 10. bis 13., Teil III die vom 14. und 15., Teil IV die vom 16. und 17. August. Der Vortrag vom 12. und die Abschiedsansprache vom 17. August (abends) stehen einzeln für sich da.

*Werke Rudolf Steiners* innerhalb der Gesamtausgabe (GA) werden in den Hinweisen mit der Bibliographie-Nummer angegeben. Siehe auch die Übersicht am Schluß des Bandes.

zu Seite

11 *Miß Beverley:* Sie hielt als Vorsitzende des einladenden Komitees die Begrüßungsansprache.

*Die erste Veranstaltung:* Siehe Rudolf Steiner, «Die gesunde Entwickelung des Menschenwesens. Eine Einführung in die anthroposophische Pädagogik und Didaktik», GA Bibl.-Nr. 303.

11 *Mrs. Millicent Mackenzie,* Professorin für Erziehung am University College in Cardiff/Wales ab 1910. Auf ihre Veranlassung hielt Rudolf Steiner auch Vorträge bei einer Erziehungstagung in Stratford-on-Avon (Frühling 1922) und in Oxford (August 1922). Diese Vorträge in der englischen Öffentlichkeit führten zur Gründung der «Educational Union» unter Vorsitz von Frau Prof. Mackenzie, um dem Erziehungsgedanken Rudolf Steiners vor allem in englischen und amerikanischen pädagogischen Verbänden Eingang zu verschaffen.

12 *Dann durfte ich ein zweites Mal die Pädagogik schildern:* Siehe «Die geistig-seelischen Grundkräfte der Erziehungskunst», zwölf Vorträge, Oxford 16. bis 29. August 1922, GA Bibl.-Nr. 305.

14 *der die Waldorf-Astoria-Fabrik leitete:* Emil Molt, 1876–1936. Als Generaldirektor der Waldorf-Astoria-Zigarettenfabrik gründete er 1919 die Waldorfschule für die Kinder seiner Arbeiter und bat Rudolf Steiner, Einrichtung und Leitung der Schule zu übernehmen.

15 *daß sie aufnehmen wollten in diese Sommerkurse eurythmische Darbietungen:* Am 8. und 9. August fanden Eurythmie-Demonstrationen mit Kindern statt; am 14. August war eine Eurythmieaufführung der Künstlergruppe des Goetheanum unter der Leitung von Marie Steiner.

16 *nach der Übersetzung werde ich dann fortfahren:* Die Vorträge wurden von Rudolf Steiner meist in drei Abschnitten gehalten, jeder wurde sogleich ins Englische übersetzt.

*Miß Margret Macmillan,* bekannte englische Pädagogin, Gründerin von Kindergärten. Am 4. August hielt sie als Präsidentin der Tagung die Eröffnungsansprache.

18 *«Das Schöne ist eine Manifestation . . .»:* «Goethes Naturwissenschaftliche Schriften», herausgegeben und kommentiert von Rudolf Steiner in Kürschners «Deutsche National-Litteratur» 1884–1897, 5 Bände, Nachdruck Dornach 1975, GA Bibl.-Nr. 1a–e, Band V, «Sprüche in Prosa». In anderen Goethe-Ausgaben finden sich diese Sprüche unter dem Titel «Maximen und Reflexionen».

*«Wem die Natur . . .»:* «Sprüche in Prosa», siehe oben.

22 *«Wie erlangt man Erkenntnisse der höheren Welten?»* (1904/05), GA Bibl.-Nr. 10.

66 *John Stuart Mill,* 1806–1873.

*Herbert Spencer,* 1820–1903.

70 *einen seminaristischen Kursus:* Siehe die drei Kurse von Rudolf Steiner, gehalten in der Zeit vom 21. August bis 6. September 1919: «Allgemeine Menschenkunde als Grundlage der Pädagogik», GA Bibl.-Nr. 293; «Erziehungskunst – Methodisch-Didaktisches», GA Bibl.-Nr. 294, und «Erziehungskunst. Seminarbesprechungen und Lehrplanvorträge», GA Bibl.-Nr. 295.

91 *Der erste seminaristische Kursus:* Siehe den vorangehenden Hinweis zu S. 70.

99 *Francis Baco von Verulam.* Über die vier Idole siehe «Novum Organon» 1620, deutsch unter dem Titel «Methodenlehre» von Kirchmann, Berlin 1870.

100 *Michel de Montaigne,* 1533–1592.

100 *John Locke,* 1632–1704.

*Amos Comenius,* 1592–1670.

104 *Jean Paul* (Friedrich Richter). In «Levana oder Erziehlehre», 6. Bruchstück, 4. Kap., S. 123: «Die Früchte rechter Erziehung der ersten drei Jahre (ein höheres triennium als das akademische) könnt ihr nicht unter dem Säen ernten; . . . aber nach einigen Jahren wird euch der hervorkeimende Reichtum überraschen und belohnen . . .»

118 *Friedrich Fröbel,* 1782–1852.

132 *vor sehr langer Zeit:* «Die Philosophie der Freiheit» erschien erstmalig 1894. GA Bibl.-Nr. 4.

151 *Cartesius,* René Descartes, 1596–1650.

155 *ich habe bereits in einer Abendstunde angedeutet:* Siehe «Zur Ausstellung von künstlerischen und kunstgewerblichen Arbeiten der Waldorfschüler» am 8. August im Anhang S. 263 ff.

178f. *Und dann versuche er . . .:* Textänderungen in diesem Abschnitt auf Grund der stenographischen Nachschrift. Ebenso die Farbangaben.

179 Zur Zeichnung unten: Die Überlieferung ist unsicher. Wir geben hier die Kopie der Skizze, die die Stenographin in ihrer Nachschrift gemacht hat. Die Farbangaben fehlen.

181 *wenn Sie die Broschüre studieren:* Siehe Dr. Hermann von Baravalle (1898–1973), «Zur Pädagogik der Physik und Mathematik», Stuttgart 1921.

212 *an der Hand der Figuren hier:* Dr. Steiner weist auf die Eurythmiefiguren hin, die, in Holz ausgeführt und farbig bemalt, im Vortragssaal ausgestellt waren.

213 *Dr. med. Eugen Kolisko,* 1893–1939.

217 *Dr. Karl Schubert,* 1889–1949.

226 *«Nur durch das Morgenrot des Schönen . . .»:* Friedrich Schiller in seinem Gedicht «Die Künstler» (1788). In den Schiller-Ausgaben ist überall «Morgentor» zu lesen; Dr. Steiner zitiert aber immer «Morgenrot» mit der Begründung, daß in der Absicht Schillers dieses Wort gelegen habe.

229 *bei der Auseinandersetzung über die ausgestellten Dinge:* Siehe die Ausführungen am 8. August im Anhang S. 263 ff.

236 *Einleitungen zu den Aufführungen:* Innerhalb des Sommerkurses fanden drei Eurythmieaufführungen (die erste am 8. August von Schülern der Waldorfschule in Stuttgart) statt. Zu diesen sprach Rudolf Steiner einführende Worte. Siehe: Einleitende Worte zu der Eurythmieaufführung am 14. August, im Anhang S. 275 ff.

*Miß Louise Edith Maryon,* Bildhauerin und Mitarbeiterin Rudolf Steiners an der großen Holzplastik «Der Menschheitsrepräsentant zwischen Luzifer und Ahriman», die in der kleinen Kuppel des Ersten Goetheanum hätte stehen sollen.

238 *das ist ein Arm:* Hier zeigte Rudolf Steiner die Eurythmiefigur für den Laut I.

247 *George Kaufmann-Adams,* Mathematiker und Physiker. Seine Übersetzungen hielt er in freier Rede.

*Harry Collison,* Rechtsanwalt. Generalsekretär der englischen Anthroposophischen Landesgesellschaft.

251 *Ranulf Higden,* Chronist; er war Benediktinermönch.

*John de Trevisa.* Die Übersetzung von Higdens «Polychronicon» wurde im April 1387 beendet.

256 *heute morgen:* Siehe den 2. Vortrag Seite 29 ff. in diesem Bande.

257 *Plato,* 427–347 v. Chr.

*Aristoteles,* 384–322 v. Chr.

258 *diese pädagogisch-methodischen Fragen im Zusammenhang zu behandeln:* Siehe die Ausführungen Rudolf Steiners über das vorschulpflichtige Kind im 6. Vortrag dieses Bandes.

266 *Bedenken Sie, was da geschehen ist:* Textänderungen in diesem Abschnitt auf Grund der stenographischen Nachschrift; *als ganzer Mensch:* Ergänzung des Herausgebers.

271 Von den Diskussionen am 9., 11. und 14. August sind keine Nachschriften vorhanden.
Die Textänderungen in der Diskussion vom 16. August ergaben sich aus dem neuerlichen Vergleich mit der stenographischen Nachschrift.

271 f. *was schon dadurch wenigstens idealistisch ist, daß es jenen Übergang nicht durchgemacht hat:* «nicht» ist vom Herausgeber hinzugefügt.

275 Einleitende Worte zur Eurythmieaufführung am 14. August. Dieses Autoreferat schrieb Rudolf Steiner für die Wochenschrift «Das Goetheanum», Jg. 1923, Nr. 7. Von den anderen Ansprachen zur Eurythmie sind keine Nachschriften erhalten.

## PERSONENREGISTER

(H = Hinweis)


Aristoteles (384 – 322 v. Chr.)
62, 257, 258
Äschylos (525 – 456 v. Chr.)
273

Baco von Verulam, Francis (1562 – 1626)
99 H
Baravalle, Hermann von (1898 – 1973)
181
Beverley, Miss
11, 12, 246, 248
Broca, Pierre Paul (1824 – 1880)
109
Buddha, Gautama (560 – 480 v. Chr.)
147

Cartesius (René Descartes) (1596 – 1650)
151
Collison, Harry (1868 – 1945)
247 H
Comenius, Amos (1592 – 1670)
100

Fröbel, Friedrich (1782 – 1852)
118

Goethe, Johann Wolfgang von (1749 – 1832)
18 H, 272

Heydebrand, Caroline von (1886 – 1938)
258
Higden, Ranulf († 1364)
251 H

Kaufmann (Adams), George (1894 – 1936)
247 H
Kolisko, Eugen (1893 – 1939)
213

Leonardo da Vinci (1452 – 1519)
225
Locke, John (1632 – 1704)
100

Mackenzie, Millicent
11
Macmillan, Margaret (1860 – 1931)
16 H
Maryon, Louise Edith (1872 – 1924)
236 H
Mill, John Stuart (1806 – 1873)
66, 67
Molt, Emil (1876 – 1936)
14 H (ohne Namensnennung)
Montaigne, Michel de (1533 – 1592)
100 H

Paul, Jean (1763 – 1825)
(Richter, Friedrich)
104 H
Plato (427 – 347 v. Chr.)
62, 92, 257, 258

Raffael Santi (1483 – 1520)
225

Schiller, Friedrich (1759 – 1805)
226 H (ohne Namensnennung)
Schubert, Karl (1889 – 1949)
217
Spencer, Herbert (1820 – 1903)
66, 67
Steiner-von Sivers, Marie (1867 – 1948)
11, 276

Trevisa, John de (1326 – 1412)
251 H

# RUDOLF STEINER GESAMTAUSGABE

Gliederung nach: Rudolf Steiner – Das literarische
und künstlerische Werk. Eine bibliographische Übersicht
(Bibliographie-Nrn. *kursiv* in Klammern)

## A. SCHRIFTEN

*I. Werke*

Goethes Naturwissenschaftliche Schriften, eingeleitet und kommentiert von R. Steiner, 5 Bände, 1883/97, Neuausgabe 1975, *(1a-e)*; separate Ausgabe der Einleitungen, 1925 *(1)*

Grundlinien einer Erkenntnistheorie der Goetheschen Weltanschauung, 1886 *(2)*

Wahrheit und Wissenschaft. Vorspiel einer «Philosophie der Freiheit», 1892 *(3)*

Die Philosophie der Freiheit. Grundzüge einer modernen Weltanschauung, 1894 *(4)*

Friedrich Nietzsche, ein Kämpfer gegen seine Zeit, 1895 *(5)*

Goethes Weltanschauung, 1897 *(6)*

Die Mystik im Aufgange des neuzeitlichen Geisteslebens und ihr Verhältnis zur modernen Weltanschauung, 1901 *(7)*

Das Christentum als mystische Tatsache und die Mysterien des Altertums, 1902 *(8)*

Theosophie. Einführung in übersinnliche Welterkenntnis und Menschenbestimmung, 1904 *(9)*

Wie erlangt man Erkenntnisse der höheren Welten? 1904/05 *(10)*

Aus der Akasha-Chronik, 1904/08 *(11)*

Die Stufen der höheren Erkenntnis, 1905/08 *(12)*

Die Geheimwissenschaft im Umriß, 1910 *(13)*

Vier Mysteriendramen: Die Pforte der Einweihung – Die Prüfung der Seele – Der Hüter der Schwelle – Der Seelen Erwachen, 1910/13 *(14)*

Die geistige Führung des Menschen und der Menschheit, 1911 *(15)*

Anthroposophischer Seelenkalender, 1912 *(in 40)*

Ein Weg zur Selbsterkenntnis des Menschen, 1912 *(16)*

Die Schwelle der geistigen Welt, 1913 *(17)*

Die Rätsel der Philosophie in ihrer Geschichte als Umriß dargestellt, 1914 *(18)*

Vom Menschenrätsel, 1916 *(20)*

Von Seelenrätseln, 1917 *(21)*

Goethes Geistesart in ihrer Offenbarung durch seinen Faust und durch das Märchen von der Schlange und der Lilie, 1918 *(22)*

Die Kernpunkte der sozialen Frage in den Lebensnotwendigkeiten der Gegenwart und Zukunft, 1919 *(23)*

Aufsätze über die Dreigliederung des sozialen Organismus und zur Zeitlage 1915–1921 *(24)*

Kosmologie, Religion und Philosophie, 1922 *(25)*

Anthroposophische Leitsätze, 1924/25 *(26)*

Grundlegendes für eine Erweiterung der Heilkunst nach geisteswissenschaftlichen Erkenntnissen, 1925. Von Dr. R. Steiner und Dr. I. Wegman *(27)*

Mein Lebensgang, 1923/25 *(28)*

*II. Gesammelte Aufsätze*

Aufsätze zur Dramaturgie 1889–1901 *(29)* – Methodische Grundlagen der Anthroposophie 1884–1901 *(30)* – Aufsätze zur Kultur- und Zeitgeschichte 1887–1901 *(31)* – Aufsätze zur Literatur 1886–1902 *(32)* – Biographien und biographische Skizzen 1894–1905 *(33)* – Aufsätze aus «Lucifer-Gnosis» 1903–1908 *(34)* – Philosophie und Anthroposophie 1904–1918 *(35)* – Aufsätze aus «Das Goetheanum» 1921–1925 *(36)*

*III. Veröffentlichungen aus dem Nachlaß*

Briefe – Wahrspruchworte – Bühnenbearbeitungen – Entwürfe zu den Vier Mysteriendramen 1910–1913 – Anthroposophie. Ein Fragment aus dem Jahre 1910 – Gesammelte Skizzen und Fragmente – Aus Notizbüchern und -blättern – *(38–47)*

## B. DAS VORTRAGSWERK

*I. Öffentliche Vorträge*

Die Berliner öffentlichen Vortragsreihen, 1903/04 bis 1917/18 *(51–67)* – Öffentliche Vorträge, Vortragsreihen und Hochschulkurse an anderen Orten Europas 1906–1924 *(68–84)*

*II. Vorträge vor Mitgliedern der Anthroposophischen Gesellschaft*

Vorträge und Vortragszyklen allgemein-anthroposophischen Inhalts – Christologie und Evangelien-Betrachtungen – Geisteswissenschaftliche Menschenkunde – Kosmische und menschliche Geschichte – Die geistigen Hintergründe der sozialen Frage – Der Mensch in seinem Zusammenhang mit dem Kosmos – Karma-Betrachtungen – *(91–244)*

Vorträge und Schriften zur Geschichte der anthroposophischen Bewegung und der Anthroposophischen Gesellschaft *(251–263)*

*III. Vorträge und Kurse zu einzelnen Lebensgebieten*

Vorträge über Kunst: Allgemein-Künstlerisches – Eurythmie – Sprachgestaltung und Dramatische Kunst – Musik – Bildende Künste – Kunstgeschichte – *(271–292)* – Vorträge über Erziehung *(293–311)* – Vorträge über Medizin *(312–319)* – Vorträge über Naturwissenschaft *(320–327)* – Vorträge über das soziale Leben und die Dreigliederung des sozialen Organismus *(328–341)* – Vorträge für die Arbeiter am Goetheanumbau *(347–354)*

## C. DAS KÜNSTLERISCHE WERK

Originalgetreue Wiedergaben von malerischen und graphischen Entwürfen und Skizzen Rudolf Steiners in Kunstmappen oder als Einzelblätter: Entwürfe für die Malerei des Ersten Goetheanum – Schulungsskizzen für Maler – Programmbilder für Eurythmie-Aufführungen – Eurythmieformen – Entwürfe zu den Eurythmiefiguren, u. a.

*Die Bände der Rudolf Steiner Gesamtausgabe*
*sind innerhalb einzelner Gruppen einheitlich ausgestattet*
*Jeder Band ist einzeln erhältlich*